Analysen zu gesellschaftlicher Integration und Desintegration

Herausgegeben von
Wilhelm Heitmeyer, Universität Bielefeld

Die Schriftenreihe ist hervorgegangen aus dem in Bielefeld von Wilhelm Heitmeyer geleiteten und von Peter Imbusch koordinierten Forschungsverbund „Gesellschaftliche Desintegrationsprozesse – Stärkung von Integrationspotenzialen moderner Gesellschaften" und präsentiert dessen zentrale Forschungsergebnisse. Mit der Leitformel „Stärkung von Integrationspotenzialen" wird signalisiert, dass moderne Gesellschaften einerseits auf Grund ihrer Entwicklung und Ausdifferenzierung über erhebliche Integrationspotenziale verfügen, um Existenz-, Partizipations- und Zugehörigkeitschancen zu bieten; andererseits verweist sie bereits auf eine Reihe von Problemzusammenhängen. Zielsetzung des Forschungsverbundes war es, durch seine Analysen gravierende Problembereiche moderner Gesellschaften differenziert empirisch aufzuarbeiten, so dass Maßnahmen identifiziert werden können, die zur Stärkung ihrer Integrationspotenziale beitragen können. Der Forschungsverbund wurde finanziell vom Bundesministerium für Bildung und Forschung (BMBF) gefördert.

Herausgegeben von
Wilhelm Heitmeyer
Universität Bielefeld

Andreas Böttger · Olaf Lobermeier
Katarzyna Plachta

Opfer rechtsextremer Gewalt

Prof. Dr. Andreas Böttger
arpos institut
Hannover, Deutschland

Katarzyna Plachta
arpos institut
Hannover, Deutschland

Dr. Olaf Lobermeier
proVal GbR
Hannover, Deutschland

ISBN 978-3-531-14692-8
DOI 10.1007/978-3-531-93394-8

ISBN 978-3-531-93394-8 (eBook)

Die Deutsche Nationalbibliothek verzeichnet diese Publikation in der Deutschen Nationalbibliografie; detaillierte bibliografische Daten sind im Internet über http://dnb.d-nb.de abrufbar.

Springer VS
© Springer Fachmedien Wiesbaden 2014
Das Werk einschließlich aller seiner Teile ist urheberrechtlich geschützt. Jede Verwertung, die nicht ausdrücklich vom Urheberrechtsgesetz zugelassen ist, bedarf der vorherigen Zustimmung des Verlags. Das gilt insbesondere für Vervielfältigungen, Bearbeitungen, Übersetzungen, Mikroverfilmungen und die Einspeicherung und Verarbeitung in elektronischen Systemen.

Die Wiedergabe von Gebrauchsnamen, Handelsnamen, Warenbezeichnungen usw. in diesem Werk berechtigt auch ohne besondere Kennzeichnung nicht zu der Annahme, dass solche Namen im Sinne der Warenzeichen- und Markenschutz-Gesetzgebung als frei zu betrachten wären und daher von jedermann benutzt werden dürften.

Gedruckt auf säurefreiem und chlorfrei gebleichtem Papier

Springer VS ist eine Marke von Springer DE. Springer DE ist Teil der Fachverlagsgruppe Springer Science+Business Media.
www.springer-vs.de

Inhalt

Vorwort (von Wilhelm Heitmeyer und Peter Imbusch) 7

1. Einleitung 9

2. Theoretischer Rahmen 13

    2.1 Zum Gewaltbegriff 13
    2.2 Zum Begriff des Rechtsextremismus 14
    2.3 Zum Opferbegriff 15
    2.4 Sozialisationsmodell 17
    2.5 Opfer- und Opfererfahrungstypologien 29
    2.6 Desintegrationsansatz 32
    2.7 Anerkennungsansatz 34
    2.8 Viktimisierung, Interaktion und Macht 37
    2.9 Bewältigung 43

3. Stand der wissenschaftlichen Forschung 47

    3.1 Viktimisierung 49
    3.2 Folgen der Viktimisierung 51
        3.2.1 Erklärungsmodelle für Prozesse nach der Viktimisierung 51
        3.2.2 Traumatisierung 52
        3.2.3 Sekundäre und tertiäre Viktimisierung 53
        3.2.4 Individuelle Folgen 55
        3.2.5 Soziale Folgen 56
    3.3 Bewältigung 57
        3.3.1 Formen der Bewältigung 59
        3.3.2 Funktionen der Bewältigung 60
        3.3.3 Die Ökonomie der Bewältigung 62
        3.3.4 Bewältigungsstrategien 63

  3.4 Soziale Unterstützung 65
    3.4.1 Definition und Arten sozialer Unterstützung 66
    3.4.2 Positive und negative Auswirkungen sozialer Unterstützung 67
    3.4.3 Opferhilfestellen 68

4. Methodische Konzeption der empirischen Studie 73

  4.1 Die „Grounded Theory" 73
    4.1.1 Die Begründer der Grounded Theory 74
    4.1.2 Qualitative Forschung nach der Grounded Theory 74
  4.2 Erhebungsverfahren 78
  4.3 Auswertungsverfahren 80

5. Forschungsfragen und Durchführung der Untersuchung 85

  5.1 Forschungsfragen 85
  5.2 Durchführung der Untersuchung 86

6. Ergebnisse der empirischen Studie 89

  6.1 Interaktionen im Rahmen des Übergriffs und ihre Folgen für die Opfer 89
  6.2 Erfolgreiche Opferreaktionen und geschlechtstypische Unterschiede 103
  6.3 Reaktionen Unbeteiligter und sozialer Kontrollinstanzen 113
  6.4 Bewältigungsstrategien von Opfern rechtsextremer Gewalt 122
    6.4.1 Aktive Bewältigung 123
    6.4.2 Innerpsychische Bewältigung 127
    6.4.3 Zu Vielfalt und Unterschieden individueller Bewältigungsstrategien 128
  6.5 Religion 132
  6.6 Migration 137
  6.7 Deutschlandbilder 141
  6.8 Zukunftsperspektiven der Betroffenen 145

7. Resümee 161

Literatur 169

Autorin und Autoren 176

Vorwort

Die sozioökonomischen und politischen Entwicklungen der letzten Jahrzehnte in den westlichen Industriegesellschaften sind von unübersehbaren Ambivalenzen geprägt. Soziale und politische Umbrüche haben für zahlreiche Menschen neue Chancen eröffnet, gleichzeitig aber vielfältige wirtschaftliche und politische Risiken (Prekarität auf den Arbeitsmärkten, mangelnde positionale und emotionale Anerkennung, Teilnahmeprobleme an einzelnen gesellschaftlichen Subsystemen, Sinnlosigkeits- bzw. Alternativlosigkeitserfahrungen im politischen Alltag, abnehmende moralische Anerkennung, exklusiver werdende Leistungs- und Verteilungsstrukturen sowie labile oder fragile Gemeinschaftszugehörigkeiten) heraufbeschworen, welche die Integrationsproblematik moderner Gesellschaften verschärfen und Desintegrationsprozesse befördern. Nicht nur in Deutschland ist in den letzten Jahren die soziale Ungleichheit größer geworden; Ideologien der Ungleichwertigkeit, Menschenfeindlichkeit und menschenverachtende Gewalt sind deutlicher hervorgetreten. Damit stehen Fragen nach der Integrationsfähigkeit moderner Gesellschaften weiterhin ganz oben auf der gesellschaftspolitischen Agenda.

Die sich in einer Vielzahl von Aspekten niederschlagenden Desintegrationstendenzen in den westlichen Gesellschaften, die durch die Folgen der Finanzkrise ganz offensichtlich noch dramatisch verschärft wurden, haben seinerzeit zum Aufbau des interdisziplinären Forschungsverbundes „Desintegrationsprozesse – Stärkung von Integrationspotenzialen einer modernen Gesellschaft" an der Universität Bielefeld geführt, der über mehrere Jahre vom Bundesministerium für Bildung und Forschung finanziell gefördert wurde. Ziel der im Rahmen dieses Programms intendierten Forschungen war es, wichtige Erkenntnisse zu Integrationsproblemen moderner Gesellschaften beizusteuern und jenen Entwicklungen auf den Grund zu gehen, deren negative Folgen zentrale normative Kernelemente dieser Gesellschaft gefährden.

Die Studie zu „Opfern rechtextremer Gewalt" von Andreas Böttger, Olaf Lobermeier und Katarzyna Plachta geht ursprünglich auf den Bielefelder Forschungsverbund „Desintegrationsprozesse" zurück. Die Bedeutung der Thematik gewinnt jedoch eine besondere Relevanz und beklemmende Aktualität vor dem Hintergrund der Aufdeckung der Mordserie des Nationalsozialistischen Untergrunds (NSU) im Jahre 2011 und dem gegenwärtig stattfindenden Prozess zur Bestrafung der Täter. Das Leid der Opfer wird dabei nur am Rande thematisiert, wie gehabt stehen die Täter im Mittelpunkt des Geschehens. Trotz der herausragenden Bedeutung für Öffentlichkeit, Politik und Wissenschaft lässt sich vielleicht sagen, dass Viktimisierungsuntersuchungen bis heute vielfach unbeachtet geblieben sind, obwohl die Folgen von Gewalt für die Opfer oder deren Hinterbliebene dramatisch sind.

Vielfach werden Opferperspektiven und Viktimisierungserfahrungen nach dem zahlenmäßigen Umfang an Todesopfern „gewichtet" oder in hitzigen Debatten und Konflikten zwischen Bundesministerien, Medien und der Wissenschaft zerrieben. Damit sind nicht zuletzt auch zynische Abwehrkämpfe des Staates gegen das zivilgesellschaftliche Begehren zu umfassender Aufklärung verbunden, die angesichts des unfassbaren Fehlverhaltens und ebensolcher Fehleinschätzungen staatlicher Instanzen beizeiten an der humanitären Grundhaltung des Staates zweifeln lassen.

Damit ist aber nur eine Seite der Medaille beleuchtet, geht es doch nicht nur um die Fehler Einzelner in den verschiedenen mit der Aufklärung von rechtsextremen Gewaltverbrechen befassten Institutionen oder das Versagen von Schutz versprechenden Instanzen. Die andere Seite der Medaille besteht in den vielfältigen Abwertungspraktiken in der Bevölkerung, die den Boden für die Taten rechtsextremistischer Gewalt zunächst bereitet und diese dann auch möglich gemacht haben. Hier wäre insbesondere auf den gesellschaftlichen Vorrat an *Gruppenbezogener Menschenfeindlichkeit* zu verweisen, der in den letzten Jahrzehnten als Legitimationsbasis für rechtsextreme Gewalt wirken konnte. Schaut man sich die Entwicklung wichtiger Kriterien für *Gruppenbezogene Menschenfeindlichkeit* einmal genauer an, wie sie im letzten Jahrzehnt am IKG der Universität Bielefeld in einer Langzeitstudie erhoben wurden, dann erfährt man viel über ein sich wandelndes gesellschaftliches Klima, das Opfer schafft.

Die vielfach vertretene Auffassung, dass es einerseits die NSU-Mörderbande gäbe, andererseits aber eine intakte, soziale und humane Gesellschaft, ist nicht nur falsch und politisch gefährlich, sondern sie bagatellisiert auf zynische Weise auch die langfristigen psychischen und physischen Auswirkungen rechtsextremer Gewalt für die betroffenen Menschen und ihre Familien. Die Erfahrungen im Umfeld der NSU-Morde haben zudem gezeigt, dass die Akteure in staatlichen Institutionen wie der Polizei und den Staatsanwaltschaften vielfach hartleibig ausgestattet sind, so dass hier insbesondere gefolgert werden darf: Die Würde des Menschen ist nach wie vor *antastbar*.

Es ist zu hoffen, dass die Studie von Andreas Böttger, Olaf Lobermeier und Katarzyna Plachta gerade angesichts der NSU-Mordserie ein Bewusstsein für die Opfer rechtsextremer Gewalt schafft und einen deutlichen Akzent gegen die Selbstentlastung und die selbstbetrügerischen Gewissheiten in dieser Gesellschaft setzt.

Bielefeld/Wuppertal, im August 2013　　　　　　　　　　　　　　　Wilhelm Heitmeyer
　　　　　　　　　　　　　　　　　　　　　　　　　　　　　　　Peter Imbusch

1. Einleitung

Die empirische Studie „Opfer rechtsextremer Gewalt" des Bielefelder Forschungsverbundes „Desintegrationsprozesse" wurde im arpos institut in Hannover unter Leitung von Andreas Böttger durchgeführt. Neben der Autorin und den Autoren arbeiteten Pamela Bartels, Michaela Kiepke (jetzt Michaela Krey) und Anne Rothmann an diesem Projekt mit. Die Transkriptionen der Interviews mit den Opfern rechtsextremer Gewalt wurden von Birgit Klauder und Birgit Thiemann erstellt. All diesen Kolleginnen und Kollegen gilt unser Dank für ihre kompetente und gründliche Arbeit. Bei Rainer Strobl, der zu Beginn des Projekts bereits im Bereich der Viktimologie ausgewiesen war, bedanken wir uns für seine beratende Mitarbeit in der ersten Projektphase. Und nicht zuletzt bedanken wir uns natürlich bei unseren Kooperationspartnern[1] in Opferberatungsstellen und anderen Praxisinstitutionen für die Vermittlung unserer Interviewpartner, ohne die wir deren Vertrauen sicher nicht so schnell hätten gewinnen können, sowie insbesondere bei den Interviewpartnern selbst, den Betroffenen der rechtsextremistischen Übergriffe, deren Verlauf und Folgen wir untersucht haben, sowie gegebenenfalls bei ihren Dolmetschern für ihre Kooperationsbereitschaft und ihre Offenheit.

Die Thematik der hier vorgestellten Untersuchung enthält zwei Schwerpunkte: Erstens geht es darum, dass und auf welche Weise Personen zu Opfern rechtsextremer Gewalt geworden sind. Hier ist zunächst nach verschiedenen Gewaltformen bzw. Delikten zu unterscheiden. Ein Brandanschlag auf ein Asylbewerber-Wohnheim etwa ist im Sinne seiner Interaktionsstruktur eine völlig anders gelagerte Gewalthandlung als ein Angriff gegen eine Person auf offener Straße. Zwar sind die Gefahren und oft auch die Folgen für einzelne Opfer in beiden Fällen mitunter schwerwiegend, jedoch wird im ersten Fall eine größere Gruppe von Personen mit Migrationshintergrund viktimisiert, die sich gegenseitig zumeist kennen und austauschen können, während im zweiten Fall oft nur eine Person als Opfer betroffen ist, die den Grund für die Viktimisierung in ihrer ethnischen Zugehörigkeit, jedoch auch in anderen Faktoren sehen kann. Darüber hinaus ist im ersten Beispiel oft nicht bekannt, wer die Gewalthandlung ausgeführt hat, während sich dem Opfer im zweiten Fall zumeist ein klares Bild des Täters bzw. der Täterin vermittelt. Wieder anders liegen die Bedingungen z.B. bei Schlägereien zwischen Rechtsextremisten und politisch Andersdenkenden, die zunächst von allen Beteiligten gewollt sind. Hier entscheidet sich oft erst während der Gewalthandlungen selbst, wer letztendlich als Täter(gruppe) aus dem Streit hervorgeht und wer sich zu den Opfern zählt. Für rechtsextremistisch motivierte Übergriffe gilt in dieser

---

[1] In Fällen, in denen beide Geschlechter bezeichnet werden sollen, ohne sie in ihrer Eigenart hervorzuheben, wird zur einfacheren Lesbarkeit allein die männliche Form der Referenzierung verwendet, weil sie kürzer ist. Weibliche Personen sind in diesen Fällen selbstverständlich ebenso gemeint.

Hinsicht, was für Gewalthandlungen generell zu verzeichnen ist (vgl. Böttger 1998: 24ff.): Es gibt sehr viele verschiedene Gewaltformen, die sich in ihren Motiven, ihren Interaktionsstrukturen und ihren Folgen für die Opfer mitunter stark voneinander unterscheiden. Differenzierungen dieser Art wurden im Rahmen unserer Analyse nicht nur bei der Auswahl der zu untersuchenden Personen berücksichtigt, sondern sie wurden auch mit ihren individuellen und gesellschaftlichen Implikationen zum Gegenstand dieser Analyse. Gleiches gilt natürlich für Unterschiede hinsichtlich verschiedener Opfer bzw. Opfergruppen, bei denen es sich, wie gezeigt, um Angehörige ethnischer Minderheiten handeln kann, um politisch Andersdenkende, aber auch um Homosexuelle oder um Personen, die all diese Voraussetzungen nicht erfüllen und den Tätern/innen bis zur Tat oft vollkommen unbekannt sind. Hier spielen insbesondere auch Unterschiede hinsichtlich des Geschlechts, des Alters, des sozialen Status und des sozialen Milieus eine bedeutende Rolle.

Vor dem Hintergrund derartiger Differenzierungen soll die Problematik der Opferwerdung bzw. der Opferrolle bei rechtsextremistisch motivierter Gewalt empirisch in den Blick genommen werden. Insbesondere sollen dabei Reaktionen der Opfer (z.B. ein Vermeiden bestimmter Gebiete, ein Verzicht auf nächtliches Ausgehen, die Kontaktaufnahme mit sozialen Kontrollinstanzen), Reaktionen sozialer Kontrollinstanzen (wie Polizei, Staatsanwaltschaft, Gericht), Reaktionen beteiligter oder unbeteiligter Dritter (die die Viktimisierung z.B. als Zuschauer miterlebt haben) sowie ggf. Reaktionen der Medien aus der Sicht der Opfer rekonstruiert werden.

Auf der Basis dieser Untersuchungen zur Viktimisierung im engeren Sinne geht es in dem Projekt dann zweitens um die längerfristige Bewältigung des Erleidens rechtsextremer Gewalt durch die Opfer, z.B. durch Coping-Strategien. Dabei steht insbesondere die Frage im Vordergrund, ob Möglichkeiten einer Wiedergewinnung von individueller und sozialer Stabilität erfolgreich realisiert werden können oder nicht und welche individuellen, sozialen und gesellschaftlichen Einflüsse hier zu Erfolg oder Misserfolg beitragen können. Die empirische Aufgabe besteht in diesem Zusammenhang zunächst darin zu rekonstruieren, ob und ggf. inwieweit die soziale und individuelle Stabilität bei den untersuchten Opfern beeinträchtigt wurde, ob also eine eher pessimistische oder eher optimistische Interpretation des zukünftigen Handelns erfolgt (vgl. Strobl 1998: 101ff.). Die Interpretation zukünftiger Handlungschancen und -erfolge dürfte dabei wesentlich vom subjektiven Erleben der Viktimisierung selbst abhängen, die ja, wie gezeigt, sehr verschiedene Formen aufweisen kann, die aber auch in Abhängigkeit von Sozialisation und Identität der Opfer auf unterschiedliche Weise erlebt werden kann. Zusätzlich zur genauen Analyse der Viktimisierungssituation sind also auch frühere Erfahrungen und Erlebnisse zusammen mit entsprechenden Reaktionen der Opfer selbst, aber auch anderer Gesellschaftsmitglieder und gesellschaftlicher Institutionen in den Blick zu nehmen, was empirisch bedeutet, sich ebenfalls der Biographie der Opfer vor der Viktimisierungssituation zu nähern. Auf der Basis der empirisch gewonnenen Erkenntnisse sowohl zur Viktimisierungssituation im engeren Sinne und ihrer subjektiven Interpretation als auch zu Sozialisation und Biographie der Opfer vor diesen Ereignissen ist dann eine längsschnittliche Untersuchung der Verarbeitungsmechanismen und ihrer Erfolge bei den Betroffenen möglich, die eine zweite Erhebungswelle mit denselben Personen zu einer späteren Zeit erforderlich machte. Diese Analyse wird Aufschluss darüber geben, unter welchen biographischen, sozialen und gesellschaftlichen Bedingungen die Opfer verschiedener Arten von rechtsextremistisch motivierter Gewalt in der Lage sind, individuelle und soziale Stabilität in unserer Gesellschaft wiederzuerlangen, und welche gesellschaftlichen Integrationspotentiale dabei in Anspruch genommen werden können. Auch hierbei sind sowohl individuelle als auch gruppenbezogene Unterschiede zu beachten sowie die zentralen Kategorien des Geschlechts, des Alters, des sozialen Status und des sozialen Milieus.

Von besonderer Bedeutung wird es dabei sein, auf welche Strategien des Copings nach der Viktimisierungserfahrung zurückgegriffen wird, welche Sozialisationsbedingungen zur Herausbildung dieser Strategien geführt haben und welche individuellen und sozialen Erfolge damit erzielt werden. Zu unterschieden sind hierbei insbesondere das "defensive" Coping, das auf eine zukünftige Vermeidung von Situationen zielt, in der sich die erlebten Opfererfahrungen wiederholen könnten, das „assimilative" Coping, das eine aktive Problembewältigung (etwa durch die Entwicklung von Gegenstrategien) anstrebt, sowie das „akkomodative" Coping, durch das sich das Opfer (z.B. durch eine Veränderung der subjektiven Wertmaßstäbe) mit seiner Rolle und ihren sozialen Bedingungen und Folgen arrangiert (vgl. hierzu Greve/Strobl 2004: 8 ff.).

2. Theoretischer Rahmen

Bevor auf die der Studie zugrunde liegenden theoretischen Ansätze und Modelle zu Sozialisation generell sowie zu Viktimisierung und Bewältigung von Viktimisierungserlebnissen speziell eingegangen wird, erscheint es an dieser Stelle zunächst sinnvoll, die drei zentralen Begriffe der Gewalt, des Rechtsextremismus und des Opfers bzw. der Viktimisierung, die der Studie ihren thematischen Rahmen geben, abzustecken und transparent werden zu lassen.

2.1 Zum Gewaltbegriff

Hinsichtlich der definitorischen Umgrenzung dessen, was in dem Projekt unter Gewalt genau verstanden werden soll, wurde zunächst der Definition Rammstedts gefolgt, der den Gewaltbegriff eingrenzt auf „das Einsetzen physischer Stärke" (1989: 49). Damit sollen jedoch weder verbal ausgeübte noch strukturelle Zwänge verharmlost werden. Diese werden allein deshalb mit anderen Begriffen bezeichnet, damit der Gegenstandsbereich der Untersuchung nicht überfrachtet wird (vgl. Böttger 1998; Böttger/Liang 1996).

Richtet sich ein Stärke- bzw. Krafteinsatz (diese Begriffe werden hier mit gleicher Bedeutung verwendet) direkt gegen den Körper anderer Personen, wird dies unmittelbare Gewalt genannt. Richtet er sich gegen Sachen, die sich anderen Gesellschaftsmitgliedern oder sozialen Einheiten bzw. Organisationen zuordnen lassen (entweder weil sie zu ihrem Besitz bzw. zu ihrer Ausstattung zählen oder weil sie aus anderen Gründen einen Wert für sie haben), so wird von mittelbarer Gewalt gesprochen.

Allerdings werden hier nur solche physischen Handlungen als Gewalt bezeichnet, die aufgrund einer Intention erfolgen (vgl. hierzu Schneider 1994: 13). Zerstörungen oder Verletzungen, die vom Täter oder der Täterin nicht intendiert waren (worunter solche zu verstehen sind, die von ihm oder ihr weder gewollt noch billigend in Kauf genommen wurden), sind nach der hier entwickelten Definition keine Gewalt. Weiterhin erschien es notwendig, das Phänomen der physischen Gewalt definitorisch um den Aspekt solcher Gewalthandlungen zu ergänzen, bei denen technische Hilfsmittel – etwa Waffen – eingesetzt werden, was kurz als Anwendung „mechanischer Kraft" bezeichnet wird.

Schwieriger wird es nun, wenn ein Einsatz physischer oder mechanischer Kraft nur angedroht wird. Denn eine solche Androhung könnte begrifflich zunächst der Ausübung von Macht zugeordnet werden. Besonders nach dem Verständnis von Luhmann (z.B. 1991: 230 ff.) würde dies nahe liegen, der Macht als ein zentrales Medium sozialer Systeme beschreibt, dem die physische Gewalt als „symbiotischer Mechanismus" zugeordnet ist – was bedeutet, dass allein durch Androhung von Gewalt Macht entstehen oder weiterbestehen kann. Jedoch erscheint es nicht sinnvoll, die Androhung von Gewalt in jedem Fall als

Kennzeichen eines Machtverhältnisses zu begreifen. Ein Raub im strafrechtlichen Sinne etwa, durch den sich der Täter unter Androhung von Gewalt am Besitz des Opfers einmalig bereichert, ohne dass dadurch eine Abhängigkeit oder Unterlegenheit des Opfers hergestellt würde, die diese Situation überdauert, soll nicht als Machtverhältnis verstanden werden. In solchen Fällen soll vielmehr die Androhung des Stärkeeinsatzes dem Gewaltbegriff selbst zugerechnet werden – was, besonders beim Einsatz von Waffen, auch dem Alltagssprachgebrauch entspricht.

Aus sozialwissenschaftlicher Sicht bot es sich daher an, solche Androhungen eines Einsatzes physischer oder mechanischer Kraft als Gewalt zu bezeichnen, die direkt im Rahmen einer sozialen Interaktion erfolgen und – im Unterschied zur Machtausübung – diese nicht überdauern.

Gewalt wurde damit zusammenfassend definiert als „ ... der intentionale Einsatz physischer oder mechanischer Kraft durch Menschen, der sich unmittelbar oder mittelbar gegen andere Personen richtet, sowie die ernsthafte Androhung eines solchen Krafteinsatzes, soweit sie im Rahmen einer sozialen Interaktion erfolgt." (Böttger 1998: 23).

2.2 Zum Begriff des Rechtsextremismus

Heitmeyer et al. (1992: 13f.) nennen zwei „Grundelemente" einer rechtsextremistischen Orientierung. Dabei handelt es sich erstens um die *Ideologie der „Ungleichwertigkeit" im Sinne einer Abwertung anderer*, die auch die Dimension von „Ausgrenzungsforderungen" in der Form einer sozialen, ökonomischen, kulturellen, rechtlichen und politischen „Ungleichbehandlung von Fremden und 'Anderen'" einschließt, sowie zweitens um das *Grundelement der „Gewaltakzeptanz"*.

In Einzelfällen rechtsextremistischer Orientierungen oder auch in spezifischen Gruppen oder jugendlichen Cliquen mit rechtsextremistischen Ausrichtungen können diese Grundelemente und ihre Dimensionen in unterschiedlichem Maße ausgeprägt sein:

„Beide Grundelemente treten nun in den unterschiedlichen rechtsorientierten Gruppen in divergentem Mischungsverhältnis auf. Es ist wichtig, das Spektrum dieser Gruppen zu beachten." (Schumann 1993: 325)

Wie schon die verschiedenen Facetten möglicher Gewalthandlungen bzw. gewalttätiger Übergriffe, auf die weiter oben bereits hingewiesen wurde, sollten also auch die verschiedenen Formen möglicher rechtsextremistischer Orientierungen bei der empirischen Analyse so weit wie möglich berücksichtigt werden (vgl. Böttger 1998: 82ff.; 253ff.). Ein Forschungsprojekt, das vorrangig an der Untersuchung von Opfererfahrungen ansetzt, mag in dieser Hinsicht am ehesten überfordert sein, da ja nicht davon ausgegangen werden kann, dass die befragten Opfer die rechtsextremistischen Motive der Täter/innen im einzelnen kennen bzw. erfahren. Interaktionsprozesse in Viktimisierungssituationen erfolgen häufig sehr schnell und sind oft begleitet von Angst- oder sogar Panikerlebnissen, was eine Einschätzung der Motive und Interessen der Täter/innen seitens der Opfer erheblich erschwert oder sogar unmöglich macht. Dennoch ist es notwendig, hier so genau wie möglich zu differenzieren. Zu berücksichtigen ist dabei jedoch mitunter auch die Schwierigkeit, Gruppierungen rechtsextremer Akteure überhaupt als solche zu identifizieren. Neonazistische Gruppen beispielsweise haben grundsätzlich eine rechtsextreme Ausrichtung. Skinheads (oder kurz: „Skins") dagegen vertreten nicht immer rechtsextremistische Überzeugungen. Unter ihnen finden sich auch linksextrem ausgerichtete und „unpolitische" Gruppierungen (vgl. z.B. Hestermann 1989; Gerth 1993). Als gemeinsames Merkmal verbleibt neben den kahlgeschorenen Köpfen oft nur eine relativ einheitliche Kleidung („Bomberjacken", „Springerstiefel" und neuere Alternativen zu diesen), an der jedoch häufig Zeichen angebracht sind, denen Insider die politische Ausrichtung der Gruppe entnehmen können. Eine Ausdifferenzierung der gewaltbereiten rechtsextremen Szene wie sie etwa aktuell mit den „autonomen Nationalisten" zu verzeichnen ist, war zum Zeitpunkt der Erhebungen noch nicht zu beobachten.

Freilich wird sich eine Studie zu Opfererfahrungen bei rechtsextremer Gewalt und ihren Folgen vorrangig auf die Interpretation der Viktimisierungssituation durch die Opfer selbst zu konzentrieren haben. Besonders in dem zuletzt angesprochenen Zusammenhang kann es jedoch sehr hilfreich sein, auch die Täterperspektive in die Analyse einzubeziehen.

2.3 Zum Opferbegriff

In der einschlägigen Literatur findet sich eine Vielzahl von Definitionen zum Opferbegriff allgemein (vgl. Kiefl/Lamnek 1986; Pfeiffer/Strobl 1993). So gilt laut Kiefl und Lamnek (1986: 28 ff.) ein Mensch als Opfer, wenn dieser durch eine strafbare Handlung eines oder mehrerer Täter einen wahrnehmbaren Schaden erleidet, den er aber nicht notwendigerweise auch selbst wahrnehmen muss. Anhand dieser Definition wird deutlich, dass mehrere Dimensionen in den Opferbegriff einbezogen werden. Bei dem angeführten Beispiel sind dies zumindest die Existenz eines Täters, einer strafbaren Handlung sowie eines Schadens beim Opfer. Interessant ist hier auch der Aspekt, dass sich das Opfer nicht selber als ein solches fühlen muss, um nach dieser Definition trotzdem als Opfer bezeichnet zu werden. Im Sinne dieser Definition wäre daher eine subjektive, von dem oder der Betroffenen als solche wahrgenommenen Schädigung von einer „objektiven" zu unterscheiden, die, obwohl für Außenstehende vorhanden, vom Opfer nicht als solche wahrgenommen wird.

Kiefl und Lamnek (1986: 55f.) nennen neben dem Verstoß gegen die Rechtsordnung als weitere Bedingungen einer Viktimisierung ein Machtgefälle zwischen Täter und Opfer sowie das Vorhandensein einer sozialen Beziehung in dem Sinne, dass die Beteiligten ihr Handeln sinnhaft aneinander orientieren. Im Hinblick auf das Machtgefälle weist Sessar (1993) auf die strukturellen Benachteiligungen von Ausländern/innen hin. Er fordert sogar eine viktimologische Kriminologie, die in diesem Zusammenhang den Begriff der Gewalt um soziale, politische und emotionale Benachteiligungen erweitert – was, wie gezeigt, mit dem hier entwickelten Gewaltbegriff aus Gründen der Gefahr einer inhaltlichen Überfrachtung nicht erfolgt, wobei die angemahnten strukturellen, politischen und emotionalen Aspekte jedoch berücksichtigt werden, auch wenn sie nicht Bestandteil der Definition des Gewaltbegriffs selbst sind.

Eine Beschränkung des Opferbegriffs auf Strafrechtsnormen ist jedoch aus zwei Gründen problematisch: Erstens kann die Bedeutung strafrechtsrelevanter Opfererfahrungen nur dann richtig eingeschätzt werden, wenn auch andere Opfererfahrungen erfasst werden, und zweitens können Opfererfahrungen auch außerhalb strafrechtlicher Normverstöße für die weitere Entwicklung eines Individuums (z.B. für die Bereitschaft zur Begehung eigener strafbarer Handlungen) von zentraler Bedeutung sein (vgl. Sessar 1993; Fattah 1992). Deshalb soll hier die alte Forderung Sellins (1938) aufgegriffen werden, sich bei der kriminologischen Untersuchung abweichenden Verhaltens nicht auf Rechtsnormen, sondern auf intersubjektiv geteilte Gruppennormen zu beziehen, die Sellin als Verhaltensnormen (conduct norms) bezeichnet. Die mit den Verhaltensnormen angesprochene soziale Ordnung entspricht ziemlich genau dem, was Max Weber (1976: 17) als Konvention bezeichnet, deren „ ... Geltung äußerlich garantiert ist durch die Chance, bei Abweichung innerhalb eines angebbaren Menschenkreises auf eine (relativ) allgemeine und praktisch fühlbare Mißbilligung zu stoßen." Vom Recht unterscheidet sich die Konvention dadurch, dass für die Erzwingung ihrer Einhaltung keine spezialisierte Kontrollinstanz existiert.

Von einer Viktimisierung soll daher im folgenden dann gesprochen werden, wenn eine durch Konvention oder Recht legitimierte normative Erwartung enttäuscht und das dieser Enttäuschung zugrunde liegende Ereignis auf die soziale Umwelt bezogen wird (vgl. auch Pfeiffer/Strobl 1993: 16).

Eine Opfererfahrung wäre nach dieser Definition z.B. auch die Erfahrung eines türkischen Jugendlichen, der im Gegensatz zu seinen deutschen Klassenkameraden keinen Ausbildungsplatz bekommt, obwohl er einen gleich guten oder sogar einen besseren Schulabschluss hat. Die allgemein geteilte normative Erwartung besteht hier in dem Prinzip der Chancengleichheit, wobei die Verletzung dieses Prinzips sozialen Organisationen zugeschrieben wird. Wenn dagegen ein deutscher rechtsextremistisch eingestellter Täter das Fahrzeug eines Türken in Brand setzt, liegt ein Verstoß gegen Strafrechtsnormen vor. Unter diesen Umständen wird häufig eine Anzeige bei der Polizei oder bei der Staatsanwaltschaft erfolgen, um den Versuch einer Wiederherstellung der verletzten Normen einzuleiten.

Diese Definition des Viktimisierungs- bzw. Opferbegriffs weist Parallelen zu der Definition von Kiefl und Lamnek (1986: 55f.) auf, geht aber insofern über sie hinaus, als aus den genannten Gründen keine Beschränkung auf die Rechtsordnung erfolgt. Auf die im Handlungsbegriff von Weber (1976) enthaltene Beschränkung auf den subjektiven Sinn wird dabei verzichtet. Dies erscheint auch deshalb angemessen, weil Kiefl und Lamnek an anderer Stelle (1986: 31ff.) selbst davon sprechen, dass Täter und Opfer auch Gruppen und Organisationen sein können. Deren individuelle Mitglieder müssen sich nicht notwendigerweise als Täter oder Opfer definieren, obwohl sie ihre Gruppe oder Organisation natürlich in dieser Rolle sehen können. Festgehalten wird dagegen an der Ablehnung einer „allgemeinen Viktimologie", die auch Opfer von Naturkatastrophen und dergleichen einschließt (vgl. Kirchhoff/Sessar 1979: 4). Anhand des Zurechnungskriteriums werden Viktimisierungen definitorisch auf soziale Situationen beschränkt, da bei Opfern von Erdbeben, Unfällen etc. ohne Beteiligung anderer Personen das Ereignis entweder dem Opfer selbst oder der natürlichen Umwelt zugeschrieben wird.

Obwohl damit die in der vorliegenden Studie zugrunde gelegte Definition des Opferbegriffs über strafrechtlich relevante Delikte hinausgeht, handelt es sich bei den untersuchten Personen grundsätzlich um solche, die (auch) Opfer einer Straftat geworden sind. Dies ergibt sich aus dem Vorhaben, die Untersuchung auf Opfer rechtsextremer Gewalt zu konzentrieren, welche ja aufgrund des weiter oben entwickelten Gewaltbegriffs grundsätzlich einen Verstoß gegen das Strafrecht impliziert. Im Rahmen der Analyse von Sozialisation und Entwicklung vor und nach dieser Viktimisierung können jedoch auch Opfererfahrungen von Bedeutung sein, die außerhalb von Normverstößen gegen das Strafrecht angesiedelt sind.

2.4 Sozialisationsmodell[2]

Die Prozesse der Viktimisierung und ihrer Folgen für das Leben des Opfers nach dem rechtsextremistisch motivierten Übergriff werden in der vorliegenden Studie als Teil der den gesamten Lebenslauf umfassenden Sozialisation des Opfers untersucht, wodurch sie in ihrer Komplexität und Relevanz für möglichst viele Facetten der Persönlichkeitsentwicklung und des Alltagshandelns empirisch nachgezeichnet werden können. Daher sollen die sozialisationstheoretischen Überlegungen, die dieser Studie zugrunde liegen, im Folgenden ausführlicher dargestellt werden.

Die theoretische Basis der Untersuchung bildet eine interaktionistische Sozialisations- und Identitätstheorie (vgl. z.B. Mead 1995; Krappmann 1988), die es gestattet, die Sozialisation von Opfern rechtsextremer Gewalt im Sinne erworbener Reaktionspotentiale zu erklären, die Tat selbst und die Viktimisierung in ihrer Interaktionsdynamik in den Blick zu nehmen und darauf aufbauend die weitere Entwicklung der Opferidentität (vgl. hierzu auch Strauss 1977: 89 ff.) im Sinne eines erfolgreichen oder erfolglosen Versuchs des Wiedergewinnens von individueller und sozialer Stabilität zu untersuchen.

Frühere sozialisationstheoretische Ansätze, wie z.B. das „anthropologisch-funktionalistische Modell" von Gehlen (1971, Erstausgabe 1940), gingen noch von der Annahme einer vom Individuum vorgefundenen Gesellschaft aus, der es sich im Sozialisationsprozess „erfolgreich" anpassen kann oder in der es eine „abweichende" Entwicklung durchläuft, wenn es ihren Werten, Normen, Rollen und Handlungserwartungen nicht entspricht. Entwicklungs- und Veränderungsprozesse der Gesellschaft selbst, die durch die Handlungen und durch die Kommunikation ihrer Mitglieder bestimmt werden – auch wenn sich diese in der Rolle der „Sozialisanden" befinden – blieben noch weitgehend unberücksichtigt.

Eine solche Einengung der Perspektive auf als statisch interpretierte Handlungserwartungen im Sinne sozial geteilter gesellschaftlicher Normen kann jedoch sowohl die Ursachen und Bedingungen nicht gesellschaftskonformer Verhaltensweisen als auch deren Auswirkungen auf eventuelle Opfer, auf die gesellschaftlichen Normen, von denen sie abweichen, sowie auf das System insgesamt nur unzureichend berücksichtigen. Zur adäquaten Nachzeichnung der Auswirkungen rechtsextremistisch motivierter Gewalthandlungen auf ihre Opfer muss also auf differenziertere Sozialisationstheorien Bezug genommen werden.

Überwunden wurden die allein an funktionalen Anpassungsprozessen orientierten Sozialisationstheorien insbesondere durch interaktionistische Ansätze wie das „Wissensmodell" des Symbolischen Interaktionismus von Mead (vgl. z.B. 1995), in dem statt einer objektiv existierenden sozialen Realität mit statischen Handlungserwartungen eine subjektiv erlebte Wirklichkeit im Vordergrund steht, die in Form von Handlungs- und Interaktionsprozessen von den Gesellschaftsmitgliedern sowohl geprägt bzw. definiert als auch interpretiert und vermittelt

---

[2] Nach Böttger 1998: 32 ff.

wird und die damit immer auch eine ausgehandelte, eine „intersubjektive" soziale Realität ist. Auch das darauf aufbauende Modell des „vergesellschafteten Subjekts" von Geulen (1989, Erstausgabe 1977) überwindet die Einseitigkeit der früheren Theorien, indem es Sozialisation grundsätzlich als einen Wechselwirkungsprozess zwischen einem Gesellschaftsmitglied als Subjekt und der Gesellschaft als objektiver sozialer Umwelt begreift. Diese Wechselwirkung wird als ein dialektischer Prozess verstanden, d. h. das traditionelle Modell kausaler Logik, das zur Erklärung von Handlungen nach einem funktionalen Verständnis eine eindeutige Unterscheidung von Ursache und Wirkung vornimmt, wird hier abgelöst durch die Vorstellung, dass eine Handlung immer sowohl durch einen Einfluss der Gesellschaft auf das Subjekt gekennzeichnet ist als auch umgekehrt durch eine Beeinflussung der Gesellschaft durch das Individuum (vgl. auch Geulen 1973).

Als theoretische Grundlage diente in der vorliegenden Studie zunächst der Ansatz des „Symbolischen Interaktionismus", der menschliches Handeln als für den Handelnden bedeutungsvolles Verhalten (vgl. Wilson 1980: 54 f.) definiert und es dabei grundsätzlich als einen Teil der menschlichen Interaktion begreift (vgl. auch Böttger 1992: 60 ff.). Nach diesem Verständnis entstehen die Bedeutungen aller Gegenstände, Sachverhalte und Handlungen selbst erst durch die Interaktion der Menschen in einer Gesellschaft (vgl. Mead 1995) und dienen in der Folge der Orientierung der Gesellschaftsmitglieder bei allen weiteren Handlungen:

> „Der Begriff 'symbolische Interaktion' bezeichnet die (inter-personelle) Konstituierung von Bedeutungen wie die (interpersonelle) Orientierung an Bedeutungen" (Ulich 1976: 73).

Entscheidend ist aus dieser Sicht also nicht das „objektive Sein" eines Gegenstandes oder Sachverhaltes, sondern dessen subjektive Interpretation durch die interagierenden Individuen:

> „Die Beschaffenheit eines Objektes – und zwar eines jeden beliebigen Objektes – besteht aus der Bedeutung, die es für die Person hat, für die es ein Objekt darstellt" (Blumer 1980: 90).

Nach Mead (1980: 217 ff.) verfügt der Mensch über ein „self", welches zwei korrespondierende Seiten aufweist: Das „me" vertritt die Einstellungen und Erwartungen der anderen an der Interaktion Beteiligten der eigenen Person gegenüber, während das „I" für Bedürfnisse und Intentionen des Subjekts selbst steht. Zu Vorstellungen über die Erwartungen anderer gelangt der Mensch im Verständnis dieser Theorie durch den Prozess des „role-taking": Er übernimmt, ermöglicht durch das „me", die Rolle seines Gegenübers und bezieht so fremde Erwartungen hinsichtlich des eigenen Handelns in seine Handlungsplanung ein. Das „I" erlaubt ihm ein flexibles Reagieren auf fremde Erwartungen im Sinne der eigenen Handlungsabsichten. Auf diese Weise wird soziales Handeln immer als Produkt einer dialektischen Wechselwirkung zwischen „me" und „I" und damit zwischen Individuum und Gesellschaft begriffen.

Einzelne Handlungen der Mitglieder einer Gesellschaft weisen im Verständnis dieses Ansatzes drei wesentliche Merkmale auf: Es erfolgt eine Definition der Interaktionssituation, in der die Handlung vollzogen wird, eine Interpretation des Kontextes, in dem Situation und Handlung lokalisiert werden, und eine Antizipation des Verlaufs der sozialen Handlung sowie der Reaktionen der beteiligten Interaktionspartner. Dabei werden die vollzogenen Definitionen und Interpretationen nicht als endgültig festgelegte Bestimmungsmomente begriffen. Vielmehr wird darauf verwiesen, dass sie durch jedes Ereignis im Rahmen der Interaktion einer ständigen „Überarbeitung und Neuformulierung" unterworfen sind (Wilson 1980: 61).

Im Zentrum des Symbolischen Interaktionismus steht die Sprache als System signifikanter Symbole. Erst der abstrahierende und verallgemeinernde Charakter sprachlicher Zeichen ermöglicht dieser Theorie zufolge dem Individuum die Leistungen der Bedeutungszuschreibung, der Situationsdefinition, der Kontextinterpretation, der Übernahme der Rolle des Interaktionspartners und damit der Antizipation des Handlungsverlaufs. In der Sprache wird also insgesamt eine zentrale Voraussetzung für die Handlungsfähigkeit des Menschen gesehen:

> „Als sprachbegabter Organismus ist der Mensch handlungsfähig, da er mittels signifikanter Symbole (oder eben Sprache) und bewusster Rollenübernahme fremdes Verhalten antizipieren und identisch interpretieren kann. Handlungsfähigkeit heißt die Fähigkeit, im anderen gleiche Bedeutung durch Gesten (Symbole) hervorzurufen und dadurch dessen Verhalten vorweg- und in sein eigenes Verhalten hineinnehmen zu können. Diese Handlungsfähigkeit erlangt der Mensch aber erst in langwierigen Interaktionsprozessen, in denen sich sein self durch bewusste Rollenübernahme entwickelt. Bewusste Rollenübernahme setzt Sprache voraus." (Griese 1981: 134)

Auch die Phänomenologische Soziologie, meist kurz als „Phänomenologie" bezeichnet, setzt an Prozessen der subjektiven Sinn- und Bedeutungszuschreibung an. Hier wird herausgestellt, dass sich die subjektive Wahrnehmung der äußeren Welt durch die Menschen nicht nur auf Objekte im engeren Sinne, sondern immer auch auf deren gesellschaftliche und kulturelle Funktionen und Werte bezieht:

> „Was uns in der natürlichen Einstellung schlicht gegeben ist, schließt keineswegs nur die Gegenstände der äußeren Wahrnehmung – rein als solche verstanden – ein, sondern auch die Sinnschichten niederer Ordnung, dank welcher Naturdinge als Kulturobjekte erlebt werden." (Schütz/Luckmann 1979: 28)

Nach diesem Verständnis verbindet der Mensch mit allen Objekten seines Handelns und auch mit den Handlungen selbst einen Sinn, der in der Phänomenologie als „subjektiver Sinn" bezeichnet wird. Im Unterschied zum Symbolischen Interaktionismus kennt die Phänomenologische Soziologie aber auch den von Schütz (1974) eingeführten Begriff des „objektiven Sinns". Dieser ist dann gegeben, wenn die subjektive Sinnzuschreibung eines Menschen von einem anderen gedeutet wird, also im Prozess des Verstehens eines „fremden subjektiven Sinns", kurz „Fremdverstehen" genannt. Die Handlung eines „Fremden" wird in diesem Prozess

> „...als 'Anzeichen' für einen im fremden Bewusstsein konstituierten Sinn angesehen, da immer schon selbstverständlich davon ausgegangen wird, dass der andere überhaupt mit seinem Handeln einen subjektiven Sinn verbindet; gleichwohl aber ist der Sinnzusammenhang, in den das fremde Handeln eingestellt wird, ein objektiver. Dieser objektive Sinn wird jedoch von dem Deutenden so verstanden, 'als ob' dieser der von dem Handelnden 'gemeinte' Sinn sei." (Kade 1983: 36)

Dieser Aspekt ist auch für die empirische Sozialforschung von besonderer Bedeutung. Denn im phänomenologischen Verständnis kann der Forscher nur zu einem „objektiven Sinn" gelangen, wenn er an dem vom Forschungsobjekt gemeinten „subjektiven Sinn" ansetzt. Dabei wird darauf hingewiesen, dass die Theoriebildung der Phänomenologie „eindeutig durch das methodische Interesse der Wissenschaft motiviert" gewesen sei:

„Die Wissenschaft muss nämlich immer schon, sofern sie 'verstehen' will, auf diejenigen Prozeduren des Fremdverstehens zurückgreifen, die jedermann beherrscht." (Kade 1983: 35)

Der Forscher analysiert aus der Sicht dieses Ansatzes eine Welt, die nicht zu seiner ihn unmittelbar umgebenden räumlichen und zeitlichen Umwelt gehört, sondern von der er in seinem Erleben getrennt ist (vgl. hierzu auch Nießen 1977: 22 ff.). In diese „Mitwelt" müsse er sich bei Erhebung und Interpretation seiner Daten hineinversetzen, um die subjektiven Deutungen seiner Forschungsobjekte verstehen zu können. Im Zentrum phänomenologischer Theorie und Empirie steht dabei die „alltägliche Lebenswelt" der Menschen:

„Unter alltäglicher Lebenswelt soll jener Wirklichkeitsbereich verstanden werden, den der wache und normale Erwachsene in der Einstellung des gesunden Menschenverstandes als schlicht gegeben vorfindet. Mit schlicht gegeben bezeichnen wir alles, was wir fraglos erleben, jeden Sachverhalt, der uns bis auf weiteres unproblematisch ist." (Schütz/Luckmann 1979: 25)

Die alltägliche Lebenswelt, die abgegrenzt wird gegenüber anderen Wirklichkeitsbereichen wie die „Welt der Wissenschaft" oder die „Welt der religiösen Erfahrungen", bildet einen Rahmen, der im Alltag nicht weiter hinterfragt wird. Der Mensch nimmt von vornherein als gegeben an, dass in dieser Welt andere Menschen existieren, deren Sinnkonstitutionen er nachvollziehen kann. Die alltägliche Lebenswelt ist somit intersubjektiv. (vgl. auch Böttger/Kuznik 1984: 145 f.)

Jede Sinnkonstitution, jede Deutung in dieser Lebenswelt basiert auf einer großen Anzahl früherer Erfahrungen, die sich in der Form eines Wissensvorrates verdichten. Gleichzeitig wird sie aber ihrerseits immer zum Bestandteil dieses Vorrates, was bedeutet, dass „...der lebensweltliche Wissensvorrat das Ergebnis der Sedimentierung von subjektiven Erfahrungen der Lebenswelt ist." (Schütz/Luckmann 1979: 158)

Im Verständnis der Phänomenologie geht der lebensweltliche Wissensvorrat als horizontbildender Rahmen in weitere Handlungssituationen ein. Habermas (1981: 187) fasst die Ausführungen von Schütz zu Situationen dieser Art in einer Definition zusammen:

„Eine Situation ist ein durch Themen herausgehobener, durch Handlungsziele und -pläne artikulierter Ausschnitt aus lebensweltlichen Verweisungszusammenhängen...".

Eine besondere Bedeutung kommt im phänomenologischen Ansatz dem Begriff der Relevanz zu (vgl. auch Baacke 1984). Diese bestimmt, welchen Ausschnitten der erlebten Realität in einzelnen Handlungssituationen Bedeutung zugemessen wird. Schütz (1971: 56 ff.) unterscheidet drei Formen der Relevanz:

- Die „thematische Relevanz" lässt Teile der erlebten Realität bedeutsam werden, die dem Menschen unvertraut oder unerklärlich sind. Da es sich der Kompetenz des Individuums entzieht, über die Vertrautheit bzw. Erklärbarkeit einzelner Themen zu bestimmen, spricht Schütz hier auch von einer „auferlegten Relevanz".

- Die „Auslegungsrelevanz" dient dazu, bestimmte Bereiche des erworbenen Wissensvorrates heranzuziehen, mit denen einzelne Komponenten der erlebten Realität verstanden bzw. erklärt werden können.

- Die „Motivationsrelevanz" bestimmt dann, welche Handlungen in der spezifischen Situation erfolgen sollen. Sie wählt aus den verschiedenen Handlungsmöglichkeiten diejenige aus, die vor dem Hintergrund der relevanten Thematik und ihrer Auslegung als die geeignetste erscheint.

Der Lebenslauf eines Individuums ist aus der Sicht der Phänomenologie als Abfolge all seiner Handlungssituationen zu verstehen. Eine Lebensgeschichte (oder Biographie) besteht aus der Aktualisierung und sinnvollen Verknüpfung einzelner Handlungssituationen zu einer bestimmten Zeit. Sie ist als solche einmalig und nicht reproduzierbar.

Im Bereich der Rechtssoziologie (oder „Kriminalsoziologie"), zu dem auch die soziologisch ausgerichtete Viktimologie zählt, werden die Denkrichtungen des Symbolischen Interaktionsimus und der Phänomenologie besonders durch den „labeling approach" vertreten (vgl. z. B. Schur 1969). Dieser in den USA entstandene Ansatz wurde gegen Ende der sechziger Jahre besonders von Sack (1968; 1972) in die Diskussion der deutschen Rechtssoziologie eingeführt. Im Verständnis des labeling approach, im deutschsprachigen Raum oft als „Etikettierungsansatz" bezeichnet, wird Kriminalität nicht mehr als bloße Eigenschaft des kriminell handelnden Menschen gesehen, sondern im Vordergrund stehen die Mechanismen der Instanzen sozialer Kontrolle, die ihm dieses „Etikett" in einem interaktiven Definitionsprozess zuschreiben:

„Die Feststellung, dass jemand eine Tat beging, die unter Strafe steht, ist primär keine deskriptive Aussage, jedenfalls ist dieser Aspekt nicht der juristisch belangvolle. Die juristische Entscheidung, das Gerichtsurteil ist eine Zuschreibung von Verantwortung." (Sack 1968: 468)

Zum Gegenstand der Rechtssoziologie wurde damit nicht mehr nur das abweichende Verhalten des Individuums selbst, sondern in den Mittelpunkt traten die Regeln, nach denen dieses Verhalten von der Gesellschaft zum abweichenden Verhalten, zur strafbaren Handlung erklärt wird, im Verständnis des labeling approach auch als „Anwendungsregeln" bezeichnet:

„Die vielfältigen Korrelationen, die Psychologen, Soziologen, Psychiater bei der Analyse der Delinquenz und Kriminalität herausgefunden haben, haben den Status von Anwendungsregeln, Transformationsbedingungen physikalischer Prozesse in intentionales

Handeln. Sie gehören zu jener anderen Ebene von Regeln und Normen, die die Strukturen und Regelmäßigkeiten zu erklären vermögen, mit denen die Normen des Strafrechts von den sie anwendenden Personen und Institutionen eingesetzt werden. Solche gesetzmäßigen Zusammenhänge erlauben uns keine Prognosen darüber, wie sich Personen in bestimmten Situationen verhalten werden, sondern sie sind nach der Analyse des Konstituierungsprozesses von Kriminalität und kriminellem Verhalten empirische Aussagen über das Entscheidungsverhalten der an der Entscheidung beteiligten Personen und Institutionen." (Sack 1972: 22 f.)

Das Primat der Analyse solcher Anwendungsregeln in der kriminalsoziologischen Forschung implizierte zwangsläufig eine Abkehr von der Frage nach den biologischen, psychischen oder sozialen Ursachen kriminellen Verhaltens (vgl. z. B. Sack 1968: 470 ff.). Nicht mehr das Warum der individuellen strafbaren Handlung war von Interesse, sondern es ging primär um die gesellschaftlichen Bedingungen, unter denen einem Individuum das Etikett „kriminell" zugeschrieben wird.

An den Theorien des symbolischen Interaktionismus und der Phänomenologie ansetzend entwickelten auch Hurrelmann und Geulen das Modell des „produktiv realitätsverarbeitenden Subjekts" (vgl. Hurrelmann 1976; Geulen/Hurrelmann 1980):

„Was hier proklamiert wird, ist also ein Modell der dialektischen Beziehungen zwischen Subjekt und gesellschaftlich vermittelter Realität, eines interdependenten Zusammenhangs von individueller und gesellschaftlicher Veränderung und Entwicklung. Dieses Modell stellt das menschliche Subjekt in einen sozialen und ökologischen Kontext, der subjektiv aufgenommen und verarbeitet wird, der in diesem Sinne also auf das Subjekt einwirkt, aber zugleich immer auch durch das Individuum beeinflusst, verändert und gestaltet wird." (Hurrelmann 1983: 93)

Ein Sozialisationsmodell dieser Art impliziert, dass die erkenntnistheoretische Frage, ob es mit der Sozialisationstheorie eine objektiv existierende soziale Realität zu erklären gelte oder ob allein oder vor allem subjektive Definitionen bzw. Interpretationen zum Gegenstand der Erkenntnis werden können oder sollten, in dieser Form als obsolet gelten kann. Denn jede Ausrichtung auf das Subjekt bedeutet notwendigerweise den Einbezug objektiver Gegebenheiten, deren Bedeutung das Individuum gelernt hat und die es repräsentiert, und umgekehrt beinhaltet jede Analyse objektiver gesellschaftlicher Bedingungen zwangsläufig die Berücksichtigung der Bedeutungen, die diese Bedingungen für ein Subjekt haben. Subjektiv Erfahrenes und objektiv Gegebenes stehen sich demnach nicht als Alternativen für wissenschaftlichen Erkenntnisgewinn gegenüber, sondern sie verkörpern zwei Seiten desselben Erkenntnisgegenstandes.

Die „objektive Seite" der Sozialisation lässt sich dabei als der Lebensverlauf eines Individuums begreifen, wie er sich im Rahmen der gesellschaftlichen Gegebenheiten vollzieht – unter Berücksichtigung aller Einflüsse der Gesellschaft auf das Individuum sowie aller Veränderungsprozesse in ihr durch das Individuum. Die subjektive Seite dieses Prozesses ist beschreibbar als die Interpretation dieses Lebenslaufs durch den Menschen, die in der Terminologie der Sozialisationsforschung zumeist als Biographie bezeichnet wird (vgl. z.B. Kohli 1978: 23).

Dabei ist von Bedeutung, dass jede Biographie bei der Interpretation des Lebenslaufs Verkürzungen und Wertungen erfährt. Hahn (1988: 51) formuliert dies folgendermaßen:

„Der Lebenslauf ist ein Insgesamt von Ereignissen, Erfahrungen, Empfindungen usw. mit unendlicher Zahl von Elementen. Er kann überdies ... sozial institutionalisiert sein, z.B. indem bestimmte Karrieremuster oder Positionssequenzen normiert werden. ... Aber die Biographie macht für ein Individuum den Lebenslauf zum Thema. Diese Thematisierung darf nicht als Spiegelung missverstanden werden. Die Spiegelmetapher suggeriert ja, dass die Gesamtheit des Gegebenen wiedergegeben würde. ... Schon die Unendlichkeit der den Lebenslauf konstituierenden Elemente schließt dies aus. Biographien stellen folglich stets selektive Vergegenwärtigungen dar."

Subjektive Selektionen und Interpretationen in einer Biographie sind also nicht nur unvermeidbar, da die Anzahl objektiver Einflüsse auf einen Lebenslauf viel zu groß ist, um „vollständig" in einer Biographie enthalten zu sein, sondern sie haben auch eine bestimmte Funktion: Sie geben der Biographie ein „Thema", in interaktionistischer bzw. phänomenologischer Begrifflichkeit einen „subjektiven Sinn". Ohne Interpretationsleistungen könnten die Ereignisse eines Lebenslaufs zudem in keiner Weise aufeinander bezogen werden. Erst durch ihre subjektive Interpretation ergeben sich zwischen ihnen in der Biographie kausale oder andersartige Beziehungen, erhalten sie einen Sinnzusammenhang und einen Bezug zur Identität des Individuums, werden sie zu nachvollziehbaren Geschichten, zu Lebensgeschichten (vgl. Baacke 1985: 12). Pierre Bourdieu (1986) spricht in diesem Zusammenhang sogar von „l' illusion biographique".

Lebensgeschichten als subjektive Interpretationen erlebter Realität sind schon seit langem zentraler Ansatzpunkt der meisten Richtungen sozialwissenschaftlicher Biographieforschung; sie bestimmen das Denken und Handeln eines Menschen innerhalb seiner Gesellschaft und werden zum Bestandteil komplex strukturierter und sich ständig weiterentwickelnder Lebenskonzepte (vgl. z.B. Kohli/Robert 1984; Baacke/Schulze 1985).

Insgesamt kann damit deutlich werden, dass die Verkürzung und subjektive Wertung des Lebenslaufs, die sich in jeder Biographie vollzieht, nicht als „notwendiges Übel" zu begreifen ist, mit dem die Sozialisationsforschung leben müsste, weil sie keine Möglichkeit hat, einen Lebenslauf vollständig zu erfassen. Im Gegenteil: Erst die Interpretationsleistungen, die den Lebenslauf zur Biographie werden lassen, geben ihm eine Sinnstruktur und machen ihn damit sowohl für das einzelne Subjekt als auch für die Sozialwissenschaften bedeutsam.

Lebenskonzepte, bestehend aus der Biographie als der subjektiven Interpretation des Lebenslaufs einerseits und den daraus resultierenden Handlungsentwürfen für die Zukunft andererseits, sind nun sowohl die Voraussetzung für das zielgerichtete und bewusste Handeln eines Individuums in einer Gesellschaft als auch die Folge solcher Handlungen. Durch sein Handeln erlernt ein Mensch die Bedeutungen der ihn umgebenden Kultur, die er in sein Lebenskonzept integriert und die sich dadurch als neu erworbenes Wissen und Können auf die Planung und Durchführung weiterer Handlungen in dieser Gesellschaft auswirken.

Von Miller, Galanter und Pribram (vgl. 1973) wurde umfassend dargelegt, dass eine menschliche Handlung dadurch gekennzeichnet ist, dass sie grundsätzlich einem vorher erarbeiteten Plan folgt, der seinerseits eine bestimmte Struktur aufweist. Diese Erkenntnis wurde später von Geulen aufgegriffen und in seinen sozialisationstheoretischen Ansatz einbezogen. Dabei wurde angenommen, dass ein solcher Handlungsplan

> „... gleichsam ein Programm ist, in dem die Ergebnisse der Denkprozesse bereits niedergelegt sind. Allerdings ist dieses Programm jederzeit revidierbar, wenn die Voraussetzungen sich geändert haben, und vielleicht wird es tatsächlich ständig modifiziert.
> Im Plan sind die drei Momente der Handlungsorientierung, ... die Ziele, die Mittel und die in der Wahrnehmung gegebenen aktuellen Gegebenheiten miteinander verknüpft." (Geulen 1989: 246)

Aus wissenschaftstheoretischer Sicht allerdings wäre der handlungstheoretische Ansatz von Miller, Galanter und Pribram, der als Gegenentwurf zu behavioristischen Theorien eher in der Tradition kausallogischer Modelle steht, nicht ohne weiteres vereinbar mit der Annahme einer dialektischen Beziehung zwischen objektiv existierender und subjektiv interpretierter sozialer Realität, wie sie ja auch von Geulen (vgl. 1973; 1989) vertreten wird.

Hier erweist sich besonders der Ansatz der Tätigkeitspsychologie (vgl. z.B. Wygotski 1960; Leontjew 1980; Galperin 1980; Jantzen 1986; 1990) als wesentlich kompatibler. Gerade diese Theorie geht nämlich auf der Basis eines dialektischen Realitätsmodells zentral davon aus, dass das Handeln eines Menschen sowohl in der Aneignung objektiver gesellschaftlicher Realität besteht, welche sich in der Folge in seinem Bewusstsein widerspiegelt und dadurch die Planung und zielgerichtete Steuerung weiterer Handlungen ermöglicht, als auch in der Modifikation dieser gesellschaftlichen Realität.

Dem Begriff der Dialektik kommt allerdings in der Tätigkeitspsychologie, wie auch in dem diese Theorie aufgreifenden Ansatz der „Kritischen Psychologie" (vgl. z.B. Holzkamp 1978) eine erheblich tiefere Bedeutung zu als in den oben angeführten Erklärungsmodellen von Geulen und Hurrelmann. Beide Theorien nämlich folgen der dialektisch-materialistisch begründeten Maxime, dass Erkenntnisse über das Wesen und Handeln eines Subjekts in einer Gesellschaft nicht nur aus der kulturhistorischen Entwicklung dieser Gesellschaft bis zur Gegenwart, sondern ebenfalls aus der geschichtlichen Entwicklung der Natur bis zur Herausbildung der Spezies des Menschen herzuleiten sind. Analysiert wurde also zunächst die Entwicklung der Materie selbst, die zur Herausbildung erster Lebensformen und schließlich im evolutionären Prozess zur Entstehung des Menschen geführt hat. Und schon diese Entwicklung wird als eine dialektische gedeutet: Die „materialistische Dialektik" (vgl. hierzu auch Braun 1982) geht davon aus, dass mit der Herausbildung der ersten Organismen aus der unbelebten Materie eine ständige Wechselwirkung zwischen diesen und ihrer Umwelt stattgefunden hat, etwa indem die Organismen mit jeder Bewegung Energie an die Umwelt abgeben und sie dadurch verändern, gleichzeitig jedoch mit Hilfe dieser Bewegungen Nahrung aufnehmen, die sie in der Umwelt finden, und dadurch selbst durch diese verändert werden (vgl. Leontjew 1980: 33 ff.).

Jedoch gilt in der materialistischen Dialektik außer dem Prinzip der Wechselwirkung noch ein entscheidendes weiteres Kriterium: Indem nämlich die naturgeschichtliche Entwicklung mit und nach der Herausbildung der ersten Organismen immer höhere Entwicklungsstufen erreichte und durchlief, ist sie nicht nur als Wechselwirkung, sondern gleichzeitig als Weiterentwicklung zu begreifen. Bei dieser Weiterentwicklung wird nun immer dann eine höhere Stufe erreicht, wenn es in den Wechselwirkungen zu Widersprüchen kommt. Der Widerspruch etwa, dass die ersten Organismen einerseits aus der unbelebten Materie entstanden sind und damit ein Teil von ihr sind, andererseits aber auch selbst aktiv sein müssen, um sich zum Zweck der Nahrungsaufnahme in ihr zu orientieren, führt zu einer höheren Entwicklungsstufe, auf der die Organismen ihre Umwelt in sich widerspiegeln können, was ihnen diese Orientierung ermöglicht. In der weiteren Entwicklung der Natur gelangen die Organismen dann zu immer komplexeren Formen der Widerspiegelung ihrer Umwelt, die in ihren höchsten Formen schließlich als psychische Widerspiegelung und als menschliches Bewusstsein beschreibbar sind.

Aber nicht nur in der Phylogenese, sondern auch in der Ontogenese eines Lebewesens gilt dieses Prinzip des Erreichens höherer Entwicklungsstufen durch die Überwindung von Widersprüchen, die in Wechselwirkungsprozessen mit der Umwelt auftreten. Leontjew (1980: 41) nennt hier das Beispiel einer Kröte, die statt eines Schmetterlings lediglich ein Stück Papier gefangen hat, das zur Nahrungsaufnahme ungeeignet ist. Aufgrund dieses Widerspruchs zwischen dem Ziel der Entwicklung der Kröte und dem Resultat ihres Verhaltens lernt sie, letztlich um überleben zu können, in ihrer Widerspiegelung der Umwelt genauer zwischen Schmetterlingen und Papierfetzen zu unterscheiden, und erreicht so eine höhere Entwicklungsstufe in ihrer Ontogenese.

Dieses Verständnis dialektischer Prozesse als Wechselwirkung und gleichzeitig Weiterentwicklung wird nun in letzter Konsequenz auch auf das menschliche Handeln und auf die Entwicklung komplexer Gesellschaften angewendet. Und als solches geht es gerade in bezug auf Sozialisationsprozesse in entscheidenden Punkten über viele rein interaktionistische Modelle hinaus.

In der Theorie der Tätigkeitspsychologie ist das Grundmerkmal der Tätigkeit eines Menschen, die dort verstanden wird als die Summe seiner Handlungen, ihre Orientierungsfunktion in Umwelt und Gesellschaft. Sie wird daher auch als „Orientierungstätigkeit" bezeichnet (vgl. Galperin 1980: 77 ff.; Kossakowski 1980: 88 f.) und ist als solche, ganz ähnlich dem Ansatz von Miller, Galanter und Pribram, besonders dadurch gekennzeichnet, dass sie durch eine bewusste und zielgerichtete Planung vorbereitet und begleitet wird. Der Plan, der einer menschlichen Handlung zugrunde liegt und der auch immer der erste Schritt beim Erlernen einer neuen Handlung ist, wird hier „Orientierungsgrundlage" genannt.

> „In der ersten Phase besteht die Aufgabe nicht nur darin, eine vorläufige Vorstellung von der Aufgabe (d. h. davon, was zu tun ist) und vom Handlungsablauf zu gewinnen. Zugleich ist es notwendig, das System der Merkmale des neuen Stoffes und der darin vorgegebenen Merkzeichen, nach denen sich die gegebene Handlung richtig vollziehen lässt, zu ermitteln. Wir bezeichnen dieses System als Orientierungsgrundlage." (Galperin 1972: 36)

Während der Ausführung der Handlung unterliegt die Orientierungsgrundlage einer ständigen Kontrolle durch den Vergleich mit den aktuellen Handlungsbedingungen und kann erforderlichenfalls modifiziert werden, was insgesamt als Prozess der Handlungs- bzw. Tätigkeitsregulation bezeichnet wird. Die Orientierungsfunktion ist grundsätzlich ein Merkmal jeder Handlung. Der Begriff der Orientierung selbst bezeichnet jedoch in einem sehr allgemeinen Sinn auch die generelle Zielrichtung der Tätigkeit eines Individuums zu einem bestimmten Zeitpunkt.

Die Motivation als die emotionale Bereitschaft, eine Handlung zu vollziehen, hat sich phylogenetisch aus der Notwendigkeit herausgebildet, dass sich die Organismen zum Zweck des Überlebens ihrer Umwelt anzupassen hatten bzw. dass sie diese entsprechend modifizieren mussten. Für den Menschen als hochentwickelten Organismus resultieren Handlungsmotive nun aus dem emotional erlebten Bedürfnis, eine als Mangel- oder Notzustand erlebte Situation zu überwinden:

> „Bedürfnisse sind emotional erfahrene 'Notzustände' als subjektive 'Not-Wendigkeiten', Motivation ist die emotionale Bereitschaft zur aktiven Überwindung der Notzustände, realisiert sich also in zielgerichteten Handlungen zur Aufhebung der Bedürfnisse." (Holzkamp-Osterkamp 1976: 61)

Auch die Handlungsmotive beeinflussen die Regulation der Tätigkeit eines Menschen, und wie die Orientierungsgrundlagen als Pläne der Handlungen sind auch sie im Verlauf der Tätigkeit und ihrer Regulation im Rahmen der Wechselwirkung zwischen dem handelnden Subjekt und seiner Umwelt Umstrukturierungen unterworfen.

> „Im ganzheitlichen Prozess der Tätigkeitsregulation erfolgt eine wechselseitige Einflussnahme der Motive auf die anderen Komponenten der Tätigkeitsregulation und dieser auf die Motive. Das heißt, einerseits sind vorhandene, bereits entwickelte Motive ein bestimmendes Moment in der aktuellen Handlungsregulation, und andererseits kommt es in diesem Prozess gleichzeitig, unter dem Einfluss veränderter Tätigkeitsbedingungen zur Veränderung der Motive und Motivation der Persönlichkeit." (Scheibe 1989: 184 f.)

Bei wiederholter Ausführung einer Handlung nun erfolgt ihre allmähliche „Interiorisation" (Wygotski 1960), womit die Verinnerlichung im Sinne eines Lernprozesses gemeint ist – von Galperin (1973; Herv. d. Verf.) als „etappenweise Ausbildung geistiger Handlungen" bezeichnet. Als Resultat dieses Prozesses steht die verinnerlichte, die gelernte Handlung dem Individuum dann als Verhaltensmuster zur Verfügung, das bei Bedarf aktiviert werden kann, ohne dass eine erneute detaillierte Planung erfolgen müsste. Die Handlung ist also weitestgehend „automatisiert" worden (vgl. hierzu auch Volpert 1974).

Der Vorgang der Verinnerlichung ist ein grundsätzliches Merkmal der menschlichen Tätigkeit, des Lernens und der Sozialisation. Durch „Interiorisationsprozesse" eignet sich das Subjekt Fähigkeiten an, sich in Umwelt und Gesellschaft zu orientieren, und erlernt dabei gleichzeitig die Bedeutungen der Kulturgüter einer Gesellschaft, wie sie sich historisch herausgebildet haben. Letztlich führt jede Handlung zu einem gewissen Grad zu ihrer Verinnerlichung. Und mit jedem neuen Handlungsplan orientiert sich das Individuum an subjektiv repräsentierten Erfahrungen, die in früherer Zeit verinnerlicht wurden.

Aber auch Einflüsse der objektiven Umwelt, die außerhalb solcher Verinnerlichungsprozesse wirken, können dem Individuum natürlich bewusst werden – z.B. durch das reine Beobachten der Handlungen anderer Personen oder auch schlicht gesellschaftlicher oder natürlicher Gegebenheiten. Und wenn solche Einflüsse zum Bestandteil der Orientierungsgrundlage einer Handlung werden – und sich damit auf die Orientierung eines Individuums generell auswirken -, bilden sie sich zu strukturierenden Merkmalen seiner Biographie und seines subjektiven Lebenskonzepts heraus.

Mit jeder Realisierung und Verinnerlichung einer Handlung modifiziert ein Mensch aus tätigkeitspsychologischer Sicht, dies wurde ja bereits mehrfach angesprochen, ebenfalls seine objektive gesellschaftliche Umwelt, indem die Resultate seines Handelns in der Folge zu dieser Umwelt gehören. Und eben dadurch ergeben sich die beiden Wirkungsrichtungen der menschlichen Tätigkeit, die immer gleichzeitig bestehen: Die eine verläuft von der Umwelt zum Individuum – bzw. über den Weg der Verinnerlichung in das Individuum „hinein", die andere vom Individuum zur bzw. in die Umwelt, die durch jede Handlung zwangsläufig verändert wird. Dies verdeutlicht noch einmal den dialektischen Prozess der Wechselwirkung, der sich grundsätzlich zwischen einem handelnden Individuum und seiner gesellschaftlichen Umwelt vollzieht. Indem nun die durch die Handlungen eines Menschen strukturierte objektive Umwelt gleichzeitig die Grundlage bildet für die Informationen, die er erhält und die wiederum sein Handeln beeinflussen können, besteht zudem ein Wechselverhältnis zwischen der Tätigkeit eines Menschen und den Informationen, die auf ihn „zuströmen", was als „Dialektik von Information und Verhalten" beschrieben werden kann:

„Jede Handlung, ja schon jede Bewegung führt zu Veränderungen der Informationen, die auf mich zuströmen. Somit ist nicht nur das Verhalten von den aufgenommenen und verarbeiteten Informationen abhängig, sondern die Information, die ich aufnehme, ist auch von meinem Verhalten abhängig. Zwischen Information und Verhalten besteht also eine wechselseitige Abhängigkeit. Das soll kurz als 'Dialektik von Information und Verhalten' bezeichnet werden." (Hiebsch 1987: 127 f.)

Da weiterhin die Umwelt eines Menschen immer auch eine soziale ist, in der weitere Mitglieder seiner Gesellschaft agieren, mit denen er in Kontakt tritt, sind viele seiner Handlungen als *soziale Interaktionen* beschreibbar, die sich dadurch auszeichnen, dass sie an andere Menschen adressiert sind und von diesen auch zumeist durch entsprechende Reaktionen beantwortet werden. Der spezifische soziale Zusammenhang im Rahmen einer Interaktion kann nun

„ ... in einen äußeren (externe Kontingenz) und einen inneren (interne Kontingenz) Zusammenhang unterteilt werden, wobei beachtet werden muss, dass diese beiden Seiten aufeinander bezogen sind. Unter *externer* Kontingenz verstehen wir: (a) die Verhaltensweisen der Partner sind aufeinander gerichtet (Koorientierung), (b) sie bilden eine zeitlich strukturierte Sequenz (Koordination) und (c) jeder Akt des einen ist zugleich eine Reaktion auf den Akt des anderen *und* eine Aktion, die wiederum eine Partnerhandlung veranlasst (Interdependenz). Der Begriff der *internen* Kontingenz bezeichnet den Zusammenhang und die Abgestimmtheit der psychischen Verhaltenspläne oder -entwürfe beider (bzw. mehrerer) Partner." (Hiebsch/Leisse 1991: 8)

Dass sich aus dieser Sicht durch soziale Interaktionen nun neben einer Modifikation der objektiven Umwelt – also der Gesellschaft, in der die Interaktionspartner/innen leben – gleichzeitig die Wissensbestände und Deutungen mehrerer in ihrem Handeln aufeinander ausgerichteter Gesellschaftsmitglieder strukturieren, verdeutlicht, dass sich der Ansatz der Tätigkeitspsychologie nicht nur mit soziologisch-interaktionistischen Theorieansätzen grundsätzlich verträgt, sondern dass er diese in sinnvoller Weise ergänzen kann.

Wohl am detailliertesten haben dies die bereits seit vielen Jahren publizierten, in Deutschland allerdings nur verhältnismäßig wenig zur Kenntnis genommenen Werke von Igor S. Kon (vgl. besonders 1971; 1983) gezeigt. Insbesondere bezogen auf das von Mead (z.B. 1980), Blumer (z.B. 1980) u.a. entwickelte Konzept des „symbolischen Interaktionismus" hebt Kon hervor, dass rein interaktionistische Ansätze zwar aufgrund einer zu starken Fokussierung auf die Interaktion zwischen den Subjekten einer Gesellschaft den Charakter menschlicher Tätigkeit als Wechselwirkung zwischen diesen Subjekten und ihrer gesamten gesellschaftlichen Umwelt vernachlässigen, wodurch die Inhalte der Interaktion in ihrer gesellschaftlich-historischen Entwicklung zu wenig berücksichtigt werden, dass sie aber dennoch besonders zur interaktiven Herausbildung des Selbstbewusstseins bzw. der Identität eines Individuums sehr fruchtbare Erklärungsmodelle liefern:

„Mead und die auf seinen Ideen aufbauende Schule des symbolischen Interaktionismus unterstreichen mit Recht den symbolischen oder Zeichencharakter der menschlichen Kommunikation und den Umstand, dass das Individuum soziale Werte nur im kooperativen Akt besitzen kann. Da sie jedoch der Phylogenese nicht die gebührende Aufmerksamkeit schenken, berücksichtigen sie nicht, dass die Formen dieser Zeichenkommunikation selber durch die gegenständliche Tätigkeit und Arbeit bedingt sind. Die Beziehungen der Individuen zueinander (Kommunikation) und deren Interaktion mit der Natur (gegenständliche Tätigkeit, Arbeit) setzen einander voraus und können nicht isoliert begriffen werden. ... Trotzdem hat sich aber diese Konzeption als sehr ergiebig für die wissenschaftliche, einschließlich der experimentellen Erforschung der Gesetzmäßigkeiten der Entwicklung und des Fungierens des individuellen menschlichen Selbstbewusstseins erwiesen." (Kon 1971: 71)

Es wurde bereits dargelegt, dass aus symbolisch-interaktionistischer Perspektive erst die Sprache den Mitgliedern einer Gesellschaft ermöglicht, die Bedeutungen der Objekte ihrer Umwelt – wenngleich rein interaktionistische Ansätze im Gegensatz zu dialektisch-materialistischen den Aspekt ihrer historischen Gewordenheit zumeist ausblenden – sowie die einzelner Handlungen intersubjektiv zu teilen und sich in ihrem weiteren Handeln an diesen Bedeutungen zu orientieren. So erscheint es konsequent, dass sich auch die Identität eines Individuums in einer Gesellschaft vorrangig in Interaktionsprozessen – und zwar insbesondere in sprachlich vermittelten – herausbildet. Besonders das Identitätskonzept von Lothar Krappmann (1988) geht allerdings davon aus, dass es sich dabei nie um einen abgeschlossenen – oder abschließbaren – sozialen Prozess handelt. Vielmehr wird die Identität eines Subjekts hier als immer wieder neu herzustellendes Resultat von interaktiven Aushandlungsprozessen gesehen (vgl. z.B.: 35), und besonders die Notwendigkeit, in verschiedenen sozialen Situationen verschiedene Rollen einzunehmen, die sich insgesamt logisch widersprechen können (etwa bei der Interaktion mit einem/r Vorgesetzten einerseits und einem/r Untergebenen andererseits), führt dazu, dass gerade eine flexible, eine „balancierende" Identität gewährleistet, dass ein Individuum seine Intentionen in einer Weise realisieren kann, die jeweils subjektiv zum Erfolg führt. Aus dialektisch-materialistischer Sicht ließe sich hier zwar einwenden, dass durch ein solches Verhalten objektiv bestehende gesellschaftliche Widersprüche häufig nicht problematisiert, vielleicht gar nicht einmal erkannt werden, jedoch sperrt sich dieses Identitätskonzept auch nicht gegen solche Erkenntnisprozesse. Denn gerade weil es den Prozess der Identitätsentwicklung prinzipiell als offenen begreift, gesteht es dem Individuum ebenfalls die Möglichkeit zu, sich von den sozialen Erwartungen in bestimmten Situationen zu distanzieren, allein aus „taktischen Gründen" bestimmte Rollen einzunehmen, und auch gezielt gesellschaftlichen Erwartungen zuwider zu handeln. Das Individuum ist nach diesem Ansatz grundsätzlich sehr wohl in der Lage, „Spontaneität und Kreativität" auch gegen den „sozialen Druck zur Konformität" zu realisieren:

> „Die Analyse der Identität als einer Balance, um die sich das Individuum mit Hilfe vorläufiger und daher revidierbarer Positionen in einem gleichfalls unabgeschlossenen und nicht vollständig definierbaren Interaktionsprozess bemüht, und der Sprache als eines ebenfalls offenen Mediums, in dem sich die Identitätsbildung vollzieht, hat dazu geführt, dem Individuum ... Spontaneität und Kreativität gegen einen ... allein wirksamen sozialen Druck zur Konformität zuzuerkennen." (Krappmann 1988: 68)

Ein „offenes" Identitätskonzept wie das interaktionistische setzt allerdings voraus, dass die Sozialisation eines Menschen als ein lebenslanger Entwicklungsprozess zu begreifen ist, in dem er seine Identität in immer neuen sozialen Situationen ausbalancieren muss (vgl. hierzu Griese 1979; 1979a) – eine Balance, die durch einschneidende biographische Ereignisse wie Viktimisierungserfahrungen empfindlich beeinträchtigt werden kann. Bevor auf diese Problematik näher eingegangen wird, im Folgenden ein Blick auf die in der einschlägigen Literatur vorgestellten Ansätze, Opfer und Opfererfahrungen im Sinne einer Typenbildung zu klassifizieren.

2.5 Opfer- und Opfererfahrungstypologien

Die in der Literatur vorgestellten Opfertypologien sind sehr vielfältig und stellen sich der Herausforderung, die Komplexität der empirischen gegebenen Wirklichkeit auf ein überschaubares Maß zu reduzieren und die Konstruktion von Hypothesen und Theorien zu erleichtern (vgl. Kiefl/Lamnek 1986: 56). Dies erfolgt in vielen Fällen in der Form einer Typenbildung, die die große Menge an Opferwerdungsmöglichkeiten vorsichtig zu verallgemeinern versucht, so dass Möglichkeiten entstehen, bisher unentdeckte Zusammenhänge zu identifizieren und theoretische Erklärungsansätze zu liefern.

Opfertypologien haben nicht die Funktion zu etikettieren oder zu stigmatisieren, da sie keine negativen Zuschreibungen implizieren, aber es bleibt der schwierige Versuch, zumeist komplexe menschliche Handlungsmuster zu klassifizieren.

Mendelsohn richtet in seiner Typologie den Fokus verstärkt auf den Tatbeitrag des Opfers, wobei dieser von einer willentlichen Herausforderung über Leichtsinn bis hin zu keinem erkennbaren Beitrag reichen kann. Somit lässt sich zwischen einem Opfer, das schuldiger als der Täter ist, einem Opfer, das genauso schuldig wie der Täter ist, und einem unschuldigen Opfer unterscheiden (vgl. Mendelsohn 1956, zit. nach Kiefl/Lamnek 1986: 58).

Den Tatbeitrag bzw. die Beteiligung des Opfers an der Tat greift auch Fattah (1967: 162 ff.) in seiner Opfertypologie auf. Er unterscheidet fünf Opferkategorien: nichtteilnehmende Opfer, latente Opfer, provozierende Opfer, teilnehmende Opfer und falsche Opfer.

Bei einem Vergleich mit weiteren Opfertypologien lässt sich feststellen, dass die Betrachtungsmöglichkeiten sehr vielfältig sind, was zu der Schwierigkeit – wenn nicht gar Unmöglichkeit – führt, eine allgemeingültige Typologie von Opfern zu liefern. Die Dimensionen, die in der Regel bei soziologischen bzw. sozialwissenschaftlichen Typisierungsversuchen berücksichtigt werden, sind folgende:

- Einzelopfer oder Gruppenopfer?
- Selbstwahrnehmung des/der Betroffenen als Opfer oder nicht?
- Art der Täter-Opfer-Beziehung (z.B. flüchtig, zufällig, stabil, intim)?
- Ausgangspunkt der Interaktion (im Rahmen der Viktimisierung) bei Täter oder Opfer?
- Soziales Machtgefälle zwischen Täter und Opfer (groß, klein oder nicht existent; von Täter oder Opfer ausgehend)?
- Tatbeitrag des Opfers (keine Beteiligung bis hin zu bewusster Herausforderung)?
- Art des Schadens (subjektiv, also vom Opfer wahrgenommen, und „objektiv")?
- Verstoß gegen Rechtsvorschriften und/oder andere soziale Normen?

Strobl (1998: 15 f.) unterscheidet in Anlehnung an Kiefl und Lamnek (1986: 55 ff.) darüber hinaus verschiede Formen des Viktimisierungsprozesses. Unter die direkten oder unmittelbaren Viktimisierungsformen fallen nach dieser Typologie die persönliche sowie die stellvertretende Viktimisierung, zu den indirekten Formen werden die instrumentelle, die mittelbare sowie die kollektive und die anteilnehmende Viktimisierung gerechnet. Diese Unterscheidungsmöglichkeiten bezüglich der Art der Viktimisierung sind ähnlich vielfältig wie die unterschiedlichen Dimensionen zur Charakterisierung der Opfer selbst. Strobl fasst diese Typologie zusammen wie folgt:

„Von einer direkten oder unmittelbaren Opfererfahrung soll gesprochen werden, wenn das Opfer durch die Tat selbst unmittelbar geschädigt wurde. Um eine persönliche Viktimisierung handelt es sich dabei, wenn der Täter die Absicht hatte, das spätere Opfer zu schädigen. Wenn sich die Tat nicht gegen das Opfer persönlich richtet, wird dagegen die Bezeichnung stellvertretende Viktimisierung verwendet. ... Alle Viktimisierungen, durch die das Opfer nicht unmittelbar selbst geschädigt wird, sollen indirekte Viktimisierungen heißen. Diese Viktimisierungen werden, je nachdem, ob sich das Tatmotiv auch gegen die von der Tat mitbetroffene Person richtet oder nicht und ob die mitbetroffene Person durch die Tat ebenfalls geschädigt wurde oder nicht, weiter unterschieden. Von einer instrumentellen Viktimisierung soll gesprochen werden, wenn das direkte Opfer nur ein Instrument zur Verwirklichung der Tatabsicht war, die sich gegen die mitbetroffene Person richtete. ... Wenn sich das Tatmotiv nicht gegen die von den Folgen der Tat mitbetroffene Person richtete, soll dagegen von einer mittelbaren Viktimisierung gesprochen werden. Eine Person, die sich als vom Täter mitgemeintes Opfer einer stellvertretenden Viktimisierung begreift und die sich mit dem direkten Opfer deshalb in besonderem Maße identifiziert, soll als Opfer einer kollektiven Viktimisierung bezeichnet werden. ... Bei einer anteilnehmenden Viktimisierung fühlt sich eine Person dagegen allein deswegen mitbetroffen, weil sie sich mit der direkt viktimisierten Person identifiziert." (Strobl 1998: 15 f, Herv. i. Orig.)

Grundlegend ist hier also zunächst die Unterscheidung zwischen „direkten" und „indirekten" Viktimisierungen (vgl. auch Strobl/Lobermeier/Böttger 2003). Im ersten Fall wird, wie oben zitiert, das Opfer durch die ursprüngliche Tat selbst unmittelbar geschädigt, im zweiten Fall ist es von den weiteren Folgen der Tat (mit) betroffen.

Innerhalb der Kategorie der direkten Viktimisierung wird dann hinsichtlich des Tatmotivs wiederum zwischen der „persönlichen" und der „stellvertretenden" Viktimisierung unterschieden. Bei der ersten Form, bei der sich das Tatmotiv unmittelbar gegen das spätere Opfer richtet, ist dieses als Person, nicht als Vertreter/in einer ethnischen oder sozialen Gruppe Ziel des Übergriffs – wobei im Alltag bei vielen Delikten beide Aspekte eine Rolle spielen dürften. Bei der stellvertretenden Viktimisierung ist dagegen gerade eine ethnische oder soziale Gruppe Ziel des Übergriffs, der sich jedoch immer auf eines oder mehrere ihrer Mitglieder richten muss, die stellvertretend für ihre Gruppe zum Opfer werden.

In der Kategorie der indirekten Viktimisierung werden vier verschiedene Formen unterschieden, wobei auch hier das Motiv des Täters ein Unterscheidungskriterium darstellt. Richtet sich das Tatmotiv unmittelbar gegen das Opfer, obwohl dieses nicht direkt geschädigt wird, so handelt es sich dann, wenn das Opfer als „Instrument" im Rahmen der Viktimisierung einer weiteren Person, die das eigentliche Ziel des Übergriffs ist, auch selbst geschädigt wird, um eine „instrumentelle" Viktimisierung – etwa wenn Unbeteiligte im Zusammenhang mit einem Erpressungsversuch zu schaden kommen – und in Fällen, in denen das Opfer im Rahmen der Viktimisierung einer weiteren Person zwar nicht selbst geschädigt wird, jedoch aufgrund der Tätermotivation erkennt (oder zu erkennen glaubt), dass es zu einer gefährdeten Gruppe gehört, um eine „kollektive" Viktimisierung, die durch Angstgefühle und Furcht vor weiteren Übergriffen geprägt ist, was von den Tätern oft auch beabsichtigt war.

Richtet sich im Fall einer indirekten Viktimisierung das Tatmotiv nicht unmittelbar gegen das Opfer selbst, wird dieses im Rahmen der Tat jedoch direkt geschädigt, so fällt dies unter die Form der „mittelbaren" Viktimisierung. Unterbleibt dabei jedoch eine direkte Schädigung des Opfers, so wird von „anteilnehmender" Viktimisierung gesprochen, bei der sich eine Person allein deswegen mitbetroffen fühlt, weil sie sich mit der direkt viktimisierten Person identifiziert. Bei dieser letzten Form der indirekten Viktimisierung gibt es also weder ein gegen die mitbetroffene Person gerichtetes Tatmotiv noch eine unmittelbare Schädigung. Beeinträchtigungen resultieren ausschließlich aus der emotionalen Belastung eines empathischen Mitfühlens in der Opfersituation.

Bezogen auf die Gefühle der Verunsicherung und Hilflosigkeit, die bei stellvertretend und kollektiv viktimisierten Personen aufgrund der Irrationalität der Übergriffe in besonderem Maße auftreten, hat Janoff-Bulman (1979) auf mögliche stabilisierende Auswirkungen von Selbstbeschuldigungen im Rahmen der Bewältigung von Opfererfahrungen hingewiesen: Wer die Ursache im eigenen, kontrollierbaren Verhalten sehe, könne leichter die Überzeugung wiedergewinnen, Viktimisierungen in Zukunft vermeiden zu können. Dies gelte allerdings nicht, wenn die Viktimisierung auf stabile Persönlichkeitsmerkmale zurückgeführt werde. Als weitere Einschränkung hat Montada (1992) gezeigt, dass sich solche Verantwortungszuschreibungen nur dann positiv auf die psychische Gesundheit auswirken, wenn sie selbstgewählt sind und als eine Strategie zur Dämpfung negativer Gefühle eingesetzt werden. Führt die Verantwortungsübernahme bei den Betroffen dagegen zu Schuldgefühlen und Selbstabwertung, dann zeigen sich negative Folgen für die Bewältigung. Für Angehörige von machtunterlegenen Minderheiten, die von Personen oder Institutionen der Mehrheitsgesellschaft für ihre Situation im Sinne eines „blaming the victim" verantwortlich gemacht werden und diese Sichtweise ein Stück weit übernehmen, dürfte hierin eine beträchtliche Gefahr liegen. Beispielsweise standen die von rechtsextremer Gewalt besonders betroffenen Gruppen der Immigranten und Asylbewerber Anfang der 90er Jahre weniger als Opfer, sondern vielmehr als Verursacher von Problemen und dadurch zu einem gewissen Grad auch als Mitverursacher der gegen sie gerichteten Gewalt im Mittelpunkt der öffentlichen Diskussion.

Folgt man Janoff-Bulman (1985: 17 ff.), dann resultiert die Verunsicherung durch Opfererfahrungen aus einer Erschütterung alltagsweltlicher Vertrautheiten und Gewissheiten. Wie stark eine Opfererfahrung eine Person verunsichert, hängt demnach vor allem von der subjektiven Bedeutung der durch sie in Frage gestellten Normen ab. Für die Wiedergewinnung des Vertrauens in eine sichere und berechenbare Welt ist es deshalb wichtig, die Geltung der verletzten Normen überzeugend zu bekräftigen. Ob dies gelingt, hängt erstens von der Art der Opfererfahrung, zweitens von den eigenen Kompetenzen und drittens von der Unterstützung durch unbeteiligte Dritte und Kontrollinstanzen ab.

Bei geringfügigeren Normverletzungen kann eine derartige Wiederherstellung verletzter Normen unter Umständen durch das Opfer selbst erfolgen, indem es beispielsweise den Täter zur Rede stellt. Scheitern kann eine solche Strategie jedoch durch eine fehlende Sprachkompetenz, besonders aber durch Unsicherheiten und Ängste. Bei Beleidigungen, Schmähungen und Pöbeleien besteht häufig auch nicht die Möglichkeit, die verletzte Norm durch die Inanspruchnahme von Polizei und Justiz wiederherzustellen. Hilfreich können dagegen unterstützende Reaktionen von unbeteiligten Dritten sein. Bei kollektiven Viktimisierungen gibt es dagegen keine direkte Möglichkeit der Wiederherstellung verletzter Normen. Hier hängt es in erster Linie von den Reaktionen von Polizei und Justiz, aber auch von symbolischen Gesten aus Politik und Gesellschaft ab, ob das Vertrauen von Minderheitenangehörigen in Recht und Gesetz wieder hergestellt wird.

2.6 Desintegrationsansatz

Gesellschaftliches Leben im 21. Jahrhundert ist vielfach charakterisiert worden und zahlreiche Zuschreibungen sind unternommen worden, um dem sozialen Wandel begrifflich gerecht zu werden. Theoretische Konstrukte wie „Postmoderne", „Zweite Moderne" oder etwa „postindustrielle Gesellschaft" sind dabei nur einige Versuche, die vermeintliche Auflösung sinnstiftender Wertpostulate zu beschreiben.

In dem Ansatz der „sozialen Desintegration" geht es besonders darum, gesellschaftliche Entwicklungsprozesse zu skizzieren und deren Auswirkungen – z.B. auf das Konstrukt der „Jugend" und im Speziellen jenes der pädagogischen Antwort auf jugendspezifische Problemlagen – zu diskutieren (vgl. z.B. Heitmeyer et al. 1995). Heitmeyer verdeutlicht anschaulich das Szenario desintegrierender Gesellschaften, wenn er ausführt, dass gesellschaftliche Konflikte vielfach auf den Grad der Desintegration ihrer Mitglieder zurückzuführen sind.

> „Der Desintegrationsansatz geht davon aus, dass soziale und gesellschaftliche Desintegration für das Entstehen spezifischer Konflikte verantwortlich ist und dass mit dem Grad der Desintegration die Wahrscheinlichkeit einer zivilen und sozialverträglichen Konfliktregulierung eher abnimmt." (Anhut 2005: 393)

Dass nicht jedes Gesellschaftsmitglied, das desintegriert ist, notwendigerweise abweichendes Verhalten zeigt, ist dabei mitgedacht. Der Desintegrationsansatz behauptet diesbezüglich lediglich, dass Desintegration eine Beschädigung der Anerkennungsbeziehungen zwischen den gesellschaftlichen Subjekten hervorbringt (vgl. Anhut 2005: 400). Diese misslingenden Anerkennungsbeziehungen, die insbesondere Honneth in seinem Werk „Kampf um Anerkennung" (1992) hervorgehoben hat, sind es, die für Jugendliche des 21. Jahrhunderts vor dem Hintergrund wegbrechender Anerkennungsmodi eine herausragende Bedeutung erhalten. Wichtigster Anerkennungsmodus der Arbeitsgesellschaft war dabei ohne Zweifel die Arbeit selbst. Dass diese in der kapitalistischen Moderne nicht mehr, wie in vormodernen Gesellschaften, lediglich Mittel zum Zweck war, konnte u.a. Max Weber eindringlich skizzieren.

> „Einer der konstitutiven Bestandteile des modernen kapitalistischen Geistes, und nicht nur dieses, sondern der modernen Kultur: die rationale Lebensführung auf Grundlage der Berufsidee, ist (…) geboren aus dem Geist der christlichen Askese." (Weber 1976: 202)

Es lassen sich viele Gründe für das Verschwinden von bezahlter Erwerbsarbeit ausmachen. Eine gängige These besteht darin, dass die globalisierten Märkte und damit einher gehende veränderte Produktionsverhältnisse (Verlagerung von Produktionsstätten in so genannte Billiglohnländer) in den Industrienationen für den Wegfall niedrig qualifizierter Tätigkeiten verantwortlich sind.

In diesem Zusammenhang muss jedoch auch der Frage nachgegangen werden, wie die aus der Globalisierung resultierende Marktlogik einen Großteil an Barrieren, Kontrollen, Widerständen und Gegenmachtpositionen verdrängt hat. Diese „Erosion kollektiver Widerstandspotentiale" ist zu einem zentralen Problem für die demokratischen Organisationsformen der Gesellschaft geworden (vgl. Negt 2002: 36). Damit ist nicht nur die Kampfbereitschaft der Organisationen der Arbeiterbewegung gemeint, sondern ebenso die sozialen Sicherungssysteme, die für ein Minimum sozialer Umverteilung gesorgt haben. Solidarität unter in der Gesellschaft existierenden Interessensverbänden scheint nahezu in Auflösung begriffen[3].

Immer mehr Gesellschaftsmitglieder erleiden massive Vertrauensverluste in die Institutionen der Moderne. Dabei sind Beziehungen des Vertrauens grundlegend für moderne Vergesellschaftungsprozesse. Auch in diesem Zusammenhang greift die von Giddens ge-

---

[3] Zur Debatte über soziale Sicherheit und Unsicherheiten vgl. Castel 2005

troffene Unterscheidung zwischen gesichtsunabhängigen und gesichtsabhängigen Vertrauensformen[4].

> „Der Begriff des Vertrauens lässt sich bestimmen als Zutrauen zur Zuverlässigkeit einer Person oder eines Systems im Hinblick auf eine gegebene Menge von Ergebnissen oder Ereignissen, wobei dieses Zutrauen einen Glauben an die Redlichkeit oder Zuneigung einer anderen Person bzw. an die Richtigkeit abstrakter Prinzipien (technischen Wissens) zum Ausdruck bringt." (Giddens 1995: 49).

Sorgt das gesichtsunabhängige Vertrauen in abstrakte Systeme für die Sicherheit im Sinne tagtäglicher Zuverlässigkeit, so ist das gesichtsabhängige Vertrauen doch eher der Glaube an die Integrität anderer Personen, der eine maßgebliche Ursache des Gefühls der Integrität und Authentizität des Selbst ist (vgl. Giddens 1995: 112). In diesem Zusammenhang wird die These von der „Entgrenzung" relevant, die nicht nur das Auflösen nationalstaatlicher Grenzen in ökonomischen, kulturellen und sozialen Belangen meint, sondern sich zusehends auch auf die Intimbeziehungen der familiären Lebenswelt auswirkt.

2.7 Anerkennungsansatz

Besonders mit Blick auf die Analyse der Folgen rechtsextremistischer gewalttätiger Übergriffe für die Betroffenen und ggf. sich anschließende gelungene oder gescheiterte Restabilisierungsprozesse wurde zudem der theoretische Ansatz des Sozialphilosophen Honneth (1992; 2000) in die Konzeption der Studie einbezogen. In Bezug auf die soziale Orientierung des gesellschaftlichen Miteinanders geht Honneth davon aus, dass der Mensch, um als solcher existieren zu können, in wesentlichen Aspekten sozialer Interaktionen einer auf Respekt ausgerichteten Anerkennung bedarf. Dieses Konzept der Anerkennung basiert auf einem intersubjektivitätstheoretischen Personenkonzept in Anlehnung an den deutschen Philosophen Georg Wilhelm Friedrich Hegel und dem amerikanischen interaktionistisch ausgerichteten Sozialpsychologen George Herbert Mead. Honneth entwickelte auf dieser Basis ein Gesellschaftsmodell, welches die Faktoren emotionaler Bindung, rechtlicher Teilhabe sowie des sozialen bzw. solidarischen Miteinanders als Grundpfeiler eines gelingenden Lebens in gesellschaftlichen Zusammenhängen postuliert.

Den Motor gesellschaftlicher Entwicklungen sieht Honneth (vgl. 1992; zusammenfassend auch: Pongs 2000: 83) im Kampf der Individuen um ihren rechtlichen und sozialen Status, den diese durch gegenseitige Anerkennung erlangen. Er unterscheidet dabei drei Ebenen:

Die erste und elementarste Ebene ist die der wechselseitigen Liebe, Zuneigung und Fürsorge. Beziehungen auf dieser Ebene, die zuerst zumeist zwischen Mutter und Kind und später in Partnerschaften bestehen, bilden den Grundstock für die Herausbildung eines gelingenden Lebensentwurfs und somit die Voraussetzung für eine den sozialen Erfordernissen entsprechende Handlungsorientierung.

---

[4] In Anlehnung an Luhmann bezieht Giddens Vertrauen ebenso wie Zutrauen oder Zuversicht auf Erwartungen, die enttäuscht oder gedämpft werden können (vgl. Giddens 1995: 45).

Die zweite Ebene ist die der rechtlichen Anerkennung. Das Prinzip der Rechtsgleichheit ist die Voraussetzung dafür, dass eine Person, um als moralisch zurechnungsfähig agieren zu können, einen Schutz vor Eingriffen in die individuelle Freiheitssphäre genießt. Hinzukommen muss darüber hinaus die gesicherte Chance, am öffentlichen Willensbildungsprozess teilhaben zu können. Wird dieses Recht eingeschränkt, so kann dies problematische Auswirkungen auf die Situation einer Person im gesellschaftlichen Leben nach sich ziehen.

Die dritte Ebene ist die des Subjekts im organisierten Sozialverband. Soziale Wertschätzung unterliegt in modernen Gesellschaften mitunter einem ständigen Kampf unterschiedlichster Gruppen mit der Zielsetzung, den eigenen Wert und die damit verbundene Lebensweise aufzuwerten bzw. gegen konkurrierende Lebensweisen durchzusetzen. Hierbei geht es um Reich gegen Arm, Alt gegen Jung, im Hinblick auf die funktionale Ausdifferenzierung moderner Gesellschaften z.B. um Rechtssystem gegen Sozialsystem und in all diesen Zusammenhängen immer auch um Täter gegen Opfer. Insbesondere die in diesem dritten Sektor notwendige gegenseitige Anerkennung, der Respekt gegenüber dem Anderen als einem gleichwertigen Individuum, ist für die Viktimologie von besonderer Bedeutung, da sich die Verletzbarkeit menschlicher Individuen vor allem in einer Missachtung durch das soziale Gegenüber ausdrückt.

Als gesellschaftliche Wesen sind alle Menschen mehr oder weniger darauf angewiesen, ihr Gegenüber als Rückversicherung für die Richtigkeit des eigenen normativen Selbstbildes zu gebrauchen. Im Falle einer Viktimisierung erleben Opfer unter Umständen jedoch eine konsequente Missbilligung ihrer physischen, psychischen sowie statusbezogenen Integrität. Diese Verletzung der Integrität auf den unterschiedlichsten Ebenen kann die Identität der betroffenen Personen gefährden. Im Sinne des weiter oben umrissenen Konzepts einer balancierenden Identität nach Lothar Krappmann würde dies bedeuten, dass die Balance zwischen sozialer und persönlicher Identität massiv aus dem Gleichgewicht geraten ist (vgl. Krappmann 1988: 78).

Diese identitätsbezogenen Verletzungen bei Menschen zu kompensieren, ist die Aufgabe einer Bewältigungsarbeit, die vor allem an persönlicher Stabilisierung und an der Wiederherstellung von Vertrauen ansetzt. Bewältigung kann dabei verstanden werden als „ ... sich ständig verändernde kognitive und verhaltensmäßige Bemühungen bzw. Anstrengungen (efforts) mit spezifischen externen und/oder internen Anforderungen, die die Ressourcen einer Person beanspruchen, fertig zu werden (to manage)" (Lazarus/Folkmann 1984: 141).

Dieser Bewältigungsbegriff, der davon ausgeht, dass Bewältigung weniger das Ergebnis eines sich ständig verändernden Prozesses zwischen Person und Umwelt ist, sondern diesen Prozess selbst hervorhebt, wird von Greve und Strobl aus einer systemtheoretischen Sicht weiter entwickelt, die beinhaltet, dass jedes System das Ziel hat, Anstrengungen zu unternehmen, um sich selbst zu optimieren bzw. am Leben zu erhalten:

„Bewältigung setzt ein Problem voraus. Probleme sind, vor jeder inhaltlichen Beschreibung oder typologischen Charakterisierung, als Ist-Soll-Diskrepanzen mit aversivem Charakter zu kennzeichnen, d.h. als Diskrepanzen zwischen einer (wahrgenommen) aktuellen Situation und einer im weitesten Sinne normativen Vorgabe oder Erwartung, die das jeweils betroffene System zu verringern („bewältigen") trachtet." (Greve/Strobl 2004: 2)

Opferschutz hat es mit Menschen zu tun, die tiefste Kränkungen, aber auch Zerstörungen ihres normativen Selbstbildes zu beklagen haben. Für diese gilt es, die Ist-Soll-Diskrepanz zwischen aktuellem Erleben und normativer Vorgabe zu verringern. Dies kann durch die Wiederherstellung von Vertrauen geschehen. Dabei sind zweierlei Vertrauensaspekte von Bedeutung: Neben dem Vertrauensverlust in „gesichtsunabhängige" Systeme ist es erforderlich, persönliche, d. h. „gesichtsabhängige" Bindungen wieder herzustellen (vgl. Giddens 1995: 112).

Eine Form gesichtsunabhängiger Bindungen nimmt das Vertrauen in Systeme an, durch welche der Glaube an die Leistungsfähigkeit von Kenntnissen, über die der Laie wenig Bescheid weiß, gestützt wird. Das Vertrauen in abstrakte Systeme sorgt zwar für die Sicherheit im Sinne tagtäglicher Zuverlässigkeit, doch es liegt im innersten Wesen dieses Vertrauens, dass es weder die Gegenseitigkeit noch die Intimität bieten kann, die von persönlichen Vertrauensbeziehungen ausgehen.

Gesichtsabhängige Bindungen beinhalten dagegen das Vertrauen in Personen, bei denen Anzeichen für Integrität gesehen werden. Der Glaube an die Integrität des Anderen ist eine maßgebliche Voraussetzung für die Überzeugung der Integrität und Authentizität des Selbst.

Der Grad des potentiellen Repertoires, sich in Situationen, in denen eine rechtsextremistisch motivierte Gewalttat zum Tragen kommen kann, zu verhalten, hängt insgesamt sicherlich von diversen individuellen und sozialen Faktoren ab. Entscheidend ist aber vor allem, dass sich gesellschaftliches Leben im zwischenmenschlichen Aufeinander-Bezogen-Sein manifestiert, also in den Interaktionssphären emotionaler Bindungen, der Zuerkennung von Rechten und ebenso in einem gemeinsamen Wertekanon (vgl. Honneth 1992: 152). In Anlehnung an Hegel und Marx schreibt Honneth, dass die Reproduktion des gesellschaftlichen Lebens sich „unter dem Imperativ einer reziproken Anerkennung" vollzieht, „ ... weil die Subjekte zu einem praktischen Selbstverhältnis nur gelangen können, wenn sie sich aus der normativen Perspektive ihrer Interaktionspartner als deren soziale Adressaten zu begreifen lernen" (vgl. Honneth 1992: 148). Viktimisierte Personen erleiden massiv, und dies gilt nicht nur für rechtsextremistisch motivierte Hassverbrechen, einen Verlust an Vertrauen in genau diese normative Perspektive, weil ihre Rolle als gleichberechtigter Interaktionspartner in Frage gestellt wird. Bei massiver oder fortgesetzter Viktimisierung kommt es dabei unter Umständen zu einem Verlust des „Systemvertrauens" (vgl. Ohlemacher 1998; Strobl 1998; Böttger 2009), also des Vertrauens in die grundlegenden Normen und Werte des Gesellschaftssystems, in dem die Betroffenen zu Opfern wurden.

Vor allem Opfer rechtsextremistischer Hassverbrechen werden darüber hinaus zumeist in ihrer Identität erheblich beschädigt oder dieser sogar beraubt, und es ist zu vermuten, dass besonders die Verleugnung des Menschseins der Opfer diese schlimmsten Formen derartiger zerstörerischer Destruktivität hervorbringen kann, was Hanna Arendt für die grausame Vernichtung von Juden im Dritten Reich überzeugend nachgewiesen hat (vgl. Arendt 1991).

„Die physische Misshandlung eines Subjekts stellt einen Typ von Missachtung dar, der das durch Liebe erlernte Vertrauen in die Fähigkeit der autonomen Koordinierung des eigenen Körpers nachhaltig verletzt; daher ist die Folge ja auch, gepaart mit einer Art von sozialer Scham, ein Verlust an Selbst- und Weltvertrauen, der bis in die leiblichen Schichten des praktischen Umgangs mit anderen Subjekten hineinreicht. Was also hier der Person durch Missachtung an Anerkennung entzogen wird, ist die selbstverständliche Respektierung jener autonomen Verfügung über den eigenen Leib, die ihrerseits durch Erfahrungen der emotionalen Zuwendung in der Sozialisation überhaupt erst erworben worden ist; die gelungene Integration von leiblichen und seelischen Verhaltensqualitäten wird gewissermaßen nachträglich von außen aufgebrochen und dadurch die elementarste Form der praktischen Selbstbeziehung, das Vertrauen in sich selber, nachhaltig zerstört." (Honneth 1992: 214f.)

Dieses Vertrauen in sich selbst aber ist es, was die grundlegende Bedingung für die aktive Teilnahme am gesellschaftlichen Leben darstellt. Dass diese Teilnahme durch rechtextremistische Hassverbrechen eingeschränkt und sogar unmöglich werden kann, verdeutlicht die Gefahr, die diese für das demokratische Zusammenleben darstellen. Den Opfern wird die Grundlage dafür entzogen, als selbstbestimmte und autonome Persönlichkeiten in die Gestaltung gesellschaftlichen Lebens einzugreifen: Neben sozialen Schäden in der unmittelbaren Lebenswelt prägen emotionale Störungen wie Angst, Depressivität, Bedrohtheit und rückzugsorientierte Verhaltensweisen das Opfer, was nicht zuletzt mit einem Verlust an Selbstachtung und Würde einhergeht.

Ein solcher Vertrauensverlust ist nicht auf die ontogenetische Zerrüttung menschlicher Existenzen beschränkt, sondern wirkt nachhaltig auch phylogenetisch im Prozess der fortschreitenden Vergesellschaftung. Dieser Prozess des Menschen als eines gesellschaftlichen Wesens begann damit, „ ... dass er aus einem Zustand des Einsseins mit der Natur heraustrat und sich seiner selbst als einer von der ihn umgebenden Natur und seinen Mitmenschen abgesonderten Größe bewusst wurde" (Fromm 1991: 24). Dieses Heraustreten unterliegt jedoch nicht einem fortschreitenden Zivilisationsprozess (Elias), wie ihn die Aufklärung verhieß (Humboldt), sondern impliziert epochale grausame Erscheinungen, die, wie dies Horkheimer und Adorno (2003) in der Dialektik der Aufklärung dargelegt haben, unmittelbar das Produkt aufklärerischer Praktiken sein können.

2.8 Viktimisierung, Interaktion und Macht

Aus soziologischer Sicht ist der Prozess der Viktimisierung häufig als eine Interaktion zwischen Personen beschreibbar, die zu Selbst- und Fremdzuschreibungen des Opferstatus auf der einen und des Täterstatus auf der anderen Seite führt. Wird jedoch ein vergleichsweise enger Interaktionsbegriff verwendet, ist dies nicht immer der Fall. In dem hier entwickelten theoretischen Rahmen wird unter einer Interaktion die Kommunikation zwischen zwei oder mehr Personen verstanden, die alle in der Interaktionssituation anwesend sind und wechselseitig miteinander Informationen austauschen können. Ein Raub, bei dem Gewalt (z. B. durch die Präsentation einer Waffe) angedroht wird und sich der Täter zu Lasten des Opfers bereichert, ist ein Interaktionsprozess und somit eine „interaktive Viktimisierung". Die Beleidigung oder anders geartete Herabsetzung einzelner Personen oder gesellschaftlicher Gruppen im Rahmen einer Fernsehrede dagegen ist keine Interaktion, da die Betroffenen weder in der Situation (Fernsehsendung) anwesend sind noch als Fernsehzuschauer ihrem virtuellen Gegenüber etwas entgegnen können, was diese in der Situation der Fernsehsendung erreichen würde (es sei denn, der Fernsehsender hätte speziell für diese Sendung eine solche Möglichkeit eingerichtet). Es ist jedoch ein Prozess der Kommunikation, und zwar – wie jede Fernsehsendung – der „Massenkommunikation".

Eine solche Unterscheidung gilt auch für Viktimisierungen im Rahmen sogenannter rechtsextremistisch motivierter „Hassverbrechen"[5], auf die im Folgenden etwas ausführlicher eingegangen werden soll:

„Hassverbrechen sind besonders gefährliche Rechtsbrüche, weil sie die pluralistische Gesellschaft und den demokratischen Rechtsstaat untergraben. Schäden entstehen auf drei Ebenen" (Schneider 1998: 322):

- der Ebene der physischen, psychischen und gesellschaftlichen Verletzung
- der Ebene der Bevölkerungsgruppe, der die Betroffenen angehören
- der Ebene des demokratischen Rechtsstaates und der pluralistischen Gesellschaft im Sinne der Verletzung der Verfassungs- und Menschenrechte

Bei Hassverbrechen handelt es sich um vorurteilsgesteuerte Vergehen oder Verbrechen, die auf der Annahme beruhen, dass bestimmte soziale, biologische und politische Kategorien als Opfermerkmale dienen (vgl. Coester 2008:13).

Auch im Bereich der Hassverbrechen lassen sich interaktive Viktimisierungen von solchen unterscheiden, in denen zwar eine Kommunikation zwischen Täter(n) und Opfer(n) erfolgt, jedoch keine Interaktion. Hierzu zwei Beispiele, in denen der Hass der Täter auf rassistische Einstellungen gegenüber Ausländern zurückzuführen ist. Wird das Opfer solcher rassistischen Gewalt auf offener Straße geschlagen, so lässt sich dies im Sinne der oben getroffenen Unterscheidung als Interaktionsprozess beschreiben. Werfen die Täter hingegen einen Brandsatz in ein Asylbewerber-Heim, von dem sie nicht wissen, welche Personen es im einzelnen bewohnen, und entfernen sich sodann vom Tatort, ohne dass die Opfer sie auch nur gesehen haben, so hat im Falle dieser Viktimisierung keine Interaktion in unserem Verständnis dieses Begriffs stattgefunden.

Betroffene von Viktimisierung, so führt Hagemann (1993: 272) aus. „ ... empfinden Opferwerdungen als Verletzungen ihrer Identität. Je nachdem, ob die Verletzung einen zentralen oder weniger zentralen Aspekt ihrer Identität betrifft, resultiert ein mehr oder minder schweres Copingproblem daraus".

Eine solche Opfererfahrung hat vielfach die Bedeutung eines „kritischen Lebensereignisses, durch das sich die Deutungsmuster und Handlungsorientierungen des Betroffenen nachhaltig verändern" (vgl. Strobl 1998: 7). Dieser Aufbau von Deutungsmustern und Handlungsorientierungen, der allerdings auch als positive Umkehr der Opferwerdung seitens der Betroffenen in Richtung einer sozialen (Re)stabilisierung erfolgen kann, wird im Folgenden als Teil der

---

[5] Mit dem Begriff des „Hassverbrechens" wird hier nicht jedes aus der Emotion des Hasses heraus begangene Delikt bezeichnet, sondern der Begriff ist im Sinne des englischsprachigen Terminus „bias crime" zu verstehen. Er wurde trotz dieser Unschärfe beibehalten, da er in der deutschsprachigen Literatur zumeist mit dieser Bedeutung verwendet wird (vgl. z.B. das folgende Zitat).

Persönlichkeitsentwicklung[6] gedeutet. Die Persönlichkeitswerdung ist ontogenetisch dadurch gekennzeichnet, dass der Mensch als Individuum subjektive Lebenserfahrungen macht, die ihn für eine nachhaltige Persönlichkeitsentwicklung prädestinieren, und gleichfalls phylogenetisch als unumkehrbare Progression evolutionärer Vorgänge zu betrachten sind (vgl. Holzkamp 1985: 52). Die aktive Seite menschlichen Handelns beinhaltet dabei die Freiheit, selbst in noch so existenziell bedrohlichen Lebenssituationen – also auch in Viktimisierungsprozessen – die Möglichkeit zu haben, als aktiver Interaktionspartner ins Geschehen, die Interaktion, einzugreifen, sofern es sich im Sinne der oben getroffenen Unterscheidung um eine „interaktive Viktimisierung" handelt. Diese Ansicht des sich aktiv orientierenden Subjekts korrespondiert mit der interaktionistischen Auffassung innerhalb der Opferforschung, wonach Opfer unter Umständen durch ihr In-Interaktion-Treten mit dem Täter an der Viktimisierungssituation als Akteure beteiligt sind. Diese Form von Mitverantwortung für das „Gelingen" einer Interaktionssituation wurde vielfach als Perspektive der „Opferpräzipitation" diskutiert und meint eine Opfermitverursachung, ohne jedoch dabei eine bewertende Opferbeschuldigung („blaming the victim") zu implizieren.

„Auch wo das Individuum unter historisch bestimmten klassenspezifischen Bedingungen gravierenden Einschränkungen, Zwängen etc. unterworfen ist, sind dies immer Einschränkungen, Unterdrückungen, Deformierungen von gesellschaftlichen Handlungsmöglichkeiten. Dies heißt einmal, dass das Individuum auch unter noch so eingeschränkten Bedingungen immer noch Handlungsalternativen hat, also der Möglichkeitscharakter der Bedeutungen erhalten bleibt (eine totale Ausgeliefertheit an die Umstände ist gleichbedeutend mit dem Ende der menschlichen Existenz), zum anderen heißt dies, dass die genannten Einschränkungen als Einschränkungen menschlicher Handlungsmöglichkeiten erst ihren spezifisch menschlichen Charakter erhalten." (Holzkamp 1985: 236)

Was bedeutet diese Annahme für die Situation einer interaktiven Viktimisierung? Zunächst soll ein Blick auf mögliche Bedingungen eines solchen Opferwerdens geworfen werden:

- Eigenschaften des Täters (gestörte Persönlichkeitsstruktur, aktuelle Deprivation, Frustration etc.)
- Situationsvariablen (Tatort, Tatzeit, Alkoholeinfluss etc.)
- Eigenschaften und Verhaltensweisen des Opfers (Isolation, Leichtgläubigkeit, Provokation des Täters etc.)

Weiterhin kann das Fehlen einer solidarischen Person oder Gruppe von entscheidender Bedeutung für das Zustandekommen einer entsprechenden Situation sein.

Handelt es sich bei der Viktimisierung um ein „zufällig" ausgewähltes Opfer, so hat dieses auf die Eigenschaften des Täters zumeist keinen Einfluss. Hier sieht sich der Betroffene einer

---

[6] Der Begriff der Persönlichkeit impliziert hier, dass der Einzelne bestimmte, verallgemeinerte, allen gemeinsame Rechte und Werte hat und darüber hinaus etwas „besitzt", was ihn von anderen Menschen unterscheidet (vgl. Mead 1995: 373).

typischen Kontingenz[7] innerhalb der Handlungssituation ausgesetzt. Dies heißt jedoch nicht, wie oben bereits erwähnt, dass eine Interaktionssituation ausschließlich einseitig verläuft. Das Axiom von Paul Watzlawick „Man kann nicht nicht-kommunizieren" gilt natürlich auch für die an einer Interaktion (die ja als Kommunikation unter Anwesenden definiert wurde) bzw. einer interaktiven Viktimisierung beteiligten Personen: Sie können nicht nicht-interagieren.

Zudem ist zu berücksichtigen, dass, wie die Lebensstilforschung eindrucksvoll nachgewiesen hat, das Viktimisierungsrisiko im Zusammenhang steht mit einem ständig wiederkehrenden Verhalten, welches Personen an den Tag legen, was sich auch dadurch untermauern lässt, dass die Tatsache der Opferwerdung den stärksten Prädiktor für eine wiederholte Viktimisierung bildet:

> „Es gibt kein geborenes Opfer. Zur Erklärung des chronischen Opferwerdens kann vielmehr das Modell der Opferkarriere dienen. Es geht von einer anfänglichen Opferneigung und -verwundbarkeit aus, die eine Opferschädigung wahrscheinlich machen." (Schneider 1998: 326 ff.)

Zerstörerische Folgen für Persönlichkeit und Identität gehen häufig auf Viktimisierungen im Rahmen gewalttätiger Übergriffe zurück, jedoch ist dies nicht immer der Fall. Auch andere Formen der Viktimisierung, wie Missachtung, soziale Ausgrenzung oder Einschüchterung können derartige Folgen für Personen oder Personengruppen nach sich ziehen. Eine Form, auf die im Folgenden näher eingegangen werden soll, besteht in der Herabsetzung anderer Personen oder Gruppen durch die Ausübung von Macht. Um das Phänomen der Macht im Rahmen von Viktimisierungsprozessen genau umreißen zu können, ist es jedoch zunächst erforderlich, diesen Begriff in Abgrenzung zum Begriff der Gewalt zu definieren.

Der Gewaltbegriff wurde definiert als der intentionale Einsatz physischer oder mechanischer Kraft durch Menschen, der sich unmittelbar oder mittelbar gegen andere Personen richtet, sowie die ernsthafte Androhung eines solchen Krafteinsatzes, soweit sie im Rahmen einer sozialen Interaktion erfolgt (vgl. Kapitel 2.1).

Mit dem Machtbegriff soll zunächst im Sinne Max Webers die Chance bezeichnet werden, „ ... innerhalb einer sozialen Beziehung den eigenen Willen auch gegen Widerstreben durchzusetzen, gleichviel worauf diese Chance beruht" – wobei Weber einem solchen Machtverhältnis das Phänomen der „Herrschaft" gegenüberstellt, das seinerseits jede Möglichkeit umfasst, einen Befehl auf dem Wege des Gehorsams seiner Empfänger zu realisieren (Weber 1976: 28).

Im Unterschied zur Ausübung von Gewalt ist ein Machtverhältnis – wie auch ein Herrschaftsverhältnis – demnach nicht notwendigerweise durch Interaktionsprozesse gekennzeichnet, sondern durch die „Chance", also die bloße Möglichkeit der Durchsetzung bestimmter Interessen.

Wie in Kapitel 2.1 bereits angedeutet, beschreibt besonders Niklas Luhmann (z. B. 1991: 230 ff.) – bei einer klaren kategorialen Trennung – eine enge Verflechtung der Phänomene Macht und Gewalt: Er versteht unter Macht ein zentrales Medium sozialer Systeme, dem ein „symbiotischer Mechanismus" zugeordnet ist – die physische Gewalt. Als „symbiotisch" wird

---

[7] „Kontingenz ist etwas, was weder notwendig ist noch unmöglich ist; was also so, wie es ist (war, sein wird), sein kann, aber auch anders möglich ist." (Luhmann 1994: 152)

der Mechanismus der Gewalt deshalb bezeichnet, weil allein durch seine Androhung das Medium der Macht durchgesetzt bzw. aufrechterhalten werden kann:

> „Physische Gewalt ist ebenfalls auf der Ebene des Möglichen so stabilisiert, dass sie als bloße Möglichkeit schon wirkt, hochgradig unabhängig von organischen Prozessen und von Unterschieden psychischer Dispositionen zu Furcht oder Gewaltsamkeit." (Luhmann 1991: 230)

Angedrohte oder ausgeübte körperliche Gewalt kann also der Herstellung oder Aufrechterhaltung von Macht dienen – was im Übrigen der Durchsetzung einer Rechtsordnung genauso dienen kann (wenn Personen, die diese Rechtsordnung nicht einhalten, mit einer gewaltsamen Festnahme und Inhaftierung gedroht wird) wie illegalen Zwecken, z. B. im Bereich der organisierten Kriminalität (vgl. Böttger/Liang 1996).

Im Sinne des Machtbegriffs, wie er hier zugrunde liegen soll, muss dies allerdings nicht in jedem Fall so sein. Um den Machtbegriff nämlich seinerseits von dem Begriff eines nur in einer bestimmten Situation wirkenden Zwanges abzugrenzen (der durch physische Gewalt hergestellt werden kann, aber auch auf verbalem, psychischem oder strukturellem Wege), erscheint es sinnvoll, die Definition Webers um ein Kriterium zu ergänzen, und nur in solchen Fällen von Macht zu sprechen, in denen über die Situation des unmittelbaren Zwanges hinaus ein Abhängigkeitsverhältnis zwischen den Beteiligten, namentlich eine Abhängigkeit eines Opfers von einem Täter besteht. Physische Gewalt kann nach diesem Verständnis jedoch auch eingesetzt werden, ohne an ein übergreifendes Medium wie Macht gebunden zu sein, wie etwa in dem Beispiel eines Täters, der ein Gewaltdelikt begeht, nur um sich dadurch einmalig an seinem Opfer materiell zu bereichern.

Auch im Bereich rechtsextremistischer Hassverbrechen und rassistisch motivierter Gewalt ist diese Unterscheidung zwischen gewalttätigen Übergriffen, die Bestandteil eines Machtverhältnisses sind, und solchen, die unabhängig von der Ausübung von Macht erfolgen – sie wurden an anderer Stelle als „rein situative Gewalt" bezeichnet und einer „Gewalt zur Durchsetzung von Macht" gegenübergestellt (Böttger/Liang 1996; Böttger 1998) –, von zentraler Bedeutung.

Im Fall der Ausübung rein situativer rechtsextremistischer oder rassistischer Gewalt ist die Viktimisierung auf die Interaktionssituation des gewalttätigen Übergriffs beschränkt, es handelt sich um eine rein interaktive Viktimisierung in dem oben hergeleiteten Verständnis. Insbesondere der bereits angesprochene Fall des „Zufallsopfers" ist häufig dieser Kategorie zuzurechnen, da nach der Tat in der Regel (außerhalb eines eventuellen Gerichtsverfahrens) kein Kontakt zwischen Täter und Opfer mehr besteht. Das bedeutet natürlich nicht, dass die Folgen für das Opfer deshalb notwendigerweise weniger schwerwiegend wären, weil diese Folgen natürlich auch von vielen anderen Faktoren abhängig sind, wie etwa der Schwere der eingesetzten Gewalt, der Vulnerabilität der Betroffenen etc.. Dass sich der Status des Opferseins auf die Interaktionsstiuation beschränkt, bedeutet jedoch, dass die Betroffenen, sofern sie über die Kompetenzen hierzu verfügen, bei den sich gegebenenfalls anschließenden Prozessen einer sozialen Restabilisierung von den Tätern nicht weiter behindert oder eingeschüchtert werden. An die Opfer adressierte Hilfsangebote haben insofern bessere Chancen.

Dient dagegen die Ausübung rechtsextremistisch oder rassistisch motivierter Gewalt der Durchsetzung eines länger andauernden Machtverhältnisses, das auch nach dem Übergriff durch die Androhung weiterer Gewaltausübung aufrechterhalten wird, so ist die erfolgte Viktimisierung nicht als rein interaktive zu deuten, sondern sie besteht über die Interaktionssituation hinaus. Zu den gegebenenfalls schwerwiegenden Folgen der interaktiven Viktimisierung für Persönlichkeit und Identität der Opfer, die als Verlust des Selbst- und/oder Systemvertrauens eingetreten sind, beeinträchtigt hier die Angst der Betroffenen vor weiteren Angriffen und Bedrohungen zusätzlich ihr Bestreben um eine Verarbeitung der Viktimisierungserfahrung und eine soziale Restabilisierung.

Insgesamt war es in unserer Studie von besonderer Bedeutung, auch diejenigen Betroffenen in den Blick zu nehmen, die nicht nur einmalig „Opfer" eines gewalttätigen Übergriffs geworden sind, sondern mit deren Rolle sich im Sinne eines Machtverhältnisses eine lang andauernde Abhängigkeit von den jeweiligen „Tätern" verbindet. Dies sind insbesondere Betroffene von innerhalb einer Gesellschaft bestehenden Machtverhältnissen, die sich den demokratischen Grundsätzen dieses Systems entziehen. Opfer von rechtsextremistischer Macht haben in der Regel nicht nur unter den Folgen eines einzelnen Übergriffs zu leiden, sondern sie müssen eine oft lange währende Unterordnung ihrer Person unter einen Täter bzw. eine Tätergruppe erleben. Dies hat Folgen für den besonderen Umgang dieser Betroffenen mit ihrer Identität und ihre Sicht der Gesellschaft, in der sie leben. Eine in diesem Zusammenhang wichtige Frage ist es sicherlich, wie Opfer von rechtsextremistischer Macht mit ihren Opfererfahrungen umgehen und welche Strategien oder Konzepte sie entwickeln, sich aus dieser Situation zu befreien.

In diesen Zusammenhang passt zudem ein von Hegel recht poetisch ausgedrückter Gedanke, „ ... indem er sagte, dass das Subjekt, das einen Inhalt zur Verwirklichung bringen möchte, dies tut, indem es sich aus der Nacht der Möglichkeit ins Tageslicht der Wirklichkeit übersetzt. Für Hegel ist die Entwicklung aller individuellen Kräfte, Fähigkeiten und Möglichkeiten nur durch ständige Tätigkeit möglich, nie durch bloße Kontemplation oder Rezeptivität" (Fromm 1977: 37). Derartige Überlegungen legen die Frage nahe, wie ein Mensch es schafft (und welche Mechanismen dabei zum Einsatz kommen), sich aus Lebenssituationen, die psychologisch gesehen durch absolute Ohnmacht und Verzweiflung charakterisiert sind und für die Betroffenen mit einer subjektiven „Nacht" umrissen werden können, in einen aktiven und konstruktiven Wirklichkeits- und Handlungsbezug hinüberzuretten.

In Fällen, in denen die Folgen rechtsextremistisch motivierter Gewalt nicht als rein interaktive Viktimisierung gedeutet werden können, sondern Bestandteil eines oft über lange Zeit bestehenden Machtverhältnisses sind, stoßen subjektive Gegenstrategien, wie etwa die Möglichkeit der Konstruktion einer neuen oder anderen subjektiven Realität der Betroffenen, schnell an ihre Grenzen. Machtverhältnisse verhindern oft massiv eine derartige Umkonstruktion bzw. ein entsprechendes „reframing" durch angedrohte oder latente Gewalt. Dies gilt besonders für sogenannte „Angstzonen" – ein Begriff, mit dem öffentliche Gebiete bezeichnet werden, in denen rechtsextreme Gruppen den sozialen Raum beherrschen und zur Realisierung ihrer Vorstellungen und Ideen massive Gewalt anwenden (vgl. Bergmann 2001)[8]. Angstzonen

---

[8] Derartige „Angstzonen" werden in der rechtsextremistischen Szene selbst auch „national befreite Zonen" genannt (vgl. Wallenberg 1997; Wagner 1998).

stellen Felder gesellschaftlichen Daseins dar, in denen der demokratische Rechtsstaat bereits seinen Rückzug angetreten hat.

In Angstzonen besteht zumeist ein ausgeprägt rechtsextremistisch und zudem rassistisch ausgerichtetes Machtverhältnis in der Form der Durchsetzung des eigenen Willens entsprechender Gruppen in den sozialen Beziehungen der Alltagswelt. Angstzonen lassen sich in vielen Städten ausmachen, insbesondere in den neuen Bundesländern. Sie sind dadurch gekennzeichnet, dass die „Normalbevölkerung", sofern sie nicht mit rechtsextremen Denkweisen sympathisiert, massive Ängste haben muss, in diesen öffentlichen Räumen zu Opfern von Übergriffen zu werden. Viele Personen sind dabei noch nicht interaktiv viktimisiert worden, sie leben jedoch unter Umständen in der ständigen Angst vor einem gewalttätigen Übergriff und sind daher bereits in diesem Stadium Opfer von rechtsextremistischer Macht. In Angstzonen, in denen rechtsextremistische Macht durch die Ausübung oder Androhung physischer Gewalt durchgesetzt wird, reicht es nicht aus, im Rahmen sozialer Kontrolle einzelne Täter zu bestrafen und einzelnen Opfern individuelle Hilfen anzubieten. Hier gilt es darüber hinaus, gesellschaftlichen Problemen entgegenzuwirken, die diese Strukturen jenseits aller demokratischen Prinzipien haben entstehen lassen, was neben der Wiederherstellung des staatlichen Gewaltmonopols durch die Kontrollinstanzen ein hohes Maß an politischem und zivilgesellschaftlichem Engagement erfordert.

Gleichzeitig müssen besonders für solche Opfer rechtsextremistischer Macht, die auch interaktiven gewalttätigen Viktimisierungen ausgesetzt waren, gesellschaftliche Integrationsmöglichkeiten geschaffen werden, die sie von der Doppelbelastung, die sich aus den Viktimisierungsfolgen einerseits und der Angst vor neuen Übergriffen andererseits ergibt, befreien. Denn Integrationspotenziale sind in modernen Gesellschaften nicht nur dort relevant, wo Gesellschaftsmitglieder aufgrund von Desintegrations- und Marginalisierungserfahrungen abweichendes, kriminalisierbares Verhalten zeigen und somit als Gefahr wahrgenommen werden (vgl. Heitmeyer et al. 1995). Sie sind auch dort einzufordern, wo massive Opfererfahrungen das Vertrauen der betroffenen Gesellschaftsmitglieder zu sich selbst, gegenüber anderen und oft auch gegenüber dem Gesellschaftssystem selbst herabsetzen oder gar zerstören.

2.9 Bewältigung

Alltagssprachlich bezeichnet der Begriff der Bewältigung zumeist allein die *erfolgreiche* Auseinandersetzung mit einer Belastung (vgl. Trautmann-Sponsel 1988: 14) oder auch nur deren Ergebnis. Wie Filipp (1990: 36) weiterhin anmerkt, wird auch der Begriff „Coping" zumeist nicht präzise verwendet. Dennoch ist er im Rahmen der Bewältigungsforschung sowie in der Forschung zu kritischen Lebensereignissen sehr verbreitet und wird zumeist unübersetzt gebraucht. In der vorliegenden Studie bezeichnet der Begriff der Bewältigung den Vorgang des Bewältigungsprozesses selbst, unabhängig von seinem Erfolg für das betroffene Individuum. „Bewältigung" und „Coping" werden in diesem Sinne synonym verwendet.

Mit Hilfe von Bewältigungskonzepten wird versucht, therapeutische Prozesse zu erklären, Prozesse der Auseinandersetzung mit kritischen Lebensereignissen, normativen Entwicklungsaufgaben oder auch Alltagsbelastungen zu analysieren (vgl. Brüderl et al. 1988,

S. 25). Opfer einer Straftat geworden zu sein, kann für Betroffene zu einem kritischen Lebensereignis werden, was auf Opfer von Gewalttaten umso mehr zutreffen kann. Die erlebte Tat wird zu einer Belastung, mit der sich Betroffene auseinander setzen müssen. Für die Erfassung, Beschreibung und Erklärung des darauffolgenden Verarbeitungsprozesses werden die Erkenntnisse der Bewältigungsforschung benötigt.

In der Bewältigungsforschung lassen sich drei theoretische Strömungen mit unterschiedlichen Erklärungsansätzen erkennen: die ich-psychologische Sichtweise, das dispositionale Modell und das umgebungsbezogene Modell.

Das ich-psychologische Modell hat seinen Ursprung in der Psychoanalyse und konzentriert sich fast ausschließlich auf Ich-Prozesse. Es berücksichtigt dabei z.B. kaum den Einfluss einer stressreichen Situation auf die Bewältigung. Es basiert auf dem Konzept der Abwehr und versteht unbewusste, adaptive Abwehrmechanismen, wie Verdrängung, als ein wichtiges Mittel zum Meistern von Gefühlen. Als Bewältigung werden im Rahmen des Modells die am weitesten fortgeschrittenen Ich-Prozesse bezeichnet.

In ähnlichem Maße einseitig beschreibt das dispositionale Modell die Bewältigung, die hier als ein Persönlichkeitsmerkmal aufgefasst wird. Entlang einem Kontinuum, z.B. zwischen Annäherung und Vermeidung, wird versucht, das Bewältigungsverhalten zu beschreiben. Dies würde bedeuten, dass jeder Mensch beim Umgang mit Problemen sich diesen mehr oder weniger annähert. Der Annäherungstyp neigt eher dazu, Probleme anzupacken; der Vermeidungstyp geht Problemen eher aus dem Weg. Je nach Ausprägung kann also jeder Mensch in diesem Modell dem Kontinuum zugeordnet werden. Aber auch wenn von einem gewissen Bewältigungsstil bei jedem Menschen ausgegangen werden kann, sind Bewältigungsreaktionen häufig hochgradig situationsspezifisch. Der zentrale Schwachpunkt liegt daher in der Unidimensionalität dieses Bewältigungsmodells.

Die umgebungsbezogene Sichtweise bezieht dagegen außer der Person auch die Umwelt mit ein. Aus dieser Perspektive wird die Bewältigung durch die Beziehung zwischen Person und Umwelt während eines stressreichen Ereignisses beeinflusst.

In der einschlägigen Literatur wird das transaktionale Modell der kognitiven Bewertung und Stressbewältigung von Lazarus/Folkman (1984) häufig als Basis zur Erklärung von Bewältigungsverhalten herangezogen (vgl. z.B. Richter 1993, Brüderl 1988). Person und Umwelt werden im Rahmen dieses Modells als zwei untrennbar miteinander zusammenhängende Faktoren gesehen, die sich ständig gegenseitig beeinflussen und verändern. Dies geschieht im Rahmen einer Entwicklung, auf die sehr viele Faktoren einwirken – was bedeutet, dass Bewältigung grundsätzlich ein langfristiger dynamischer Prozess ist.

Ein solcher Ansatz ist kompatibel mit dem im theoretischen Rahmen der vorliegenden Studie entwickelten Sozialisationsmodell (vgl. Kapitel 2.4), in dem das prinzipielle Konzept des Symbolischen Interaktionismus um das Modell des „produktiv realitätsverarbeitenden Subjekts" (Hurrelmann 1983: 93) sowie um weitere dialektische Ansätze ergänzt wurde, wodurch Sozialisationsprozesse – und damit auch Prozesse der Viktimisierung – grundsätzlich als eine Wechselwirkung zwischen individuellen, subjektiven Faktoren einerseits und Entwicklungen in der gesellschaftlichen und sozialen Umwelt andererseits beschrieben werden können.

Auch den Bewältigungsprozess bestimmen also auf der einen Seite umgebungsbezogene und auf der anderen Seite personenbezogene Bedingungen. Zu der ersteren gehören die Situation und das Umfeld, Anforderungen und Einschränkungen, soziale und materielle Ressourcen sowie zeitliche Aspekte der stressreichen Situation. Personenbezogene Bedingungen umfassen soziodemographische Merkmale der Person wie Geschlecht, Bildungsgrad, sozioökonomischer Status, Zielhierarchien und Überzeugungssysteme. Denn auch die subjektiven Ziele der betroffenen Person und ihre Überzeugungen beeinflussen ihr Handeln.

Zentrale Elemente in diesem Prozess sind aber die kognitiven Bewertungsprozesse einer stressreichen Situation. Lazarus (1990) unterscheidet zwischen der primären und der sekundären Bewertung (appraisal). Das Individuum bewertet subjektiv eine Situation oder ein Ereignis nach ihrer/seiner Bedeutung für das eigene Wohlbefinden. Im zweiten Schritt werden vorhandene Möglichkeiten und Ressourcen eingeschätzt. Durch ihre Aktivierung wird die Bewältigung (coping) einer stressreichen Situation initiiert.

Bewältigung ist somit ein langfristiger Prozess, in dem sich immer aufs Neue umgebungsbezogene und personenbezogene Ausgangsbedingungen, kognitive Bewertungsprozesse und realisiertes Bewältigungsverhalten arrangieren. Der in dem Ansatz enthaltene Aspekt der subjektiven Bewertung ist im Rahmen der vorliegenden Studie von großer Relevanz. Die von rechtsextremer Gewalt betroffenen Opfer haben nämlich von den Erfahrungen während und nach der Tat aus ihrer Sicht berichtet und wurden von Seiten der Studie als Experten für das Geschehene verstanden, d. h. die subjektive Bewertung der Tat und ihrer Folgen durch die Akteure steht im Mittelpunkt des Forschungsinteresses. Andererseits spielt auch der Aspekt der Umwelt bei Bewältigung von stressreichen Situationen eine sehr wichtige Rolle, denn diese beeinflusst maßgeblich die Verarbeitung eines kritischen Ereignisses.

Trotz seiner Komplexität richtet das Bewältigungskonzept von Lazarus und Folkman aus psychologischer Sicht den Blick auf das Individuum. Im Rahmen unserer soziologisch fundierten Studie war daher die Erweiterung um eine soziologische Perspektive erforderlich. Greve und Strobl (vgl. 2004: 194 f,; vgl. auch Böttger/Lobermeier/Strobl 2005a: 8) wird somit zugestimmt, wenn sie für eine systemorientierte und damit disziplinübergreifende Perspektive in der Bewältigungsforschung plädieren. Denn beide Systeme – das soziale (das Umfeld) und das psychische (das Individuum) – sind eng miteinander verzahnt, so dass sie – wie bereits mehrfach hervorgehoben – miteinander in Wechselwirkung stehen. Blendet man eins der Systeme aus, verliert man wichtige Aspekte aus den Augen. Greve und Strobl (2004) haben den oben angeführten Bewältigungsbegriff weiter entwickelt, indem sie von Ist-Soll-Diskrepanzen (is-ought-discrepancies) sprechen, die von einem System bewältigt werden (vgl. Kapitel 2.6).

Der Bewältigungsprozess dient der Stabilisierung der Person, die sich von einem kritischen Lebensereignis belastet bzw. bedroht, d. h. destabilisiert fühlt. Eine persönliche und idealerweise auch soziale Stabilität ist in der Folge ein Resultat der Bewältigung, denn, auf Hurrelmann Bezug nehmend, der Bewältigungsprozess bringt die Persönlichkeitsbildung voran, womit die Bildung einer stabilen Identität einhergeht (vgl. Hurrelmann 1995: 78 f.; Lobermeier 2003: 20). Ist die Belastung bzw. Bedrohung nach dem subjektiven Empfinden der betroffenen Person nicht mehr vorhanden, kann von einer wiederhergestellten Stabilität ausgegangen werden.

Schmid und Storni (2009: 346 f.) identifizierten für jugendliche Opfer von rechtsextremer Gewalt vier verschiedene Coping-Formen:

- Adaptive Anpassungsreaktion: z.B. Treffen von Sicherheitsvorkehrungen
- Extra-aktive Reaktion: Verfestigung einer politischen Haltung gegen Rechtsextremismus
- Defensiv-resignative Reaktion: z.B. Verharmlosung der Tat
- Intra-aktive Reaktion: Suche nach emotionaler Wärme

Die Autoren machen aber auch deutlich, dass spezifische Ausprägungen in der Verarbeitung der Tat bei Opfern rechtsextremer Gewalt nicht zu beobachten sind (vgl. Schmid/Storni 2009: 348).

3. Stand der wissenschaftlichen Forschung

Obwohl sich die Viktimologie als eigene wissenschaftliche Disziplin etabliert hat, finden sich nur wenig qualitative empirische Untersuchungen zu Opfererfahrungen und ihren Folgen, was insbesondere für die Opfer rechtsextremistisch motivierter Gewalthandlungen gilt.

Bei den meisten der aktuell vorliegenden Studien zu Opfererfahrungen bei Gewaltdelikten handelt es sich um quantitative Untersuchungen (vgl. z.B. Wetzels et al. 1995; Wetzels 1997; Orth 2000). Für die Belange des hier konzipierten Projekts sind unter diesen besonders solche von Bedeutung, die Befunde zu Opfererfahrungen von Ausländern/innen und ethnischen Minderheiten vorlegen, welche oft erklärte Oper rechtsextremer Gewalt sind. Bei der Durchsicht dieser Studien stößt man jedoch auf widersprüchlichen Ergebnisse (vgl. Strobl 1998: 35 ff.): So ergab eine von Ennis (1967) in den USA durchgeführte nationale Befragung von 10.000 zufällig ausgewählten Personen, dass Schwarze bei schweren Straftaten gegen die Person ein höheres Viktimisierungsrisiko als Weiße haben. Demgegenüber konnten Kleinman und David (1973), deren Untersuchung eine Quotenstichprobe mit 145 Personen britisch-westindischer Herkunft, 101 Puerto-Ricanern, 275 Schwarzen und 89 Weißen einer amerikanischen Gemeinde zugrunde lag, keine Hinweise für ein höheres Opferwerdungsrisiko bei Farbigen finden. Allerdings handelt es sich bei den untersuchten Delikten um relativ seltene Ereignisse, und die Zahl der befragten Personen ist zu gering, um gesicherte Rückschlüsse auf das Viktimisierungsrisiko der verschiedenen ethnischen Gruppen ziehen zu können. Der Schweizer Crime-Survey, der 1987 in der deutsch- und italienischsprachigen Schweiz durchgeführt wurde und bei dem 3.500 zufällig ausgewählte Personen befragt wurden, konnte jedoch auch kein unterschiedliches Viktimisierungsrisiko bei Einheimischen und Ausländern/innen nachweisen (vgl. Kuhn/Killias/Berry 1993). Dieses Ergebnis kann jedoch ein Artefakt der im Schweizer Crime-Survey gewählten Methode einer telefonischen Befragung sein, die außerdem nur in deutscher und italienischer Sprache durchgeführt wurde. Gerade wenig integrierte Ausländer und sozial randständige Personen, die möglicherweise ein hohes Viktimisierungsrisiko haben, dürften infolge der gewählten Methode deutlich unterrepräsentiert sein. Eine 1983 von Pitsela (1986) in Stuttgart durchgeführte Befragung von 219 Griechen/innen erbrachte bei einem Vergleich mit einer Repräsentativbefragung von 90 Deutschen bei den meisten Delikten ebenfalls keine gesicherten Hinweise auf ein höheres Viktimisierungsrisiko der Ausländer/innen. Zwar waren bei den Gewaltdelikten die griechischen Personen erheblich häufiger betroffen als die Deutschen (vgl. Pitsela 1986: 413 ff.), jedoch sind auch bei dieser Studie die Fallzahlen für einen quantitativen Vergleich der Viktimisierungswahrscheinlichkeiten zu gering. Darüber hinaus ist die deutsche Vergleichsgruppe zu einem anderen Zeitpunkt und von einem anderen Forschungsteam befragt worden, so dass nicht sicher ist, ob sich die Befunde überhaupt aufeinander beziehen lassen.

Ein weiteres Problem der oben dargestellten Untersuchungen ist die Beschränkung der Opferdefinition auf strafrechtlich relevante Tatbestände (vgl. hierzu Kapitel 2.3). Da diese Tatbestände zudem standardisiert erfasst wurden, ist zu vermuten, dass sich viele Opfererfahrungen nicht unter die vorgegebenen Kategorien subsumieren ließen und daher unberücksichtigt geblieben sind. Diese Vermutung wird durch eine von Fitzgerald und Ellis (1989) durchgeführte Reanalyse von acht britischen Opferbefragungen gestützt, bei denen gezielt nach ausländerfeindlichen Übergriffen (racial harassment) gefragt wurde und in denen bis zu 85 Prozent der Befragten über Opfererfahrungen berichteten (Glasgower Opferbefragung). Die Qualität der analysierten Studien wird allerdings durch eine recht willkürliche und zudem uneinheitliche Definition des Begriffs „racial harassment" beeinträchtigt, und auch in anderer Hinsicht (Erhebungsverfahren, Vergleichsgruppenbildung) entsprechen die Studien nicht immer wissenschaftlichen Standards.

Eine unbefriedigende theoretische Einbettung ist bei allen aufgeführten Untersuchungen zu konstatieren. So bleibt oft unklar, nach welchen Kriterien die untersuchten Variablen ausgewählt wurden. Die Frage nach den sozialen Folgen von Opfererfahrungen wird zudem oft überhaupt nicht gestellt. Die relativ theorielose Erfassung strafrechtsrelevanter Opfererfahrungen mag auch ein Grund dafür sein, dass sich die Auswertungen in der Regel auf die Darstellung bivariater Zusammenhänge beschränken. Komplexere Modelle, die es gestatten, Ursachen und Folgen von Opfererfahrungen unter gleichzeitiger Kontrolle von Drittvariablen zu untersuchen, finden sich nur selten.

Zur Frage der Wiedergewinnung individueller und sozialer Stabilität bei Opfern, die zu ethnischen Minderheiten gehören, kann besonders die qualitative Studie von Strobl (1998) empirisch gesicherte Erkenntnisse beitragen, freilich ohne sich speziell auf rechtsextremistisch motivierte Gewalthandlungen zu beziehen. Die aus der Analyse von 51 problemzentrierten Interviews gewonnenen Ergebnisse stellen heraus, dass individuelle und soziale Stabilisierungsprozesse bei den Opfern besonders dann erschwert werden, wenn diese eine zukünftige Gefährdung als hoch und durch eigene Verhaltensweisen nur wenig beeinflussbar einschätzen, z.B. weil die Taten gegen Gruppen mit bestimmten Merkmalen gerichtet waren und keine persönlichen Motive auszumachen sind oder weil unterstellt wird, dass große Teile der Bevölkerung mit den Tätern/innen sympathisieren. Auch wurde gezeigt, dass entmutigende Reaktionen der sozialen Kontrollinstanzen oder anderer Personen die Wiedererlangung von Stabilität erheblich gefährden können.

In der vorliegenden Studie soll empirisch ausgeleuchtet werden, welche dieser Effekte insbesondere bei Opfern rechtsextremer Gewalt unter Berücksichtigung ihres Geschlechts, Alters, sozialen Status und Milieus etc. relevant sind, welche Einflüsse der Viktimisierungssituation hier wirksam werden, welche früheren Prozesse und Ereignisse in der Biographie der Opfer von Bedeutung sind und besonders, welche gesellschaftlichen Möglichkeiten der Stabilisierung und Integration sich gegebenenfalls eröffnen und welche den Betroffenen möglicherweise verschlossen bleiben. Gegenwärtig besteht noch wenig Wissen über die zeitliche Dynamik der individuellen und sozialen Stabilisierungsprozesse nach einer Viktimisierung. Um diese Defizite abzubauen, wurde in der vorliegenden Studie im Sinne eines Panel-Designs die wiederholte Befragung derselben Stichprobe von Opfern rechtsextremer Gewalt durchgeführt.

3.1 Viktimisierung

Anfangs stand der Täter im Mittelpunkt des kriminologischen Forschungsinteresses, das Opfer wurde zunächst lediglich in Bezug auf seinen Beitrag zur Tatentstehung und – begehung mit berücksichtigt (vgl. u.a. Richter 1997: 7). Danach kam es zur Entwicklung von Ansätzen, die die direkten und längerfristigen Folgen von Straftaten für das Opfer und die Gesellschaft zum Hauptgegenstand ihrer Untersuchungen gemacht haben. Dies bedeutete den Beginn der Viktimologie als der wissenschaftlichen Disziplin, die sich als Teilgebiet der Kriminologie etabliert hat (vgl. ebd.: 7 f.; Kiefl/Lamnek 1986: 14 und 22).

Für die Belange der vorliegenden Studie sind sowohl Ansätze der Viktimologie von Bedeutung, deren Augenmerk sich auf eine unmittelbare, „primäre" Viktimisierung richtet, als auch Ansätze, die deren Folgen, d. h. „sekundäre" und „tertiäre" Opferwerdung erklären. Im Folgenden werden exemplarisch Ergebnisse zu einigen Aspekten der primären Viktimisierung dargestellt, die u.a. aufgrund ihrer möglichen Bedeutung im Rahmen der Viktimisierungsfolgen für die vorliegende Studie von Belang waren. Auf die beiden anderen Viktimisierungsarten wird an späterer Stelle ausführlicher eingegangen.

Als *primäre Viktimisierung* wird die Opferwerdung einer Person, einer Gruppe oder Organisation durch einen oder mehrere Straftäter bezeichnet. Sie wird neben dem Täterverhalten durch Situationsmerkmale, Opfereigenschaften, Opferverhalten und die Art der Täter-Opfer-Beziehung ausgelöst, die wechselseitig aufeinander einwirken (vgl. Kiefl/Lamnek 1986: 170).

In Bezug auf den Tatort ist es nicht verwunderlich, dass sich in Abhängigkeit von bestimmten sozial-geographischen Bedingungen eine Konzentration bestimmter Delikte in bestimmten Gegenden feststellen lässt (vgl. dies.: 171). Das heißt, dass es beispielsweise zwischen Großstädten und Landgebieten bezüglich der Kriminalitätsart Unterschiede gibt. So treten Wirtschaftskriminalität und Betrugsdelikte vor allem in Großstädten auf.

Auch zwischen der Tatzeit und der Art der Viktimisierung wurden Zusammenhänge festgestellt. Dabei ist jedoch nicht so sehr die Tatzeit im absoluten Sinne maßgebend, die soziale Bedeutung, die bestimmte Zeitpunkte bzw. Perioden erhalten, erweist sich hier als relevanter (vgl. dies.: 177). Dies kann auch am Beispiel von Selbsttötungen verdeutlicht werden, die überwiegend an Wochenenden und besonderen Feiertagen begangen werden, denn die Isolation wird zu diesen Zeiten stärker als sonst empfunden.

Die meisten Straftaten kommen zustande, weil mehrere Umstände zusammentreffen, von denen jeder für sich genommen ohne Konsequenz geblieben wäre (vgl. dies.: 178). Schneider (1979: 56) nennt z.B. Alkoholkonsum als weiteres wichtiges auslösendes Moment einer Viktimisierung.

Insbesondere bei Jugendlichen lässt sich zudem beobachten, dass eine Gruppensituation in hohem Maße zur Tatbegehung beitragen kann. Hemmungen fallen in der Gruppe oft weg und die Verantwortung für eine Tat wird nicht alleine getragen, so dass viele Straftaten von Jugendlichen aus der Gruppensituation heraus begangen werden (vgl. Kiefl/Lamnek 1986, S. 180) – wenngleich eine qualitative Studie zu jugendlicher Gewalt von Böttger (1998: 230 f.) auch deutliche Hinweise dafür erbracht hat, dass Gruppenkonstellationen Jugendlicher im Sinne einer sozialen Kontrolle eine übermäßige Gewaltanwendung einzelner Gruppenmitglieder auch verhindern können.

Was die Person des Opfers anbetrifft, können z.B. hinsichtlich der Aspekte Alter und Geschlecht Unterschiede eines Viktimisierungsrisikos identifiziert werden. So werden alte Menschen von Tätern bevorzugt, weil sie wehrloser erscheinen. Junge Menschen führen demgegenüber zumeist ein aktiveres Leben und halten sich eher an Orten auf, an denen die Wahrscheinlichkeit einer Viktimisierung größer ist (vgl. Kiefl/Lamnek 1986: 186). Baier u.a. konnten nachweisen, dass Jugendliche, die selbst Opfer eines Gewaltdeliktes geworden sind, ein wesentlich höheres Risiko haben, auch selbst gewalttätig in Erscheinung zu treten (Baier u.a. 2009: 68)

Auch bezogen auf das Geschlecht des Opfers gibt es bedeutsame Unterschiede. Frauen werden insbesondere Opfer von Sexualdelikten. Im Allgemeinen ist ihr Anteil unter Opfern jedoch niedriger als der von Männern (vgl. ebd.). Die Studie von Kury et al. (1992: 171) zeigte zudem, dass Männer generell öfter Opfer eines tätlichen Angriffs bzw. einer tätlichen Bedrohung werden als Frauen.

Der Aspekt der Nationalität schließlich spielt ebenfalls eine wichtige Rolle bei der Viktimisierung, was aber in der Forschung eher vernachlässigt wird. Böttger (2001: 388 f.) skizziert einige Untersuchungsergebnisse zum Viktimisierungsrisiko von Ausländern bzw. Personen mit Migrationshintergrund. Bereits bei dieser relativ eng umrissenen Personengruppe – darauf wurde weiter oben bereits hingewiesen – liegen widersprüchliche Ergebnisse vor: So fand Ennis (1967) in einer nationalen Befragung in den USA heraus, dass Schwarze ein höheres Viktimisierungsrisiko haben als Weiße. Kleinman und David (1973) fanden hingegen kein höheres Viktimisierungsrisiko bei Farbigen. Kiefl und Lamnek (1986: 192) konstatieren in Bezug auf die Nationalität des Opfers, dass „ ... Fremde und Emigranten, Angehörige von Minderheiten und Flüchtlinge ... sowohl individuell als auch kollektiv einem besonderen Viktimisierungsrisiko ausgesetzt (sind), weil sie häufig als besonders wehrlose Opfer erscheinen.", wobei diese Personen vermutlich auch in höherem Ausmaß Opfer von rechtsextremistisch motivierten Gewalttaten werden, als dies auf die Mitglieder einer sozialen Mehrheit zutrifft.

Außer Alter, Geschlecht und Nationalität wurde auch die Opferpersönlichkeit untersucht. Kiefl und Lamnek (1986: 205) haben dabei auf die Rolle der Sozialisationsgeschichte aufmerksam gemacht. Hat eine Person als Kind viele Opfererfahrungen durchlaufen müssen, dann neigt sie eher dazu, bestimmte Situationen als bedrohlich zu definieren, dementsprechend eine Demuts- oder eine feindselige Haltung einzunehmen und so andere zu provozieren.

Wie sich Opfer in Viktimisierungssituationen verhalten, hat laut Kiefl und Lamnek (1986: 214) Einfluss auf deren Verlauf. Nach Auffassung der Autoren sind Abwehr- und Schutzmaßnahmen während der Opferwerdung sowohl von der Opferpersönlichkeit als auch von der Tatsituation abhängig. Sie differenzieren das Opferverhalten nach situationsadäquaten und situationsinadäquaten Reaktionen. Als inadäquat bezeichnen sie z.B. den aktiven Widerstand eines einzelnen Opfers gegen mehrere Täter, wenn zudem noch eine Fluchtmöglichkeit besteht. Adäquat wäre hingegen eine Abwehrmaßnahme, wenn das Opfer es mit einem körperlich unterlegenen Einzeltäter zu tun hat. Zugleich weisen die Autoren darauf hin, dass die Entscheidung für eine „richtige" Reaktion in der Realität nicht ohne weiteres zu treffen ist, zumal die meisten Tatsituationen komplex und mehrdeutig sind. Je nach Delikt, Tatsituation, Täter- und Opferpersönlichkeit, Befindlichkeit des Opfers, Täter-Opfer-Beziehung und anderen Faktoren können sich gleiche oder ähnliche Reaktionen als erfolgreich oder nicht erfolgreich erweisen. Im Rahmen ihrer Untersuchung haben die Autoren festgestellt, dass Vergewaltigungsopfer die größte Variabilität an Reaktionen zeigten (vgl. dies.: 216 f.).

Die hier kurz skizzierten Forschungsbefunde zur Viktimisierung machen deutlich, dass die Merkmale der Opferwerdung sehr mit der Art des Delikts zusammenhängen. Aus diesem Grund kann man in Bezug auf Opfer rechtsextremer Gewalt zum Teil spezifische Ergebnisse erwarten. Da das Forschungsinteresse der vorliegenden Studie insbesondere den Folgen von rechtsextremen Gewalttaten und ihrer Bewältigung gilt, werden die einzelnen Aspekte der primären Viktimisierung hier eher am Rande bedeutsam. Dennoch versucht die Studie, die Forschungsdefizite auch bezüglich der Viktimisierungssituation bei dieser Untersuchungsgruppe abzubauen.

3.2 Folgen der Viktimisierung

Für die Erklärung der Prozesse nach einer Viktimisierung ist bisher kaum eine ausgearbeitete Theorie vorzufinden. Je nach Fragestellung und wissenschaftlichem Blickwinkel werden in Untersuchungen zu Viktimisierungsprozessen unterschiedliche theoretische Ansätze zur Erklärung herangezogen (vgl. Tov 1993: 257 ff.). Im Folgenden werden einige Erklärungsansätze zu den Folgen einer Viktimisierung exemplarisch kurz dargestellt. Dabei wird auch hier auf Erkenntnisse sowohl aus Psychologie und Psychoanalyse als auch aus der viktimologischen Forschung Bezug genommen.

3.2.1 Erklärungsmodelle für Prozesse nach der Viktimisierung

Aus der Psychologie stammt das *Modell der gelernten Hilflosigkeit*, das auf Seligman (1975) zurückgeht. Das Modell erklärt, wie Menschen auf unkontrollierbare Situationen oder Ereignisse reagieren. Ein Ereignis ist unkontrollierbar, wenn seine Auftretenswahrscheinlichkeit durch individuelle Reaktionen nicht beeinflusst werden kann. In Abhängigkeit von Häufigkeit, Dauer, Intensität und Bedeutsamkeit von negativen Erfahrungen dieser Art kann der Glaube an die Wirkung des eigenen Handelns erschüttert werden, das Individuum muss lernen, dass es hilflos ist (vgl. Brunstein 1988: 115). Diese Hilflosigkeit wird unter Umständen auf andere Kontexte übertragen, was dazu führen kann, dass auch kontrollierbare Ereignisse als nicht kontrollierbar empfunden werden. Die Hilflosigkeitserfahrungen können so weit generalisiert werden, dass Belastungen, die bis dahin bewältigt wurden, als nicht mehr überwindbar erscheinen. Dies hat oft Defizite in Motivation und Handeln zur Folge (vgl. Tov 1993: 258).

Viele Menschen rechnen nur selten damit, Opfer eines Verbrechens zu werden, und glauben, dass gerade ihnen so etwas nicht zustoßen kann. Sie nehmen an, dass andere Menschen mit größerer Wahrscheinlichkeit Verbrechensopfer werden. Diesen Glauben nennt Perloff (1983) *einzigartige Unverwundbarkeit* (vgl. auch Tov 1993: 260 f.). Werden die Personen dennoch zu Opfern, müssen sie sich mit zwei Problemen auseinandersetzen: Erstens haben sie das Verbrechen und seine Folgen selbst zu bewältigen. Zweitens müssen sie mit dem Verlust des Glaubens an die eigene Unverwundbarkeit zurechtkommen. Sie werden sich der Tatsache bewusst, dass sie verwundbar sind und somit ein potentielles Opfer künftiger Viktimisierungen. Dies geht häufig mit einer Verbrechensfurcht einher, die vor der Tat entweder gar nicht oder nur in geringem Maße vorhanden war. Tov (1993: 261) weist in diesem Zusammenhang darauf hin, dass durch den Verlust des Glaubens an die eigene Unverwundbarkeit den betroffenen Menschen oft ein Schutz vor Stress, Angst und Verbrechensbedrohung abhanden kommt.

Die Theorie der *„angenommenen Welt"* („assumptive world") wurde von Parkes (1975) entwickelt. Sie bezieht sich auf eine persönliche Theorie der Welt, die sich jeder Mensch aufgrund alltäglicher Erfahrungen im Laufe seines Lebens aufgebaut hat. So nehmen viele Menschen an, dass die Welt prinzipiell „gut" und „gerecht" sei. Eine solche Annahme, oft der intensive Glaube daran, hilft Menschen in vielen Situationen und kann unter Umständen sogar ihr Leben erhalten. Bei negativen Ereignissen, wie z.B. einer Viktimisierung, kann dieser Glaube an die „heile Welt" angegriffen und in der Folge widerlegt werden. Um die negativen Erfahrungen zu kompensieren und dennoch handlungsfähig zu bleiben, muss ein neues Konzept ihrer Lebenswelt entstehen (vgl. auch Tov 1993: 260).

3.2.2 Traumatisierung

Viktimisierung kann für Betroffene ein traumatisierendes Ereignis darstellen (vgl. Haupt et al. 2003: 7). Die psychische Traumatisierung ist nach Fischer und Riedesser (1998: 351) ein vitales Diskrepanzerlebnis zwischen bedrohlichen Situationsfaktoren und den individuellen Bewältigungsmöglichkeiten, das mit Gefühlen von Hilflosigkeit und schutzloser Preisgabe verbunden ist und auf diese Weise eine dauerhafte Erschütterung des Selbst- und Weltverständnisses bewirken kann (vgl. auch Haas/Lobermeier 2005: 44). Auf derartige Ereignisse erfolgt oft eine akute oder auch eine posttraumatische Belastungsstörung. Differenziert wird dabei nach dem zeitlichen Aspekt der Dauer und des Auftretens ihrer Symptome (vgl. Aguilera 2000: 86 ff.; Haupt et al. 2003: 8 ff.).

Bei einer akuten Belastungsstörung wird zwischen akuten und chronischen Symptomen unterschieden. Akute Symptome dauern 1-3 Monate an, chronische Symptome bleiben in der Regel länger als 3 Monate bestehen. Die Symptome der posttraumatischen Belastungsstörung können im Unterschied zur akuten Belastungsstörung jederzeit auftreten, sogar Jahre nach dem traumatischen Ereignis (vgl. Aguilera 2000: 86). Im Rahmen der akuten Belastungsstörung kann es darüber hinaus zu dissoziativen Symptomen kommen, die bei der erfolgreichen Verarbeitung des Traumas hinderlich sind (u.a. Benebelungszustand, Realitätsverlust, Blackout; vgl. Aguilera 2000: 91).

Insgesamt werden 3 Symptomgruppen unterschieden: Intrusionen, Avoidance und Hyperarousal. Im Falle der *Intrusionen* wird das Trauma ständig wieder erlebt, in diesem Zusammenhang wird oft von „Flashbacks" gesprochen. Mit *Avoidance* ist das Vermeiden von

Dingen oder Tätigkeiten gemeint, die an das Trauma erinnern könnten. Bewusste und unbewusste Vermeidung kann einen Rückzug aus Aktivitäten und Hobbys und sogar eine Aufgabe sozialer Kontakte zur Folge haben. *Hyperarousal* schließlich ist durch Übererregungssymptome gekennzeichnet, die sich in erhöhter Schreckhaftigkeit, Nervosität, Konzentrations- und Schlafstörungen sowie Angstzuständen äußern.

Betonenswert und wichtig für alle Betroffenen und ihr Umfeld ist, dass beide Arten – die akute und die posttraumatische Belastungsstörung – „normale" Reaktionen auf „unnormale" Ereignisse sind (vgl. Aguilera 2000: 87; Mittendorf 1996: 169 f.; Kraemer 2003: 290), die sich meistens nach einiger Zeit größtenteils zurückbilden. Wenn die Stressreaktionen jedoch nicht nachlassen und zu emotionalen (z.B. starke Ängste) oder kognitiven (z.B. Gedanken über Schuld und Minderwertigkeit) Veränderungen führen, kann von einer Traumatisierung gesprochen werden (vgl. auch Mittendorf 1996: 171). Mittendorf (1996: 177) schätzt, dass es bei etwa 10 bis 20 Prozent der Opfer tiefgreifender Ereignisse zu einer schwerwiegenden Störung kommt, d.h. dass „ ... die Verarbeitung des Erlebten stagniert oder blockiert". Nach seiner Auffassung laufen besonders solche Opfer Gefahr, durch erschütternde Ereignisse traumatisiert zu werden, die wiederholt eine Viktimisierung erfahren haben, die gehemmt, verschlossen und sozial isoliert sind, die Suchtmittel benutzen und die gar nicht oder unangemessen durch das soziale Umfeld unterstützt werden (vgl. Mittendorf 1996: 171 f.; Haupt et al. 2003). Die professionelle Betreuung von traumatisierten Menschen besteht in einer gezielten Psychotherapie für posttraumatische Stressstörungen.

3.2.3 Sekundäre und tertiäre Viktimisierung

Eine Viktimisierung als „Opferwerdung" wird als sozialer Prozess verstanden (vgl. Kiefl/Lamnek 1986: 170), der dreistufig verlaufen kann. Die eigentliche Opferwerdung, in deren Rahmen es häufig zu einer Interaktion zwischen einem Täter (oder mehreren) und einem Opfer (oder mehreren) kommt, wird als „primäre Viktimisierung" bezeichnet. Auf diese kann eine „sekundäre" und auch noch eine „tertiäre Viktimisierung" folgen, die im Folgenden ausführlicher erläutert werden.

Sekundäre Viktimisierung

Mit sekundärer Viktimisierung wird das Erleben einer zweiten Opferwerdung bezeichnet, bei der der Betroffene durch eine unangemessene Reaktion seitens seines sozialen Nahraums und der Instanzen sozialer Kontrolle verletzt wird (vgl. Kiefl/Lamnek 1986: 239). Auch andere Autoren sind sich bezüglich dieser Begriffsdefinition einig (vgl. z.B. Kirchhoff 1991; Baurmann/Schädler 1991; Tampe 1992).

Kiefl und Lamnek (vgl. 1986: 239) zählen zu den wichtigsten Agenten einer sekundären Viktimisierung folgende Personen und Institutionen:

- den sozialen Nahraum (Verwandte, Bekannte, Freunde, Nachbarn, Arbeitskollegen)
- die Öffentlichkeit bzw. die Medien

- die Tatzeugen
- die Polizei
- Staatsanwaltschaft und Gericht
- den Verteidiger des Täters
- den Täter selbst und dessen Angehörige

Baurmann und Schädler (1991: 49) haben darüber hinaus auch die Forscher selbst, die durch das Eindringen in die Privatsphäre der Befragten dazu beitragen, den Tathergang und die damit zusammenhängenden unangenehmen Gefühle wieder aufleben zu lassen, als an der sekundären Viktimisierung Beteiligte bezeichnet. In Anbetracht einer relativ hohen Anzahl von potentiellen Agenten aus dem sozialen Umfeld, die an der sekundären Viktimisierung beteiligt sein können, lässt sich das Risiko einer zweiten Opferwerdung als relativ hoch einschätzen.

Unangemessene Reaktionen des sozialen Umfeldes gegenüber einem Opfer bezeichnet Mittendorf (1996: 175 f.) als Verfahrensfehler, zu denen er Bagatellisierung, Witze und Mitschuldvorwürfe zählt. Haupt et al. (2003: 38) nennen zusätzlich Hilflosigkeit und mangelndes Einfühlungsvermögen gegenüber einer viktimisierten Person.

Basierend auf einer eigenen Opferbefragung stellen Kiefl und Lamnek (1986: 243) fest, dass sekundäre Viktimisierungen relativ unabhängig vom jeweils zugrunde liegenden Delikt auftreten, auch die Schwere des Delikts spielt dabei also eher eine untergeordnete Rolle. Die Autoren sehen eine größere Gefahr in der Viktimisierung im Nahbereich des Opfers als in den sozialen Kontrollinstanzen, wie der Polizei oder den Gerichten. Viktimisierungen durch Polizei und Gerichte ließen sich durch entsprechende Anweisungen, Schulungskurse etc. prinzipiell eingrenzen. Den vielfältigen, oft subtilen sekundären Viktimisierungen im sozialen Nahraum hingegen sei nur schwer beizukommen (vgl. Kiefl/Lamnek 1986: 247).

Dennoch ist die Gerichtssituation für das Opfer in mehrfacher Weise belastend, worauf insbesondere die Studien von Baurmann (1983), Weis (1982) und Kröhn (1985) aufmerksam machen (vgl. auch Kiefl/Lamnek 1986: 255 ff.).

In Anlehnung an Haas und Lobermeier (2005: 52f.) soll in diesem Zusammenhang auch auf die Tatsache aufmerksam gemacht werden, dass das soziale Umfeld in der Regel nicht über ausreichende Kapazität zur Unterstützung eines Viktimisierten verfügt. Die vorhandenen Ressourcen zur Stabilisierung eines Opfers können schnell aufgebraucht sein, zumal auch nicht davon auszugehen ist, dass das soziale Umfeld über ausreichende Kompetenzen für den angemessenen Umgang mit Opfern verfügt.

Darüber hinaus dienen viele „Verfahrensfehler" dem sozialen Umfeld als eine Abwehrstrategie. Indem dem Opfer Mitschuldvorwürfe gemacht werden und Unverständnis für seine Lage und Gefühle gezeigt wird, versuchen Angehörige und Freunde oft, Kontrolle über ihr eigenes Leben und ein gewisses Sicherheitsgefühl aufrechtzuerhalten (vgl. Haas/Lobermeier: 53). Sie deuten dem Betroffenen an, dass sein Verhalten nicht normal sei und dass er selbst für die Tat Verantwortung trage. So bleibe bei ihnen das Gefühl bestehen, dass eine Viktimisierung kein Zufall sei und sie somit keine Gefahr laufen, ebenfalls viktimisiert zu werden. Trotz der zum Teil nachvollziehbaren Gründe für die unangemessenen Reaktionen des sozialen Umfelds sollte derartigem Verhalten entgegengewirkt werden.

Haupt et al. (2003: 38) machen zudem auf die Gefahr aufmerksam, mit sekundären Viktimisierungen durch das sozialen Umfeld „ ... den Grundstein für eine ‚Opferidentität' zu legen, im Rahmen derer sich der Betroffene nur noch als Spielball unkontrollierbarer Mächte erleben kann".

Wenn sich zudem bei dem Betroffenen Ängste verfestigen und er sich vom sozialen Umfeld abkapselt, besteht außerdem die Gefahr einer posttraumatischen Belastungsstörung (vgl. Kapitel 3.2.2; Haas/Lobermeier 2005: 53), die wiederum zu einer sozialen Desintegration des Opfers führen kann.

Tertiäre Viktimisierung

In Bezug auf den Begriff der tertiären Viktimisierung lassen sich bei verschiedenen Autoren Uneinigkeiten feststellen. Während Baurmann (1983) und Tampe (1992) u.a. Opferhilfestellen und ihre Maßnahmen für diese Viktimisierungsart verantwortlich machen (vgl. auch Baurmann/Schädler 1991: 16 f.), sehen Kiefl und Lamnek (1986: 272 f.) die tertiäre Viktimisierung vorrangig als Ergebnis von Erlebnissen und Zuschreibungs- bzw. Etikettierungsprozessen aufgrund vorangegangener primärer und/oder sekundärer Viktimisierung. Ausschlaggebend sei dabei vorrangig die Dominanz der Selbstdefinition als Opfer. Sowohl infolge entsprechender Reaktionen der sozialen Umwelt als auch aufgrund der Lebensgeschichte, der Persönlichkeitsstruktur und des sozialen Milieus des Opfers verfestigen sich Erfahrungen und Einstellungen unter Umständen derart, „... daß es zu einer Verengung der Sicht- und Erlebnisweisen und einer Reduzierung der Handlungsmöglichkeiten kommt." (Kiefl/Lamnek 1986: 272 f.).

In diesem Zusammenhang sprechen Kiefl und Lamnek (1986: 273) von einer „Selbstviktimisierung", aus der das Opfer auch Vorteile ziehen kann. Denn die betroffene Person erfährt Beachtung, Mitleid und echte Zuwendung, was vorher möglicherweise nicht der Fall gewesen ist. Als Folgen der Opferselbstdefinition nennen die Autoren eine übertriebene Kriminalitätsfurcht und das mangelnde Vertrauen gegenüber anderen Menschen und Organisationen.

Aber auch andere Aspekte sind hier von Bedeutung. Durch das Gerichtsverfahren etwa wird dem Opfer sein besonderer Status „offiziell" zugesprochen und somit erhält es eine zusätzliche Dimension seiner Identität. Dies kann unter Umständen ebenfalls zu einer tertiären Viktimisierung beitragen (vgl. Kiefl/Lamnek 1986.: 274). Allerdings muss auch darauf hingewiesen werden, dass eine zeitweilige Selbstdefinition als Opfer eine durchaus „normale" Reaktion im Bewältigungsprozess ist.

3.2.4 Individuelle Folgen

Viele Studien, die das individuelle Erleben einer Viktimisierung untersucht haben, beschäftigten sich insbesondere mit Opfern von Sexualstraftaten. Im Folgenden werden in Anlehnung an eine Zusammenfassung von Richter (1993) relevante Befunde zu individuellen

Folgen derartiger Viktimisierungen skizziert. Dabei werden drei Ebenen unterschieden: die emotionale, die kognitive und die Verhaltensebene.

Nach einer solchen Viktimisierung wurden auf der *emotionalen Ebene* unter anderem Schock, Verwirrung, Hilflosigkeit, Ängstlichkeit und Depression beobachtet, die mit der im letzten Kapitel skizzierten posttraumatischen Belastungsstörung korrespondieren (vgl. Richter 1993: 292). Insbesondere bei Vergewaltigungsopfern herrscht Furcht vor einer weiteren Viktimisierung vor (vgl. Burgess/Holmstrom 1974; Richter 1993). Peterson und Seligman (1983) weisen auf eine persistierende, lähmende Handlungsunfähigkeit hin, die mit einer neuen Wahrnehmung von Verletzbarkeit verbunden ist.

In Bezug auf die *kognitive Ebene* berichten Burgess und Holmstrom (1974) von Selbstvorwürfen der Opfer. Diese haben insofern einen funktionalen Charakter, als dadurch ein Gefühl von Kontrollierbarkeit wiedergewonnen wird. Sie können also durchaus eine positive Funktion erfüllen. Wenn jedoch die Selbstvorwürfe über eine längere Zeit anhalten oder der Betroffene eine Generalisierung auf seine ganze Person vornimmt, sind Hilflosigkeit und Depressionen möglich (vgl. Richter 1993: 292).

Obsessive Vorsichtsmaßnahmen betreffen die *Verhaltensebene* nach einer Viktimisierung. Bard und Sangrey (1986) liefern z. B. Hinweise dafür, dass Opfer, die Vorsichtsmaßnahmen treffen, sich schneller erholen als andere (vgl. auch Richter 1993: 292). Auf der anderen Seite können viele vor der Viktimisierung getroffene Vorsichtsmaßnahmen auch eine lang anhaltende Furchtreaktion hervorrufen, weil sie ihren Zweck nicht erfüllt haben (vgl. Scheppele/Bart 1983; Richter 1993: 293).

Eine andere Folge erfahrener Straftaten können Identitätsverletzungen darstellen. Dies ist ein zentrales Ergebnis der Studie von Hagemann (1993), in der Opfer von Einbrüchen und Überfällen zu den Auswirkungen derartig kritischer Erlebnisse befragt wurden. Die Identitätsverletzungen wurden von den Betroffenen selbst berichtet als sichtbare Verschlechterung der persönlichen Lage nach der Viktimisierung im Vergleich zur Situation davor. Denn die Opferwerdung wird als „ ... der aus der Umwelt unerwartet kommende Angriff auf die Identität" empfunden (Hagemann 1993: 252). Dieser Befund stimmt mit dem Konzept der balancierenden Identität von Lothar Krappmann (1988) überein, nach dem eine alltägliche Balance von Selbstkonzept und Erwartungen des sozialen Umfeldes die Bedingung für eine wirksame Ich-Identität ist (vgl. Kapitel 2.4).

3.2.5 Soziale Folgen

Die psychischen Reaktionen der Opfer werden oft durch soziale Folgen begleitet. Haas und Lobermeier (2005: 47) nennen in diesem Zusammenhang auftretende Kommunikationsprobleme in Partnerschaft und Familie, Abbruch sozialer Kontakte und daraus resultierend Isolation und Vereinsamung.

Strobl (1996: 81) stellt im Rahmen einer Studie zu sozialen Opfererfahrungen bei türkischen Minderheiten fest, dass, in Anlehnung an das Konzept der normativen Erwartungen von Luhmann (vgl. 1985), der Glaube an das normtreue Verhalten anderer nach einer Viktimisierung erschüttert werden kann. Durch eine Körperverletzung wird z.B. die normative

Erwartung des Verletzten hinsichtlich seiner körperlichen Unversehrtheit erschüttert. Damit soziale Normen trotz einzelner Normverstöße aufrechterhalten bleiben, muss die betroffene Person dennoch an ihrer Erwartung festhalten, was allerdings zumeist eine symbolische Wiederherstellung der verletzten normativen Erwartung voraussetzt (vgl. Strobl 1986: 81; Luhmann 1994: 437 ff.). Dies kann eine allgemeine moralische Verurteilung der Tat oder eine Form der Bestrafung des Täters gewährleisten. Sollte jedoch die Bekräftigung verletzter Normen oder ihre symbolische Wiederherstellung ausbleiben, so sind problematische soziale Folgen möglich: Die betroffene Person kann z.B. die eigene Interaktionsfähigkeit verlieren und ebenfalls die Fähigkeit, in der sozialen Umwelt wie bisher zu handeln.

Selbsthilfe und Selbstjustiz werden beispielsweise in Erwägung gezogen, wenn soziale Kontrollinstanzen ihre Rolle als Wiederhersteller der verletzten Normen nicht erfüllt haben, wobei jedoch nach Kiefl und Lamnek (vgl. 1986: 279) das Rachebedürfnis bei den Opfern nicht so oft auftrete, wie allgemein vermutet werde.

Bezogen auf Opfer, die zu einer ethnischen Minderheit zählen, ist jedoch eine Distanzierung von der Gesellschaft möglich, in der die Betroffenen viktimisiert worden sind (vgl. Strobl 1998: 81 ff.). Der Grad der Verunsicherung durch eine Opfererfahrung hängt allerdings von der subjektiven Bedeutung der in Frage gestellten Normen ab sowie in besonderem Maße von den Reaktionen unbeteiligter Dritter und der sozialen Kontrollinstanzen (vgl. Strobl 1998: 85 f.).

Hinsichtlich der jeweiligen Bedeutung einer Viktimisierung durch Betroffene einer ethnischen Minderheit unterscheidet Strobl (1997: 113) weiterhin zwischen einer generalisierenden und einer individualisierenden Interpretation. Im ersten Fall wird von der einzelnen Tat auf eine allgemeine, gegen die eigene Gruppe gerichtete Stimmung geschlossen, die in der restlichen Gesellschaft vorherrsche. Jedoch wird nicht zwangsläufig auf diese Art und Weise jeder Viktimisierung ein fremdenfeindlicher Hintergrund zugeschrieben. Individualisierende Interpretationsmuster werden in solchen Fällen ebenfalls beobachtet, indem der Täter einer kleinen unbedeutenden Gruppe zugerechnet wird oder indem der Angriff als allein gegen die eigene Person gerichtet interpretiert wird. Je nach der vorgenommenen Interpretation kann also eine Opfererfahrung bei ethnischen Minderheiten das Vertrauen in die deutsche Gesellschaft und ihre Institutionen mehr oder weniger erschüttern.

Soziale Konsequenzen von Opfererfahrungen können aber noch weiter reichende Folgen haben. Denn Menschen, die sich infolge eines Viktimisierungsprozesses aus dem gesellschaftlichen Leben zurückgezogen haben und vertrauten Personen aus dem direkten sozialen Umfeld ebenfalls ein nur noch eingeschränktes Vertrauen entgegen bringen, können in der Folge von einer ausgeprägten sozialen Desintegration betroffen sein (vgl. Haas/Lobermeier 2005: 47).

3.3 Bewältigung

Die Konzeptualisierungen von Bewältigung sind sehr vielfältig und heterogen, weshalb man schwer von einem einheitlichen Forschungsbereich sprechen kann (vgl. Brüderl et al. 1988: 25 f.). Rückblickend lassen sich drei Wurzeln der Bewältigungsforschung erkennen, was bereits weiter oben mit Bezug auf die drei entsprechenden theoretischen Strömungen angedeutet wurde (vgl. Kapitel 2).

Das psychoanalytische Konzept der Abwehr von Freud (1894) wird als Vorreiter dieses Forschungszweiges genannt. Insbesondere in der Literatur zur Krankheitsbewältigung sind die psychoanalytisch ausgerichteten Bewältigungsformen nach wie vor stark verbreitet. Dabei steht im Mittelpunkt vor allem die Frage danach, ob es sich bei Bewältigung um bewusste oder eher unbewusste Abläufe handelt. Denn insbesondere schwer kranken Personen fällt es nicht leicht, aktiv und gezielt beispielsweise gegen eine chronische Krankheit zu kämpfen, so dass in diesem Bereich innerpsychische kognitive Prozesse von besonderem Interesse sind. Dazu gehören vor allem Verdrängung und Verleugnung (vgl. Brüderl et al. 1988: 27 f.).

Die Stresskonzeption von Seyle (1981) wird als die zweite Wurzel der Bewältigungsforschung angesehen. Der Autor versteht unter Stress spezifische Abwehrreaktionen des Organismus, die auf unterschiedliche, nicht nur schädigende Einflüsse folgen (vgl. auch Brüderl et al. 1988). Wolff (1953) hat in diesem Zusammenhang den Grundstein für die transaktionale Konzeption von Lazarus gelegt, indem er Stress als dynamischen Zustand bezeichnete und dabei die Interaktion zwischen Umgebung und Organismus betonte (vgl. Brüderl et al. 1988: 29). Lazarus entwickelte diesen Ansatz weiter (vgl. Kapitel 2).

Die dritte Wurzel der Bewältigungsforschung liegt in den Persönlichkeitstheorien, für die hier stellvertretend Allport (1949) angeführt wird. Nach seiner Auffassung passt sich jedes Individuum aufgrund seiner einzigartigen Persönlichkeit anders an seine Umgebung an (vgl. Brüderl et al. 1988: 30).

Die genannten Ansätze wurden im Laufe der Jahre weiter entwickelt und spielen immer noch eine große Rolle für die Bewältigungsforschung. Dies spiegelt sich in den aktuellen theoretischen Ansätzen wider. Haan (1977) führte das psychoanalytische Konzept fort. Lazarus (1978; 1984) entwickelte das transaktionale Modell der kognitiven Bewertung und Stressbewältigung, auf das sich viele andere Forscher weiterhin beziehen (vgl. Kapitel 2). Thomae (1968) erstellte aufgrund der Analyse von Tagesabläufen und größeren biographischen Sequenzen ein System von „Daseinstechniken", mit deren Hilfe sich ein Individuum mit der Umwelt auseinander setzt (vgl. Brüderl et al. 1988: 31 ff.). Trotz einiger Gemeinsamkeiten, wie z.B. der Betonung des Prozesscharakters der Bewältigung oder eines subjektiven Zugangs zur Erforschung von Bewältigungsstrategien, machen die vorgestellten Ansätze die Uneinheitlichkeit und die Vielfalt der Konzepte innerhalb der Bewältigungsforschung deutlich. Darüber hinaus lassen sich große Kontroversen bezüglich der Konzeptualisierung und Messung von Bewältigungsversuchen feststellen (vgl. Brüderl et al. 1988: 38 ff.). Im Rahmen der vorliegenden Studie wird auf einige wichtige Aspekte der Bewältigungsforschung ausführlicher eingegangen, die sich bei der Durchsicht der einschlägigen Literatur aus diesem Bereich als relevant herausgestellt haben (z.B. Brüderl et al. 1988; Greve 1997). Es handelt sich dabei um einzelne Formen der Bewältigungsversuche, ihre Funktionen, die Bestimmung ihrer Effizienz und die einzelnen Bewältigungsstrategien.

3.3.1 Formen der Bewältigung

In der einschlägigen Literatur zu diesem Thema werden verschiedene Versuche unternommen, die Bewältigungsreaktionen trotz ihrer Vielfalt zu ordnen (vgl. Moos/Billings 1982; Lazarus/Folkman 1984; Heim et al. 1991; Greve 1997; Greve/Strobl 2004). Dabei lassen sich zwei unterschiedliche Zugangsweisen unterscheiden: Auf der einen Seite werden Metakategorien gebildet, die dann inhaltlich durch verschiedene Bewältigungsversuche konkretisiert werden (vgl. z.B. Greve/Strobl 2004). Auf der anderen Seite wird umgekehrt vorgegangen, d. h. es werden zunächst Bewältigungsversuche einer Person in einer bestimmten Anforderungssituation gesammelt, um sie daraufhin auf eine Anzahl prägnanter Bewältigungsformen zu reduzieren. Erst dann folgt eine Zusammenfassung auf einem höheren Abstraktionsniveau (vgl. z.B. Thomae 1968). Gelegentlich treten auch Mischformen auf (vgl. z.B. Brüderl et al. 1988).

Beide Zugangsweisen stellen für die Forschung ein Problem dar, denn die potentiell möglichen Bewältigungsstrategien variieren je nach Person, Situation und Kontext. Laut Brüderl et al. (1988) befindet sich die Bewältigungsforschung in einem Dilemma zwischen der Vereinheitlichung von Bewältigungsversuchen durch die Bildung der Metakategorien und der Individualisierung von Bewältigungsversuchen. Im ersten Fall besteht das Problem in einem Verlust an alltagspraktischer Relevanz, im zweiten Fall werden allgemeingültige Aussagen zur Bewältigung vernachlässigt und Vergleiche unmöglich gemacht (vgl. dies.: 39 f.).

Im Folgenden werden einige Beispiele für Typologien von Bewältigungsprozessen kurz skizziert:

Nach Lazarus und Folkman (1984) kann eine Bewältigung verhaltensmäßig oder kognitiv erfolgen. Anhand dieser Kriterien unterscheiden die Autoren zwei grundlegende Bewältigungsformen: „aktionale" und „intrapsychische" Mechanismen. Unter aktionale Formen fallen handlungsbezogene Aktivitäten einer Person, wie z.B. Informationssuche, Alkoholkonsum, Fitnesstraining, Erwerb einer Alarmanlage etc. Als intrapsychisch werden alle kognitiven Prozesse bezeichnet. Dazu gehört u.a. die Verleugnung des Problems oder gedankliche Ablenkung (vgl. auch Lazarus/Launier 1978: 316 f.). Moos und Billings (1982) sprechen von aktiv-verhaltensbezogenen Strategien und aktiv-kognitiven oder vermeidenden Strategien, die mit der Einteilung von Lazarus/Folkman verglichen werden können.

Drei Dimensionen von Copingmustern unterscheiden Heim et al. (1991: 34 f.) bei der Verarbeitung von chronischen Körperkrankheiten: die handlungsbezogene, die kognitionsbezogene und die emotionsbezogene Dimension. Die handlungsbezogene Dimension enthält demnach Verhaltensweisen, die direkt beobachtet werden können oder auf die aus der Schilderung klar geschlossen werden kann. Kognitionsbezogene Bewältigung meint hier mentale Vorgänge, die fast immer bewusst sind oder die durch Konfrontation geklärt werden können. Emotionsbezogen sind hingegen meist nicht bewusste Vorgänge, die vor allem implizit zu erfassen sind. Sie sind auf emotionale Stabilisierung ausgerichtet.

Auch bei Greve (1997) und sowie Greve und Strobl (2004) werden Reaktionen auf Belastungen in einem Drei-Prozess-Modell erfasst: Es wird zwischen assimilativen, akkommodativen und defensiven Prozessen unterschieden.

Die Grundgedanken der oben genannten Einteilungen ähneln sich, auch wenn die Terminologien unterschiedlich sind. Denn all diese Versuche haben es gemeinsam, die Auseinandersetzung im Rahmen der Bewältigung mit der Ist-Soll-Diskrepanz erfassen zu wollen (vgl. auch Greve/Strobl 2004). Die Formen der Bewältigung werden vor allem im Hinblick darauf unterschieden, ob sie die Ist-Seite oder die Soll-Seite verändern sollen. Möglich sind aber noch Reaktionen ganz anderer Art, z.B. solche, die zu keinerlei Veränderungen der beiden Seiten beitragen und damit unter die defensive Art der Problemlösung fallen (vgl. Greve 1997: 25 f.).

Als assimilativ werden diejenigen Reaktionen bezeichnet, die darauf abzielen, die eigene Lebenssituation, das eigene Verhalten zu ändern. Hier wird die Situation selbst verändert, indem sie an eigene Vorstellungen und Ziele angeglichen wird. Die betroffene Person ändert die Umstände im Hinblick auf eigene Ziele (vgl. Greve/Strobl 2004: 198). Wenn aber die Belastung nicht aktiv beseitigt werden kann, muss sie kompensiert werden (vgl. Greve 1997: 24). Eine Person reagiert dann akkommodativ, wenn sie ihre Standards und Ziele an die Situation und die vorhandenen Handlungsmöglichkeiten angleicht. Die Person passt dann sich und ihre Ziele an die Umstände an. Im Falle der defensiven Problemlösung schließlich wird weder die Situation noch das Selbst verändert, denn das Problem wird von der Person schlicht nicht realisiert bzw. nicht als Problem interpretiert (vgl. Greve 1997).

Greve plädiert für eine derart grobe und abstrakte Einteilung von Bewältigungsformen mit der Begründung, dass diese, trotz ihrer Grobheit und ihres Abstraktionsgrades, „ ... immer noch einen unabsehbar weiten Raum menschlicher Reaktionsformen ... " zu umfassen ermöglicht (Greve 1997: 28).

Die vielen unterschiedlichen Reaktionen auf Belastungen und Bedrohungen sollen also zunächst grob den genannten drei Kategorien zugeordnet werden, um daraufhin detaillierter beschrieben zu werden. Auch Heim et al. (1991: 36 ff.) haben 30 individuelle Bewältigungsmuster auf den drei Dimensionen bei chronisch kranken Menschen vorgefunden, indem sie ein Fremd-Einschätzverfahren, die sogenannten Berner Bewältigungsformen, entwickelt haben. Da dieses Modell sich jedoch speziell auf die Krankheitsverarbeitung bezieht, wird an dieser Stelle nicht näher darauf eingegangen. Zwar stellen insbesondere chronische Krankheiten ebenfalls eine große Belastung für einen Menschen dar, die auf unterschiedliche Art und Weise bewältigt wird. Eine erlebte Gewalttat ist aber eine andere Art von kritischem Ereignis, so dass die Verarbeitungsformen sich nicht unbedingt ähneln.

Bei Greve und Strobl (2004: 296 ff.) werden die jeweils assimilativen, akkommodativen und defensiven Formen der Bewältigung und ihre unterschiedlichen Ausprägungen in einem sehr allgemeinen Sinn erfasst, denn die Autoren erläutern die einzelnen Strategien, ohne sie auf eine bestimmte Art von Belastung, wie Krankheit, Tod oder Gewalttat zu beziehen. Dennoch ist dieses Modell geeignet, Bewältigungsformen und -strategien in Bezug auf verschiedenste Arten kritischer Lebensereignisse zu erfassen.

3.3.2 Funktionen der Bewältigung

Wie gezeigt, hat nach Greve (1997: 23) Bewältigung die Funktion, eine Ist-Soll-Diskrepanz zu verändern. Dies geschieht, indem eine der beiden Seiten verändert oder auch an beiden

Seiten angesetzt wird. Aber auch das defensive Vorgehen dient der Bewältigung, obwohl die Auseinandersetzung mit der bedrohlichen Situation im Sinne einer Veränderung der Ist- oder Soll-Seite nicht erfolgt. Das Problem wird bestritten, nicht aktiv gelöst. Der Autor spricht hier von einer möglichst günstigen Balance, die beim Umgang mit Problemen gewahrt oder wiederhergestellt werden soll (vgl. Greve 1997: 19). Eine Situation wird dann als bedrohlich oder belastend empfunden, wenn die aktuellen Ressourcen aus subjektiver Sicht als nicht mehr hinreichend für die Auseinandersetzung mit ihr bewertet werden. In dem Moment kann man von der Störung der Balance sprechen. Die Balance ist wieder hergestellt, sobald die Bedrohung oder Belastung nicht mehr vorhanden ist. Dabei spielt das Wohlbefinden eine sehr wichtige Rolle, denn es dient aufgrund der subjektiven Bewertung einer Situation als Indikator für den Erfolg oder Misserfolg eines Bewältigungsversuches. Die betroffene Person bewertet eine Situation als belastend oder nicht belastend und sie ist diejenige, die sagen kann, wann diese Belastung nicht mehr vorliegt.

Dabei muss jedoch berücksichtigt werden, dass es nicht immer gelingt, Schwierigkeiten zu bewältigen. Beim Umgang mit diesen kann es zudem zu neuen, sogar größeren Problemen kommen. Z.B. ist es möglich, dass eine arbeitslose Person nach einer langen Arbeitssuche endlich eine Arbeitsstelle bekommt, diese aber mehrere hundert Kilometer entfernt ist. Durch die große Entfernung entstehen beispielsweise Probleme in der Familie, weil die Person kaum Zeit für Ehepartner und Kinder hat.

Funktional ist eine Bewältigung dann, wenn die Bilanz aus Kosten, Risiken und Gewinn positiv ist. Wenn die Kosten im Vergleich zum Nutzen nicht allzu hoch sind, kann das Problem mit dieser Strategie gelöst werden. Allerdings lassen sich die Kosten nicht immer voraussehen. Ob der Nutzen einer Bewältigungsreaktion größer als ihre Risiken ist, kann zumeist erst hinterher, also als Bilanz festgestellt werden.

Nach Lazarus und Folkman (1984: 179) hat eine Bewältigung zwei weitere Hauptfunktionen: Sie kann problemorientiert oder emotionsorientiert eingesetzt werden (vgl. auch Wendt 1995: 33). Problemorientiert sind danach Reaktionen, die die Diskrepanz zwischen situativen Anforderungen und zur Verfügung stehenden Ressourcen verändern sollen. Eine Person wird eher dann problemorientierte Formen der Bewältigung anwenden, wenn sie Möglichkeiten sieht, die bedrohliche Situation konkret zu verändern. Emotionsorientierte Bewältigungsformen sind hingegen darauf ausgerichtet, negative Gefühle zu kontrollieren. Sie überwiegen in Situationen, die weniger Aussichten auf Veränderung haben.

Es lässt sich zusammenfassend feststellen, dass Bewältigungsversuche im Allgemeinen auf die (Wieder-)Herstellung von Wohlbefinden und Handlungsfähigkeit der betroffenen Person abzielen. Ob die Bewältigung problem- oder emotionsorientiert eingesetzt wird, ob die Ist- oder die Soll-Seite verändert wird oder ob auf defensive Art und Weise mit einer Belastung umgegangen wird – das subjektive Wohlbefinden und die Handlungsfähigkeit sind die eigentlichen Ziele der unternommenen Bewältigungsversuche, die durch eine möglichst günstige Balance zwischen Kosten und Nutzen erreicht werden sollen.

3.3.3 Die Ökonomie der Bewältigung

Im Rahmen der „ökonomischen" Bewältigungsforschung haben sich mehrere Forscher zum Ziel gesetzt, eine Zusammenstellung von Bewältigungsreaktionen zu entwickeln, die optimal auf belastende bzw. bedrohende Situationen anwendbar ist. Sie sind der Frage nachgegangen, unter welchen Bedingungen welche Reaktion die vernünftigste, günstigste, beste, gesündeste, effektivste etc. ist. Laut Brüderl et al. (1988: 41) gehört die Effizienzfrage zu den schwierigsten dieser Forschungsrichtung.

Wie oben ausgeführt, stellt insbesondere die Wiederherstellung von Wohlbefinden und Handlungsfähigkeit das Hauptziel bei der Bewältigung von Belastung dar, so dass Greve (vgl. 1997: 30) zu Recht auf die Erreichung dieses Ziels bei der Beurteilung der Effizienz einzelner Reaktionen verweist. Dabei stellt sich eine andere Frage, nämlich die nach der Art und Weise der Messung von beispielsweise dem psychischen Wohlbefinden. Wer soll darüber entscheiden, wann das psychische Wohlbefinden wiederhergestellt ist? Man schwankt zwischen objektivierten Messungen und einer subjektiven Einschätzung des Betroffenen. Brüderl et al. (vgl. 1988: 41) schlagen vor, eine Kombination der Kriterien Wohlbefinden und Handlungsfähigkeit vorzunehmen und dabei den biographischen Hintergrund des Betroffenen einzubeziehen.

Wie oben ebenfalls deutlich geworden ist, muss man bei jeder Bewältigungsstrategie sowohl mit Kosten und Risiken als auch mit Gewinn rechnen, kurz- und langfristige Folgen eingerechnet. Angesichts einer Belastung bzw. Bedrohung müsste logischerweise diejenige Bewältigungsstrategie ausgewählt und angewandt werden, die möglichst geringe Kosten und Risiken nach sich zieht. Ob jedoch jede Strategie tatsächlich bewusst und aktiv gewählt und kontrolliert werden kann, ist bislang nicht eindeutig beantwortet worden (vgl. Greve 1997; Greve/Strobl 2004).

Greve (1997: 32 f.) schlägt eine Zusammenstellung von Kosten, Risiken und Gewinn aller Reaktionsmodi vor, die die optimale „Wahl" einer Strategie für die jeweils aktuelle Person-Situations-Konstellation und somit eine ökonomisch optimale Bewältigung möglich machen könnte.

Bei jeder möglichen Bewältigungsreaktion wird sowohl nach kurzfristigen als auch nach langfristigen Kosten, Risiken und Gewinnen im Hinblick auf das Wohlbefinden und die Handlungsfähigkeit gefragt, und diese werden gegeneinander abgewogen. Diejenigen Reaktionen, bei denen Kosten und Risiken geringer als der Gewinn ausfallen, können als effizient bezeichnet werden.

Greves Idee würde allerdings – trotz ihrer nachvollziehbaren Logik – voraussetzen, dass man in jeder Situation eine Bewältigungsstrategie bewusst auswählt und dass man ihre Kosten, Risiken und Gewinne einschätzen kann. Dass dies nur selten möglich ist, liegt auf der Hand. Darüber hinaus müsste man für eine unendliche Anzahl belastender Situationen jeweils Kosten und Risiken gegen Nutzen bzw. Gewinn abwägen, um personen- und situationsübergreifende Reaktionsbewertungen zu erhalten. Jedoch auch dann ließe sich z.B. nicht festlegen, dass beispielsweise eine assimilative Problemlösung gegenüber akkommodativen Reaktionen immer vorzuziehen ist und dass defensives Vorgehen in jedem Fall ungünstiger als die beiden anderen Alternativen sein sollte. Wie Greve und Strobl (vgl.

2004: 204) betonen, sind aber auf jeden Fall sowohl individuelle als auch soziale Kosten, Risiken und Gewinne einer Reaktion zu berücksichtigen.

Es wird ersichtlich, dass keine Bewältigungsstrategie als die objektiv richtige Strategie angesehen werden kann. Die Einschätzung von Bewältigungskosten ist relativ spekulativ, und diese lassen sich erst am Ende des Bewältigungsprozesses in ihrem gesamten Ausmaß erkennen. Wendt (1995: 35) merkt dazu kritisch an, dass langfristige Effekte von Bewältigungsreaktionen sich möglicherweise gar nicht werden nachweisen lassen, weil während der Bewältigung eines Problems weitere Belastungen hinzukommen können, so dass nicht einmal das Ende eines Bewältigungsprozesses immer mit Sicherheit zu bestimmen wäre.

3.3.4 Bewältigungsstrategien

Im folgenden Abschnitt sollen einzelne Strategien der Bewältigung näher behandelt werden. Dies geschieht am Beispiel des oben genannten Drei-Prozess-Modells von Greve und Strobl (2004). Die Autoren diskutieren in dem Aufsatz die Bewältigungsreaktionen sowohl aus der personalen als auch aus der sozialen Perspektive. Im vorliegenden Rahmen soll jedoch auf die vollständige Darstellung dieses Modells verzichtet werden, lediglich einige Reaktionen sollen exemplarisch kurz erörtert werden.

Greve und Strobl (2004) haben – wie oben gezeigt – drei Formen von Bewältigungsprozessen unterschieden: assimilative, akkommodative und defensive Prozesse. Jeder dieser Formen lässt sich eine ausdifferenzierte Strategie der Bewältigung zuordnen, auf die im Folgenden kurz eingegangen wird.

Assimilative Bewältigungsstrategien

Wie oben ausgeführt, ist für assimilative Strategien kennzeichnend, dass versucht wird, die Ist-Seite des Problems zu verändern. Der größte Unterschied zu defensiven und akkommodativen Reaktionen liegt laut Greve und Strobl (vgl. 2004: 198) in der meist bewussten Wahl der Reaktion. Typischerweise hat assimilative Bewältigung Handlungscharakter. Ausschlaggebend für diese Form der Bewältigung ist das Beibehalten der ursprünglichen Ziele.

Als assimilativ werden von den Autoren folgende Reaktionen auf Bedrohungen bzw. Belastungen bezeichnet: Forcierung, Innovation, Beeinflussung, Das Suchen von Unterstützung und das Verfolgen des Ziels in einem anderen Kontext.

Forcierung bedeutet dabei, dass bisherige Strategien intensiviert werden, indem man beispielsweise Sportstunden verdoppelt, weil die Gewichtsabnahme als Ziel trotz bisheriger sportlicher Bemühungen nicht sichtbar wird. Wenn man *Innovation* als Strategie anwendet, versucht man, im Gegensatz zur Forcierung, etwas Neues, um das gesetzte Ziel zu erreichen. In dem genannten Beispiel kann die betroffene Person auf zucker- und fettreiches Essen verzichten, um abzunehmen. In diesem Fall, wie auch im Fall der gezielten *Beeinflussung* der als bedrohlich oder schädigend erlebten Situation, handelt die betroffene Person in der Regel allein. Die *Suche nach Unterstützung* zielt dagegen darauf, andere an der

Zielerreichung aktiv zu beteiligen. Diese Strategie bezeichnen Greve/Strobl (vgl. 2004: 199) als besonders „aufwendig". Das ursprüngliche Ziel kann jedoch auch *in einem anderen Kontext verfolgt* werden. Gemeint ist damit z.B. ein Wohnortwechsel, wenn die ursprüngliche Wohnumgebung für das Erreichen des Ziels hinderlich ist. Hierzu gehören auch Migrationsbewegungen, wenn elementare Ziele im eigenen Land nicht erreicht werden können, z.B. wegen eines andauernden Krieges.

Akkommodative Bewältigungsstrategien

Die Ist-Soll-Diskrepanz kann aber auch durch die Veränderung der Soll-Seite überwunden werden. In diesem Zusammenhang sprechen Greve und Strobl (vgl. 2004: 200) von der internen Anpassung eines psychischen oder sozialen Normen- und Wertesystems an ein Problem. Im Gegensatz zu der assimilativen Bewältigung läuft diese Form darauf hinaus, die gesetzten Ziele an die Situation und die vorhandenen Handlungsmöglichkeiten anzugleichen, sich selbst also der Situation anzupassen. Zu den akkommodativen Reaktionen zählen die Autoren Problemrelativierung, Entproblematisierung, adaptive Präferenzbildung und Redefinition.

Eine *Problemrelativierung* erfolgt dann, wenn Abwärtsvergleiche vorgenommen werden. Auf das oben angeführte Beispiel einer angestrebten Gewichtsreduktion zurückkommend, wird die betroffene Person ihr Problem durch den Vergleich ihrer Situation mit noch übergewichtigeren Menschen relativieren. Ähnlich verhält es sich im Fall der *Entproblematisierung*, bei der das Erleben der eigenen Situation derart umgestaltet wird, dass das ursprüngliche Problem, etwa das Übergewicht, z.B. vor dem Hintergrund anderer, als gravierender erlebter Probleme, von der betroffenen Person nicht mehr als Problem gedeutet wird. *Adaptive Präferenzbildung* meint hingegen die Veränderung der Rangfolge von Zielen, so dass die Ist-Soll-Diskrepanz nicht mehr als problematisch empfunden wird (vgl. dies.: 201). Die übergewichtige Person aus dem Beispiel etwa bricht die Gewichtsreduzierung ab, weil zu diesem Zeitpunkt andere Ziele als wichtiger definiert werden. Im Rahmen der *Redefinition* als akkommodativer Strategie wird von „theoretical or conceptual adjustments" (ebd.) Gebrauch gemacht. Auf das Beispiel bezogen, ändert die Person ihr Konzept von Übergewicht, indem sie sich z.B. erst dann für übergewichtig hält, wenn sie das Gewicht von 120 Kilogramm überschritten hat.

Defensive Bewältigungsstrategien

Wenn weder die Ist- noch die Soll-Seite des Problems verändert wird, sprechen Greve und Strobl von einer defensiven Problemlösung. Dieser Art von Bewältigung wird eine gewisse „Unreife" zugeschrieben, defensive Reaktionen auf Bedrohungen sind aus Sicht der Autoren mit einer negativen Wertung belegt (vgl. Greve/Strobl 2004; Wendt 1995). Bei näherer Betrachtung dieser Klassifikation wird jedoch deutlich, dass auch Abwehrreaktionen ihre Bewältigungsfunktion erfüllen können.

Unter defensive Reaktionen fallen reflexartige und reflektierte Abwehr, Resonanzverlust und -verzicht, Umetikettierung, Inszenierung und Systemauflösung (vgl. Greve/Strobl 2004: 197).

So wird ein Problem *reflexartig abgewehrt*, wenn es geleugnet oder verdrängt wird, wodurch es zunächst aus dem Blickfeld verschwindet, aber zu späterer Zeit wieder auftauchen kann. Bei der *reflektierten Abwehr* geht es im Gegensatz zur reflexartigen um einen bewussten Prozess (vgl. ebd.). Beispielsweise kann man eine Beleidigung bewusst ignorieren. *Resonanzverlust bzw. –verzicht* meint das bewusste Abwarten der weiteren Entwicklung eines Problems, was in manchen Situationen dazu führen kann, dass sich das Problem „von selbst erledigt" (es wird gewissermaßen „ausgesessen"). Im Prozess der *Umetikettierung* erhält das als Bedrohung oder Schädigung erlebte Problem eine andere inhaltliche Dimension, durch die es nicht mehr als Problem erlebt wird. Ähnliches gilt für die Reaktion der *Inszenierung*, bei der neben der Neudefinition im Sinne einer anderen Etikettierung auch die Einbettung in die gesamte Lebenssituation verändert wird, was bis hin zu einer *Auflösung* des gesamten Relevanz- und Wertesystems der betroffenen Person führen kann.

Die kurz dargestellten Strategien von Greve/Strobl (2004) können sowohl auf Individuen als auch auf soziale Systeme bezogen werden. Sie lassen sich auf verschiedenartige Bedrohungen bzw. Belastungen übertragen, im Gegensatz zu solchen Strategien, wie sie z.B. von Heim et al. (1991) für die Erfassung der Bewältigungsprozesse bei chronischen Krankheiten zusammengestellt wurden.

Darüber hinaus machen Greve und Strobl (2004: 194 ff.) mit der systemorientierten Perspektive insbesondere auf Rückwirkungen von Bewältigungsstrategien auf ihre jeweilige Umgebung aufmerksam. Denn Personen aus dem sozialen Umfeld können sich unter Umständen durch das Bewältigungsverhalten irritiert fühlen und dann ihrerseits mit Bewältigungsstrategien reagieren. Dieser Aspekt ist laut Greve und Strobl zudem bei der Frage nach der Effizienz von Bewältigung zu berücksichtigen.

3.4 Soziale Unterstützung

Wie kritische Lebensereignisse und alltägliche Belastungen bewältigt werden, wurde schon in Ansätzen von Freud Anfang des 19. Jahrhunderts erforscht und von anderen Wissenschaftlern seither weiter entwickelt. Trotz dieser mittlerweile langen Forschungstradition stehen die soziale Unterstützung und damit das soziale Umfeld, in dem das Bewältigungsverhalten stattfindet, erst seit wenigen Jahren im Mittelpunkt des wissenschaftlichen Interesses (vgl. z.B. Schröder/Schmitt 1988: 149). Zum sozialen Umfeld zählen dabei sowohl die Angehörigen, Partner und Freunde der betroffenen Person, als auch Institutionen und Anlaufstellen, die im Falle einer Viktimisierung in Anspruch genommen werden können.

Bezüglich dieser Institutionen für Opfer spricht man von „Opferhilfe" oder auch „Opferunterstützung", wobei in der Literatur der Begriff der Unterstützung bevorzugt wird, da er besser die Autonomie des Opfers bei der Bewältigung der Tat auszudrücken vermag (vgl. z.B. Baurmann/Schädler 1991: 25).

3.4.1 Definition und Arten sozialer Unterstützung

Unter Opferunterstützung bzw. sozialer Opferunterstützung werden diejenigen Maßnahmen verstanden, die dem Opfer helfen sollen, die Stabilität und das Vertrauen in andere Menschen bzw. das Rechtssystem wieder zu finden, sofern diese durch die Tat eingeschränkt wurden. Schröder und Schmitt (1988) verweisen dabei auf die Definition von Cobb (1976), der den kognitiven Aspekt der sozialen Unterstützung unterstreicht:

„Er versteht unter sozialer Unterstützung Informationen, die einer Person vermitteln, dass sie (a) umsorgt und geliebt wird, (b) Anerkennung und Wertschätzung genießt, sowie (c) einem Netzwerk von Kommunikation und gegenseitiger Verpflichtung angehört." (Schröder/Schmitt 1988: 152).

Nach House (1981) lässt sich die soziale Unterstützung in vier Bereiche unterteilen:

- Emotionale Unterstützung: Zuneigung und Einfühlungsvermögen seitens des Umfeldes, „Umsorgen" der Betroffenen etc.
- Instrumentelle Unterstützung: Konkrete Hilfsmaßnahmen, wie z.B. einzelne Besorgungen für die Betroffenen zu tätigen etc.
- Unterstützung durch Informationen: Tipps, Ratschläge, nützliche Informationen, Hilfe zur Selbsthilfe
- Unterstützung der Selbstbewertung: Informationen und Handlungen (z.B. Lob), die dem Opfer Rückmeldung über sich selbst und sein Verhalten geben und ihm somit helfen, sich besser einzuschätzen.

Laut Mittendorf (1996: 175) verläuft der Verarbeitungsprozess einer Straftat umso einfacher und schneller, je mehr soziale Unterstützung die betroffene Person erhält. Wenn sie ein soziales Netzwerk als Unterstützung wahrnimmt, kann dies ihre negativen Emotionen abmildern, wodurch eine stärkere Konzentration dieser Person auf die kognitiven Bewertungsprozesse und somit auf die Problemlösung ermöglicht wird. Unterstützung der Selbstbewertung vermag den Betroffenen Rückmeldung darüber zu geben, ob andere Personen (Angehörige, Freunde) die gleiche Situation ähnlich belastend erleben und ob die eigene Einschätzung des Ereignisses adäquat ist. Denn, so betont Kraemer (2003: 291 f.), insbesondere traumatisierte Gewaltopfer empfinden sich selbst und ihre Reaktionen auf das Erlebnis oft als „unnormal". Aus diesem Grund spielt die Rückmeldung des Umfeldes bei der Selbstbewertung eine sehr wichtige Rolle. Emotionale Unterstützung wäre vor allem von den Angehörigen und Freunden der Betroffenen zu erwarten. Das Benennen eigener Gefühle und das Sprechen darüber kann für beide Seiten entlastende Wirkung haben. Dadurch lassen sich kritische Situationen weniger bedrohlich erleben. Diewald (vgl. 1991: 99) fasst die positiven Auswirkungen der sozialen Unterstützung wie folgt zusammen:

Soziale Unterstützung kann:

- das Ausmaß der empfundenen Belastung senken

- die Bedeutung von Belastungen herunterspielen
- die Fähigkeit des Betroffenen zur Problemlösung herausstreichen
- Beistand versprechen
- auf das Vorhandensein formaler Hilfsinstanzen hinweisen.

Dass soziale Unterstützung auch einen aktiven Part des betroffenen Opfers fordert und nicht nur einseitig durch die Umwelt dargeboten wird, zeigt sich in Hagemanns These (1993: 224):

„Für die einzelne betroffene Person stellt sich die Aufgabe, die Wechselwirkung zwischen den spürbaren psychischen Erfordernissen und den gegebenen sozialen Bedingungen jeweils optimal zu kalkulieren, um dadurch neben den eigenen Kräften auch potentiell zur Verfügung stehende soziale Ressourcen zu nutzen."

Aber auch bei Diewald (1991: 77) wird dieser Aspekt deutlich, indem er davon ausgeht, dass soziale Unterstützung nicht als einzelne Leistung, Wahrnehmung oder Wirkung verstanden werden kann, sondern sich vielmehr in einem sozialen Austauschprozess vollzieht.

3.4.2 Positive und negative Auswirkungen sozialer Unterstützung

Positiv kann die dargebotene Unterstützung immer nur dann wirken, wenn sie auf die Bedürfnisse der betreffenden Person zugeschnitten ist. Je nach Bewältigungssituation können diese Bedürfnisse sich wandeln. Entsprechen sie dabei nicht mehr den konkreten Unterstützungsangeboten, wird dies als Inkongruenz erlebter und erwünschter Hilfe bezeichnet (vgl. Schröder/Schmitt 1988: 154). Hierbei spielt zum einen der zeitliche Aspekt eine Rolle, also wann konkret die Unterstützung angeboten wird, aber auch die Art der Unterstützung muss zur Situation des Opfers passen.

Falsch dargebotene Unterstützung kann im schlimmsten Fall längerfristig zu bestimmten Abhängigkeiten führen (z.B. bei finanzieller Unterstützung) oder, wie Schwarzer (1981) festgestellt hat, die Person an ihren eigenen Kompetenzen zweifeln lassen. Das Opfer verliert das Vertrauen in persönliche Bewältigungsressourcen, wenn zu viel Hilfe von außen „aufgedrängt" wird (vgl. Schröder/Schmitt 1988: 155). Diese Gefahr ist bei der Unterstützung von Opfern rechtsextremer Gewalt besonders gegeben, da es sich bei diesen Taten oft um Angriffe handelt, die einen symbolischen Charakter haben und gleichzeitig Angriffe auf den demokratischen Rechtsstaat darstellen. Dies hat vielerorts zu einem Opferhilfeverständnis geführt, das auch politische Aufklärung und entsprechende Öffentlichkeitsarbeit beinhaltet, um auf die Bedeutung der vielfach verharmlosten Übergriffe hinzuweisen. Insbesondere in der Vermischung von Opferhilfe und politischer Aufklärung liegt aber immer auch die Gefahr einer Instrumentalisierung der Geschädigten, weil diese ihre Bedürfnisse nach der Tat oftmals nur schwer artikulieren können und unter Umständen Zusagen zu der Verwertung ihres „Falles" geben, deren Auswirkungen sie nur schwer einschätzen können.

Ebenfalls zu beachten ist, dass dem Opfer nicht immer ein soziales Netz an nahe stehenden Personen zur Verfügung steht, da diese laut Hagemann (1993: 223) eine Ressource bilden, die erarbeitet und gepflegt sein will und deshalb nicht jedem gleichermaßen zur Verfügung steht. Es handelt sich dabei also um keine jederzeit abrufbare „Dienstleistung". So haben auch Baurmann und Schädler (1991: 184) in ihrer Studie festgestellt, dass für einige Betroffene kein vertrauter, intakter sozialer Nahraum existiere – und dass dies nicht nur bei älteren oder allein stehenden Menschen aufgefallen sei.

Soziale Unterstützung kann also eine wertvolle Ressource darstellen, unter Umständen kann sie die Betroffenen aber auch zusätzlich beeinträchtigen. Besonders die Gefahr einer sekundären oder tertiären Viktimisierung kann hier bei vielen Opfern eine nicht zu unterschätzende Rolle spielen (vgl. Kapitel 3.2.3).

Allen, die Opfern Unterstützung bieten wollen, sollte bewusst gemacht werden, dass wir über die tatsächlichen Bedürfnisse der Opfer nur sehr wenig wissen und dass jegliche Hilfe und Unterstützung nur auf Basis von vermuteten Bedürfnissen und Erwartungen begonnen werden (vgl. Hagemann 1993: 244), solange im Rahmen der Unterstützung keine intensive Kommunikation mit den Betroffenen über deren Nöte und Bedürfnisse erfolgt. So setzen die meisten Mitarbeiter von Hilfestellen, aber auch Verwandte und Freunde, oftmals als selbstverständlich voraus, dass fast alle Opfer hilfsbedürftig sind und auch eine solche Opferhilfe wollen. Entsprechende Studien, die dies belegen, gibt es allerdings noch nicht in ausreichendem Maße. Die wirklichen Bedürfnisse und Perspektiven der Opfer wurden noch nicht ausreichend erfasst und analysiert. Baurmann und Schädler (1991: 39) weisen kritisch darauf hin, dass nur zu häufig die Gefahr besteht, dass den Opfern Bedürfnisse zugeschrieben werden, die in Wirklichkeit vor allem den Sichtweisen oder gar Bedürfnissen der Helfer zuzuschreiben sind:

„Übertragen auf die Opferhilfe bedeutet dies, dass das Opfer seine Hilfsbedürftigkeit selbst wahrnehmen (perzipieren) und in irgendeiner Weise ausdrücken (deklarieren) muß. Es besteht ansonsten beispielsweise die Gefahr, daß das Opfer als Adressat für Helferaktionen ‚mitspielt', nur um die helfende Person, die sich doch offensichtlich bemüht, nicht zu enttäuschen. Ohne eigene, innere Motivation in Richtung Heilung ist dem Opfer jedoch nur schwer zu helfen." (Baurmann/Schädler 1991: 45)

In diesem Zusammenhang ist auch der Zeitpunkt der gewünschten Hilfeleistung von Bedeutung. Eine produktive, an den Bedürfnissen des Opfers orientierte Hilfeleistung darf sich nicht anmaßen zu entscheiden, wie hilfsbedürftig ein Opfer ist und wann ihm diese Hilfe zuteil werden sollte. Die Möglichkeit für das Opfer, selbst zu entscheiden, muss zu jedem Zeitpunkt gegeben sein. (vgl. Baurmann/Schädler 1991: 183)

3.4.3 Opferhilfestellen

In Deutschland existiert ein relativ weitflächig ausgebautes Netz von verschiedenen Opferhilfestellen. Dazu gehören z.B. der Weiße Ring, der Frauennotruf, die Opferhilfe, der Verein Konfliktschlichtung in Oldenburg, das Projekt Handschlag in Reutlingen, die Waage in

Hannover, die Brücke in München und die Hanauer Hilfe (vgl. Hagemann 1993: 244), die Unterstützung bei vielen Arten der gewalttätigen Viktimisierung bieten.

Darüber hinaus gibt es Einrichtungen, die sich speziell Opfern rechtsextremer Gewalt zuwenden, wie sie in unserer Studie untersucht wurden. Dazu zählen vor allem:

- die Mobile Beratung für Opfer rechtsextremer Gewalt
- die Opferperspektive – Beratung für Opfer rechtsextremer Gewalt
- Miteinander e.V.
- Reach Out Berlin
- Lobbi e.V.
- RAA Sachsen

Hagemann (1993) stellt in seiner Studie fest, dass Opfer aus drei bestimmten Motiven heraus Opferhilfestellen aufsuchen. Zum einen erhoffen sie sich dort die Möglichkeit, über das Geschehene zu sprechen. Der Autor bezeichnet dies als eine Art Kriseninterventionsfunktion. Seiner Meinung nach wünschen sich die Opfer, auf diese Weise Solidarität zu erfahren. Andere Opfer nannten eher das Bedürfnis nach Ratschlägen und Entscheidungshilfen als Motiv, eine Opferhilfestelle aufzusuchen. Auch die Aufklärung der rechtlichen Fragen ist hierzu zu rechnen. Dieses Motiv kann als „Verbraucherzentralenfunktion" bezeichnet werden. Ein drittes wesentliches Motiv ist die Schadensersatzfunktion, die sich in dem Wunsch nach finanzieller Hilfeleistung und Unterstützung zeigt (vgl. Hagemann 1993: 248). Welches Motiv bei welchem Opfer entscheidend ist, ist sehr unterschiedlich und wird von verschiedenen Faktoren beeinflusst, wie z.B. der Art der Viktimisierung und deren Intensität.

Zudem fand Hagemann (1993: 248) heraus, dass die von ihm untersuchten Opfer alle den Wunsch teilten, „ ... als Opfer anerkannt zu werden (vgl. Shapland et al.1985), nicht um Mitleid zu erzeugen, sondern um ein Recht darauf eingeräumt zu bekommen, nicht reibungslos und normal funktionieren zu müssen."

Dass sich Opfer aus eigenem Antrieb an eine Opferhilfeeinrichtung wenden, ist in den meisten Fällen eher unwahrscheinlich. Dies gilt insbesondere für Opfer rechtsextremer Gewalt, die nach einer Studie des Landespräventionsrates Niedersachsen (2010) in den einschlägigen Beratungsstellen kaum nach Hilfe und Unterstützung suchen. Auch wenn einige von der Existenz solcher Einrichtungen wissen, suchen offensichtlich die wenigsten von sich aus nach Hilfe, möglicherweise weil sie sich schämen oder glauben, das Angebot gelte nicht für sie. Hier sind die Opferhilfeeinrichtungen und andere Institutionen (z.B. die Polizei als soziale Kontrollinstanz) gefragt, mehr Transparenz zu schaffen und die Hemmschwelle bei Opfern abzubauen. Und nicht zuletzt aus diesem Grund sollten auch Familie und Freunde verstärkt als eine Ressource betrachtet werden, die ebenfalls Unterstützung braucht, um dem Opfer helfen zu können. Denn schon wie Wetzels (1996: 71) herausfand,

„ ... wendet sich ein nicht geringer Teil an Gesprächspartner im unmittelbaren sozialen Nahraum, was die Notwendigkeit der Analyse wie auch Förderung natürlicher sozialer Unterstützungssysteme unterstreicht."

Hier zeigt sich insgesamt die Bedeutung von Familie, Partner und dem engen sozialen Umfeld als wichtigste Ansprechpartner direkt nach der Viktimisierung. Daher ist es umso wichtiger, dieses Feld bei der Planung und Durchführung von Hilfs- und Betreuungsmaßnahmen mit einzubeziehen. Denn gerade durch positive Reaktionen des ersten unmittelbaren Ansprechpartners in Familie und Freundeskreis erhöht sich auch die Wahrscheinlichkeit, dass weitere, professionelle Hilfsangebote in Anspruch genommen werden (vgl. Richter 1997: 96).

Besonders schwierig kann sich soziale Unterstützung gestalten, wenn es sich bei den Opfern um Migranten handelt. Dies kann zum einen daran liegen, dass die Opferhilfestellen zu wenig über die Bedürfnisse und Wünsche von Opfern aus anderen Kulturen wissen, und zum anderen daran, dass Opfer mit Migrationshintergrund mitunter eine noch größere Hemmschwelle haben, eine Opferhilfestelle aufzusuchen, als Betroffene aus Deutschland.

Erhardt (1997: 88) wies im Rahmen einer Tagung auf den Kreislauf hin, in dem sich ausländische Opfer oft befinden:

> „Ausländische Mitbürger werden Opfer, sie ziehen sich dadurch mehr zurück, nehmen womöglich das Recht selbst in die Hand, laufen Gefahr zum Täter zu werden und fördern so das, dass Ausländer in dieser Gesellschaft hauptsächlich als Täter wahrgenommen werden."

Auch Baurmann (1997: 26) hat festgestellt, dass bestimmte Ausländergruppen bei uns in Deutschland mit einem pauschalen Devianzvorwurf leben. Wird diese Erfahrung mit negativen Vorurteilen gegenüber Ausländern und einseitiger Berichterstattung der Medien etc. gekoppelt, dann sei ein Misstrauen und eine Devianz gegenüber dem deutschen Rechtssystem wahrscheinlich. Gerade dies kann einen Rückzug in die eigenen sozialen Normen der Herkunftsfamilie bzw. der Herkunftskultur verstärken, was wiederum dem deutschen Rechtsverständnis widersprechen kann (z.B. ein stark ausgeprägtes Ehrgefühl).

Es sollte daher Aufgabe einer Opferhilfestelle sein, diese kulturellen Gegebenheiten sensibel und feinfühlig zu beachten. Jedoch sind deutsche Opferhilfestellen oftmals nur unzureichend über die Situation ausländischer Opfer informiert und es bestehen oftmals gravierende Sprachprobleme. So wenden sich die meisten ausländischen Opfer, wenn überhaupt, an allgemeine Beratungsstellen für Ausländer, da sie dort am ehesten mit einer Unterstützung rechnen. Allerdings fehlt dort das entsprechende Wissen im Bereich der professionellen Opferunterstützung (vgl. Baurmann 1997: 24).

Besonders für Männer sei es ein Problem Opfer zu werden, so Baurmann (1997: 23 ff.), da diese mit dem Begriff des Opfers unter Umständen „Verlierer", „Schwäche", „weiblich", „ohnmächtig" etc. assoziieren. Je stärker ausgeprägt ein derartiges Männlichkeitsgefühl ist, umso schwieriger ist es, eine Opferrolle zu ertragen, und es ist anzunehmen, dass dies für Männer aus patriarchalisch geprägten Kulturen in verstärktem Maße zutrifft. In diesem Zusammenhang ist es darüber hinaus problematisch, dass sich das in Deutschland überwiegend weibliche Personal der Opferhilfestellen um männliche Opfer mit Migrationshintergrund kümmern soll.

Zusammenfassend lässt sich sagen, dass es sehr schwirig ist, einem Opfer zu helfen, dessen Situation man nicht erlebt hat. Eine noch größere Herausforderung ist gegeben, wenn sich die Kulturkreise unterscheiden. Besonders von den professionellen Mitarbeitern der Opferhilfestellen erwartet man einen sensiblen, aber fachlich versierten Umgang mit den unter Umständen stark destabilisierten Opfern. Dabei liegen jedoch zu wenige wissenschaftliche Forschungen vor, anhand derer diese Arbeit verbessert werden könnte. Zudem sind die Unterschiede in den erlebten Taten und in den Persönlichkeitsstrukturen der Opfer oft sehr groß, so dass ein „Patentrezept" meist nicht offensichtlich und greifbar ist. Besonders kulturelle Unterschiede müssen Beachtung finden, wenn man den Bedürfnissen der Opfer gerecht werden will.

Bewusst gemacht werden sollte aber auch, dass die eigentliche Straftat in vielen Fällen nicht die einzige Viktimisierung des Opfers ist. Häufig spielt das gesellschaftliche, soziale und familiäre Umfeld des Betroffenen eine wesentliche und nicht immer fördernde Rolle im Restabilisierungsprozess.

4. Methodische Konzeption der empirischen Studie

Die Tatsache, dass einerseits nur sehr wenige empirische Erkenntnisse über die genauen Muster einer Viktimisierung bei rechtsextremistisch motivierter Gewalt und ihrer Verarbeitung in der weiteren individuellen und sozialen Entwicklung vorliegen, andererseits aber auch bei qualitativer Forschung immer schon Vorannahmen darüber bestehen, was in einem empirischen Projekt erhoben, analysiert und interpretiert werden soll, erfordert ein Analysekonzept, das eine Balance zwischen Offenheit und theoretischer Fundierung auch im Prozess der Datenerhebung im engeren Sinne gestattet, das also auch offen ist für „Überraschungen" auf dem empirischen Neuland und hier flexibel reagieren kann. Ein solches Konzept bietet das Modell der „Grounded Theory" im Stadium seiner Weiterentwicklung durch Strauss und Corbin (vgl. z.B. 1996), das durch seine Flexibilität in allen Phasen der empirischen Untersuchung nicht nur eine solche Balance gewährleisten kann, sondern darüber hinaus auch die kontinuierliche Berücksichtigung externer (etwa in den anderen Forschungsprojekten gewonnener) Erkenntnisse gestattet.

4.1 Die „Grounded Theory"[9]

Empirische Forschung nach der Grounded Theory beginnt in der Regel mit der Dokumentation bzw. Entwicklung der theoretischen Vorannahmen zur konkreten Fragestellung der Untersuchung, die im Verlauf des Forschungsprozesses empirisch fundiert werden sollen, dabei jedoch auch im Sinne widersprechender empirischer Erfahrung verändert werden können. Für die Zusammenstellung der Stichprobe gelangt im Rahmen der Grounded Theory häufig die Technik des sogenannten „Theoretical Sampling" zur Anwendung, die, im Unterschied zu herkömmlichen Verfahren, eine Auswahl der zu analysierenden Fälle noch während des Erhebungs- und Auswertungsprozesses der Untersuchung gestattet, wodurch die Stichprobe dem Fortschritt der empirisch gewonnen Erkenntnisse kontinuierlich und systematisch angepasst werden kann. Die Analyse des empirischen Materials (das Interviewtranskripte genauso beinhalten kann wie Gruppendiskussionstranskriptionen, Beobachtungsprotokolle, Dokumente etc.) erfolgt nach einem ausdifferenzierten Verfahren des Codierens von Inhalten (vgl. z.B. Strauss/Corbin 1990). Bevor jedoch auf die Technik des „Theoretical Sampling" und die verschiedenen Arten des Codierens ausführlicher eingegangen wird, soll im Folgenden ein kurzer Rückblick auf die Entstehung der Grounded Theory sowie auf ihre methodologische und methodische Verortung geworfen werden.

---

[9] Nach Strobl 2000.

4.1.1 Die Begründer der Grounded Theory

Nach einer Phase des Niedergangs der qualitativen Sozialforschung begann in den 1960er Jahren eine zögerliche Renaissance von Methoden qualitativer Feldforschung als Folge einer verbreiteten Unzufriedenheit mit der Vorherrschaft der Survey-Forschung. Glaser und Strauss führten in dieser Zeit ihre erste gemeinsame Studie durch: die Untersuchung „Awareness of Dying" (Glaser/Strauss 1965). Anlässlich dieser Untersuchung, bei der es sich um eine qualitative Feldstudie handelte, entwickelten sie die Idee, ihre Strategie der Entwicklung von Theorien anhand empirischen Datenmaterials zu beschreiben und methodologisch zu begründen. Aus dieser Idee entstand die bekannte Methodenmonographie „The Discovery of Grounded Theory" (Glaser/Strauss 1967). Strauss brachte in diese Abhandlung die Tradition qualitativer Feldforschung und interpretativer Datenauswertung ein, Glaser steuerte vor allem die Terminologie seiner ehemals quantitativ orientierten Methodenlehre bei. Er hatte die Beobachtung gemacht, dass auch quantitative Forscher nicht allein nach den Regeln der deduktiven Hypothesenüberprüfung verfahren, sondern ihre Theorien in der Regel ebenfalls auf der Grundlage empirischen Datenmaterials entwickeln (vgl. Kelle 1996: 25 f.).

Während sich Strauss dann in seinen späteren Schriften für die explizite Berücksichtigung theoretischer Vorannahmen aussprach, hielt Glaser jedoch immer mehr an einer rein induktivistischen Position fest, die im Rahmen der Balance zwischen theoretischer Fundierung und empirischer Offenheit die Rolle des theoretischen Vorwissens der Forscher weitgehend vernachlässigte. Wir stützen uns in der vorliegenden Studie deshalb vor allem auf die späteren Arbeiten von Anselm Strauss und Juliet Corbin (z.B. Strauss/Corbin 1990: „Basics of Qualitative Research").

4.1.2 Qualitative Forschung nach der Grounded Theory

Das Konzept einer Balance zwischen empirischer Offenheit und theoretischer Führung im Ansatz der Grounded Theory, das auch in der vorliegenden Untersuchung zur Anwendung gelangt, beginnt mit der Herleitung einer theoretischen Struktur, die im Verlauf des Forschungsprozesses verändert wird, theoretische Begriffe werden empirisch fundiert. Eine derartige Balance vermeidet zum einen den Irrtum solcher qualitativen Forscher, die davon ausgehen, dass man durch möglichst weitgehende Offenheit zu „den Dingen selbst" vordringen könne. Sie vermeidet aber auch den Irrtum mancher quantitativen Forscher, die glauben, sie könnten die Bedeutungen von Dingen und Ereignissen unabhängig von der Perspektive der Beforschten als gegeben unterstellen.

Am Anfang des Forschungsprozesses (vgl. die Abbildung auf der folgenden Seite) steht also zumeist eine konkrete Fragestellung. Der nächste Schritt besteht in der Explikation der theoretischen Vorannahmen, an die sich eine „dimensionale Analyse" anschließt. Strauss und Corbin (1996, S. 50 ff.) verstehen unter diesem Begriff die Anordnung einzelner theoretisch, zum Teil aber bereits empirisch hergeleiteter Merkmale anhand ihrer jeweiligen Ausprägungen.

Qualitative Forschung nach der Grounded Theory, Phase 1

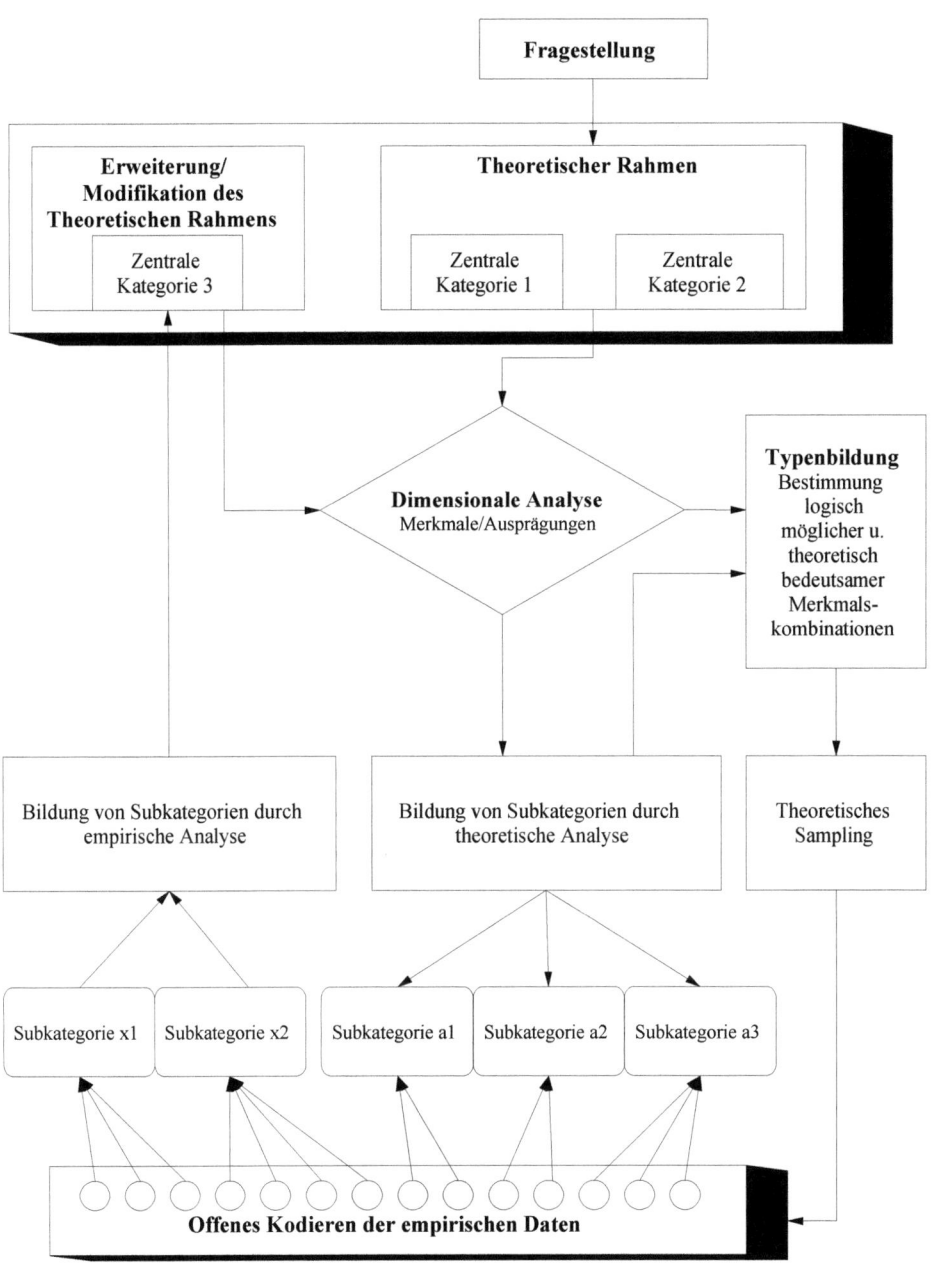

Bei einer stärker theoriegeleiteten Herangehensweise ist sodann die theoriegeleitete Bildung von Subkategorien zu ergänzen, dieser Arbeitsschritt ist für die Heranführung theoretischer Konzepte an die empirischen Daten unabdingbar. Die unmittelbare Arbeit am empirischen Material (z.B. an Interviewtranskriptionen) erfolgt schließlich mit Hilfe der eingangs bereits erwähnten Techniken des offenen, axialen und selektiven Codierens.

Theoretical Sampling

Wie eingangs bereits skizziert, wird in der Grounded Theory als Methode, die Stichprobe der zu untersuchenden Personen zu gewinnen, das Verfahren des „Theoretical Sampling" vorgeschlagen, das einer grundsätzlich anderen Logik folgt als traditionelle Verfahren der Datenerhebung. So liegt dem Theoretical Sampling kein vor der Untersuchung festgelegter Stichprobenplan zugrunde. Vielmehr entscheidet sich während der Analyse des Datenmaterials aufgrund der sich entwickelnden Theorie, welche Untersuchungseinheiten noch in die Analyse einbezogen werden sollten und welche nicht. Während beispielsweise die Suche nach Interviewpartnern zu Beginn des Forschungsprozesses innerhalb des abgesteckten theoretischen Rahmens relativ beliebig ist, wird im weiteren Verlauf der Untersuchung gezielt nach solchen Personen gesucht, die eine zu analysierende Kategorie verkörpern. Hinsichtlich der theoretisch interessanten Merkmale dieser Kategorie kann das Sampling dann von der Suche nach großen Unterschieden oder nach großen Ähnlichkeiten bestimmt werden. Das Theoretical Sampling ist als ein ausgearbeitetes Verfahren zu bewerten, das z.B. auch die von der analytischen Induktion geforderte Suche nach entscheidenden Fällen anleiten kann. Die Logik dieses Erhebungsverfahrens entspricht im Prinzip einem experimentellen Vorgehen: „Bestimmte Eigenschaften eines sozialen Phänomens werden konstant gehalten, während andere nach bestimmten Kriterien systematisch variiert werden" (Kelle 1994: 298).

Offenes Codieren

Unter „offenem Codieren" verstehen Strauss und Corbin (1990, S. 61 ff.) eine Feinanalyse: Ein Text wird Wort für Wort, Zeile für Zeile genau analysiert, und jedes bedeutsam erscheinende Phänomen erhält eine konzeptuelle Bezeichnung. Für die Etikettierung der Phänomene kann der Forscher neue Begriffe erfinden, Begriffe aus dem empirischen Material verwenden oder auf Begriffe aus der Literatur zurückgreifen. Wichtig ist dabei, dass die so entstehenden Codes den Text nicht einfach paraphrasieren, sondern bereits Abstraktionen in Richtung auf eine Theorie darstellen.

Da die Liste der so entstandenen Codes in der Regel sehr umfangreich ist, werden diese auf Ähnlichkeiten und Unähnlichkeiten hin untersucht und zu Kategorien zusammengefasst. Mit Blick auf die Frage der Heranführung theoretischer Konzepte an die empirischen Daten lässt sich das offene Codieren auch als der erste Schritt einer abduktiven Forschungslogik verstehen. Zunächst muss der Forscher bereits über einen theoretischen Rahmen verfügen, um überhaupt bedeutsame Phänomene in den Daten erkennen zu können. Darüber hinaus benötigt er Kriterien, hinsichtlich derer er bestimmte Codes als ähnlich oder unähnlich einstufen kann. Diese Kriterien werden durch die „Dimensionalisierung" expliziert.

Dimensionen können – so Kelle (1996: 36 f.) – auch als Variablen mit diskreten (z.B. Arten von Opfererfahrungen) oder kontinuierlichen Ausprägungen (z.B. Schwere der Opfererfahrung) betrachtet werden. An dieser Stelle ist darauf hinzuweisen, dass die Dimensionalisierung unter Umständen ein mehrstufiger Prozess ist. Das Ergebnis der Dimensionalisierung sind zunächst Subkategorien, die ihrerseits auch verschiedene Dimensionen haben. Diese können unter Umständen wiederum als Subkategorien betrachtet werden. Dieser Prozess wird so lange fortgesetzt, bis sich die Dimensionen (im Sinne von Variablen) mit den empirischen Daten dadurch in Verbindung bringen lassen, dass die Codes den einzelnen Dimensionen zugeordnet werden. Durch die Subsumtion der Codes unter die Dimensionen einer bestehenden (Sub-)Kategorie wird die entsprechende Kategorie empirisch gehaltvoll (der entsprechende logische Schluss ist eine qualitative Induktion). Falls eine derartige Zuordnung nicht sinnvoll möglich ist, wird eine neue (Sub-)Kategorie in die Theorie eingeführt (was einer Abduktion entspricht). Dieses neue Element der Theorie ist dann ebenfalls zu dimensionalisieren und mit weiteren Codes zu verknüpfen. Durch den zuletzt beschriebenen Arbeitsschritt wird unter anderem deutlich, welche der theoretisch relevanten Dimensionen in dem untersuchten Problemfeld auch empirisch relevant sind.

Axiales Codieren

Der nächste Schritt der Analyse betrifft die Untersuchung der Zusammenhänge zwischen mehreren Kategorien. Dieser Vorgang wird von Strauss und Corbin (1990: 96 ff.) „axiales Codieren" genannt, weil die Kategorien auf der „Achse" eines sehr allgemeinen theoretischen Modells angeordnet werden. Der theoretische Rahmen gibt also an, „ ... welche Kategorien in welcher Weise theoretisch miteinander sinnvoll in Beziehung gesetzt werden können" (Kelle 1996: 37).

An diesen Arbeitsschritt schließt sich die Untersuchung der empirischen Zusammenhänge zwischen den Merkmalsausprägungen der Kategorien und Subkategorien an. Das Ziel ist hier die Identifikation der Konstellationen, die im Untersuchungsfeld tatsächlich eine Rolle spielen. Als Ergebnis lassen sich dann empirisch gehaltvolle Hypothesen über den Zusammenhang der Bedingungen eines Phänomens und seiner Konsequenzen formulieren. Hervorzuheben ist an dieser Stelle, dass dem konkreten Handlungskontext und den Handlungsbedingungen als determinierenden Faktoren eine besondere Bedeutung zukommt. Durch die Dimensionalisierung des Handlungskontextes werden zunächst verschiedene Kontexttypen identifiziert, für die dann mittels des Theoretical Sampling Fälle gesucht werden müssen. Anschließend wird der Frage nachgegangen, mit welchen Handlungs- und Interaktionsstrategien die Akteure auf die unterschiedlichen Handlungskontexte und Handlungsbedingungen reagieren (vgl. Kelle 1994: 329).

Theoretische Annahmen über die Relevanz bestimmter Bedingungen leiten folglich die Suche nach damit zusammenhängenden empirischen Unterschieden zwischen Handlungen und Konsequenzen an. Damit basiert auch hier die Methode des Vergleichs auf theoretischen Vorannahmen, und es wird ausgeschlossen, dass „alles mit allem" verglichen wird (vgl. Kelle 1994: 329 f.).

Selektives Codieren

Der letzte Schritt der Analyse ist das „selektive Codieren". In diesem Arbeitsschritt werden die Kategorien um eine empirisch gehaltvolle „Schlüsselkategorie" angeordnet (vgl. Strauss/Corbin 1990: 116 ff.; Strauss 1991: 106 ff.). Damit entsteht dann „ ... ein theoretisches Modell begrenzter Reichweite über das typische Handeln typischer Akteure im Untersuchungsfeld" (Kelle 1994: 331). Der Vergleich zwischen den Handlungsstrategien und ihren Konsequenzen wird in diesem Stadium der Theorieentwicklung nicht mehr von einem allgemeinen theoretischen Modell, sondern von der Schlüsselkategorie und ihren Dimensionen bestimmt. Aus der soweit entwickelten Theorie lassen sich nun ebenfalls eine Reihe von empirisch gehaltvollen Hypothesen ableiten, die am Datenmaterial überprüft werden können (vgl. Strauss/Corbin 1990: 138 f.).

4.2 Erhebungsverfahren

Da, wie im letzten Kapitel bereits dargelegt, zum Bereich der Opfer rechtsextremer Gewalt nur wenig Forschung durchgeführt wurde (vgl. auch Schmid/Storni 2009) und insbesondere zu Prozessen einer Wiedergewinnung von individueller und sozialer Stabilität in diesem Zusammenhang kaum empirisch gesicherte Erkenntnisse vorliegen, musste die Studie vorrangig mit qualitativen Erhebungsmethoden arbeiten. Dabei wurde ein Design im Sinne der Grounded Theory zugrunde gelegt (vgl. Kapitel 4.1), in dem qualitative Interviews zum Einsatz gelangten.

Um die individuelle Verarbeitung der Viktimisierungserfahrungen durch die Opfer nach der Tat und insbesondere die Entwicklung eventueller Restabilisierungsprozesse in ihrem zeitlichen Verlauf genauer nachzeichnen zu können, wurde die Untersuchung als Panel-Studie mit zwei Erhebungswellen konzipiert, wobei zwischen der ersten und der zweiten Erhebung eine Zeitspanne von ca. einem Jahr lag. Dieses Panel-Design hat zudem den Vorteil, dass bei der Auswertung Effekte in Rechnung gestellt werden können, die sich in den Interviews durch Veränderungen der nachträglichen Deutung biographischer Ereignisse (wie Viktimisierungen) ergeben (vgl. Böttger 2001a).

In der ersten Erhebungswelle, die zeitlich möglichst dicht an der Viktimisierungserfahrung liegen sollte, ging es vorrangig darum, die erfahrene Viktimisierung sowie die Biographie der Opfer vor diesem Zeitpunkt empirisch nachzuzeichnen. Hier ist ein qualitativ-biographisches Interview das geeignete Erhebungsverfahren.

Eine frühere Untersuchung (Böttger 1998) zeigte, dass das völlig offene Erhebungsverfahren des „narrativen Interviews", dessen Ziel nach Schütze (1976) die „Hervorlockung" sogenannter „Stegreif-Erzählungen" der Interviewpartner/innen ist, bei einer Befragung zu ausgeübter Gewalt an klare Grenzen stößt. Denn obwohl angenommen wurde, dass gerade Geschichten dieser Art „eigenerlebte Erfahrungen" möglichst verzerrungsfrei abbilden (vgl. Schütze 1976: 224 ff.), zeigten unsere Untersuchungen, dass insbesondere jugendliche Interviewpartner die Forschungssituation des narrativen Interviews, in der die Interviewenden in der Hauptphase nach Möglichkeit nicht intervenieren sollen (vgl. auch Schütze 1983), dazu nutzten, bestimmte biographische Erfahrungen auszublenden oder ihre Geschichten um phantasievoll eingelagerte fiktive Passagen zu ergänzen (vgl. auch Billmann-Mahecha 1996). Im weiteren Verlauf des Pretests der damaligen Studie wurden daher dialogische Formen der Gesprächsführung ausprobiert, wie sie z.B. im Konzept des „problemzentrierten Interviews" (vgl. Witzel 1982: 1996) oder in der schon seit langem etablierten Methode der Gruppendiskussion (vgl. z.B. Nießen 1977) eingesetzt werden. Dabei zeigte sich ein interessanter Effekt: Je mehr nämlich die interviewten Personen ihre Geschichten gegenüber Interventionen der Interviewer/innen plausibel gestalten oder sogar verteidigen mussten, desto eher konnte davon ausgegangen werden, dass diese Geschichten sich tatsächlich an früheren Erlebnissen (bzw. Erinnerungen an diese) orientierten (was z.B. durch einen mit den Interviewpartnern abgesprochenen Vergleich mit Informationen Dritter geprüft wurde). Erlebnisse haben offensichtlich ein stabileres Fundament im Wissensvorrat als zu späteren Zeiten erfolgte Umdeutungen (wenngleich sich auch diese in Einzelfällen freilich als sehr stabil erweisen können).

Ein solches Interviewer/innenverhalten ist freilich mit den Postulaten eines reinen Narrativismus schwer vereinbar. Jedoch steht es nicht im Widerspruch zur qualitativen Sozialforschung insgesamt. Interaktive Leistungen dieser Art können von der interpretativen Soziologie als Prozesse der *Aushandlung* gedeutet werden, die konstitutiv sind für die alltägliche Sinnzuschreibung und -deutung. Der bereits mehrfach erwähnte theoretische Ansatz von Lothar Krappmann (1988: 32 ff.) beispielsweise geht schon seit langem zentral davon aus, dass die Identität des Mitgliedes einer Gesellschaft, die in der alltäglichen Interaktion entsteht und dort stets erneut ausbalanciert werden muss, als Resultat derartiger Aushandlungsprozesse zu verstehen ist. Und was für die Identität insgesamt postuliert wird, kann konsequenterweise auch für autobiographische Erzählungen in einem qualitativen Interview angenommen werden. Denn das subjektiv rekonstruierte Leben einer interviewten Person ist, schon weil es zentral mit ihrer Rolle und ihrem gesellschaftlichen Status zu tun hat, ein wesentlicher Bestandteil ihrer Identität. Ein dialogisch geführtes Interview, das diesen Grundannahmen entspricht und dabei auf die Rekonstruktion des subjektiven Erlebens biographischer Ereignisse zur Zeit ihres Verlaufs ausgerichtet ist (wobei die Interviewenden gewissermaßen die Experten/innen für den Rekonstruktionsprozess sind und die Interviewten Experten/innen für die rekonstruierten Inhalte) bezeichneten wir kurz als *rekonstruktives Interview* (vgl. Böttger 1996; Böttger/Liang 1998). Dieses Verfahren gelangte in der ersten Welle der qualitativen Panel-Studie zum Einsatz.

Bei der zweiten Erhebungswelle war es dann die Aufgabe, in einem zeitlichen Abstand von etwa einem Jahr erfolgreiche oder misslungene Versuche der Wiedergewinnung individueller und sozialer Stabilität genauer in den Blick zu nehmen. Hier sollte aus ökonomischen Gründen nicht noch einmal ein vollständig biographisches Verfahren eingesetzt werden. Dieses Interviewgespräch sollte sich vielmehr auf die Zeit nach der Viktimisierung konzentrieren und hier besonders auf den individuellen und sozialen Umgang mit den Viktimisierungserfahrungen, wofür sich die von Andreas Witzel (vgl. 1982: 1996) konzipierte Methode des „problemzentrierten Interviews" eignet, das ebenfalls eine dialogische Führung vorsieht und in dem die Vorannahmen der Forscher der Problemsicht der Betroffenen gegenübergestellt werden können.

Im Rahmen der ersten Erhebungswelle wurden insgesamt 31 rekonstruktive, biographische Intensivinterviews mit Opfern rechtsextremer Gewalt geführt, deren Auswahl (vermittelt über die im Vorwort genannten Kooperationspartner aus der Praxis) im Sinne des „Theoretical Sampling" (vgl. Kapitel 4.1.2) nach und nach erfolgte. Dadurch wurde gewährleistet, dass die Fallauswahl in einer Weise erfolgen konnte, die dem allmählich sich entwickelnden Stand der empirischen Erkenntnisse bei der Analyse der Opfererfahrungen entsprach. Aufgrund der Intensität des rekonstruktiven biographischen Verfahrens mussten für einzelne Interviews mehrere Termine angesetzt werden.

Im Rahmen der zweiten Welle wurden (bei einer „Panel-Mortalität" von gut einem Drittel) 19 ausführliche problemzentrierte Interviews durchgeführt.

4.3 Auswertungsverfahren

Bei der Auswertung der qualitativen Interviews können im Rahmen eines Designs nach der Grounded Theory verschiedene Verfahren, die sich in der qualitativen Forschung bereits bewährt haben, angewendet und miteinander kombiniert werden.

Für *narrative Textpassagen*, die ja auch bei dialogisch geführten Interviews häufig lang sein können (insofern sich für die Interviewenden kein Anlass zur Intervention ergibt), eignen sich grundsätzlich alle interpretativen inhaltsanalytischen Techniken. Um die Fülle des Textmaterials hier zunächst von Redundanz zu befreien, sollte in der vorliegenden Untersuchung zu Beginn ein bereits erprobtes Verfahren der Paraphrasierung eingesetzt werden (vgl. Böttger 1992: 106 ff.), das die geistes- und sozialwissenschaftlichen Ansätze von Danner (1979) sowie von Heinze und Klusemann (1980) einbezieht. Ziel des Interpretationsprozesses ist dabei die Verdichtung narrativer Textpassagen zu „Kernaussagen", die die dem Text zugrundeliegenden Sinnstrukturen zusammenfassend wiedergeben.

Heinze und Klusemann stellen mit dem Konzept der sozialwissenschaftlichen Paraphrasierung ein Verfahren vor, dass den Anforderungen der vorliegenden Untersuchung gerecht werden kann. Ziel ist der „Zugang zu Sinnstrukturen und Mustern", die den zu analysierenden Texten zugrunde liegen, und zwar sowohl auf der Ebene der den „Interaktionssinn konstituierenden, subjektiven Wirklichkeitskonzeptionen" als auch auf der Ebene der „sie präformierenden objektiven Bedingungen gesellschaftlicher Verhältnisse" (Heinze/Klusemann 1980: 105), was dem Erklärungsmodell einer Wechselbeziehung zwischen objektiver gesellschaftlicher Realität und ihrer subjektiven Interpretation Rechnung trägt. Das Auswertungsverfahren der sozialwissenschaftlichen Paraphrasierung ist in drei Schritte unterteilt, wobei in jeden das Kontextwissen sowohl des Interviewpartners, insofern es aus dem Text erschlossen werden kann, als auch des Interpreten einbezogen werden soll (vgl. Heinze/Klusemann 1980: 120 f.):

- Im ersten Schritt wird eine Rekonstruktion der subjektiven Interpretationen und Definitionen des Erzählers vorgenommen, in die, intersubjektiv kontrolliert, Alltagstheorien und wissenschaftliche Vorannahmen des Interpreten einfließen.

- Im zweiten Schritt erfolgt eine Systematisierung und Gewichtung der herausgearbeiteten Strukturen in der Form eines hierarchischen Musters.
- Im dritten Schritt schließlich werden „Kernaussagen" als „Quintessenzen und handlungsleitende Bezugspunkte der Alltagstheorien und Situationsdefinitionen" des Textproduzenten formuliert, die das zugrunde liegende Muster als Interpretationstext beschreiben.

Die gesamte Interpretation soll ständig unter Zugriff auf zwei Teilverfahren erfolgen: Das erste stützt sich auf Theorien, die induktiv aus den Aussagen und Deutungen des Textes gewonnen werden, das zweite verwendet wissenschaftliche Theorien, die von außen an diesen Text herangetragen werden (vgl. Heinze/Klusemann 1980: 108). Die „intersubjektive Kontrolle" im ersten Schritt kann durch eine „kommunikative Validierung" im Gespräch mit den Interviewpartnern oder durch eine „argumentative Validierung" im Rahmen einer Diskussion mehrerer Forscher erfolgen (vgl. Terhardt 1981).

Auch der Ansatz von Danner schließlich konnte für die Konzeption dieses Auswertungsverfahrens ergänzende Anregungen liefern. Danner (1979: 89 f.) unterscheidet zehn Phasen der Analyse:

- Zunächst wird geprüft, ob es sich bei dem zu interpretierenden Material um authentische Texte handelt.
- Das Vorverständnis des Interpreten und die wissenschaftliche Fragestellung an den Text werden eindeutig dargelegt.
- Der allgemeine Sinn des Textes wird in Form einer Kernaussage formuliert.
- Wortbedeutungen und grammatische Zusammenhänge werden im Sinne des Hermeneutischen Zirkels erschlossen.
- Eine Interpretation nach den Regeln der Logik ergänzt die semantische und syntaktische Analyse.
- Ungelöst gebliebene Widersprüche werden in einem Interpretationstext festgehalten.
- In die Gesamtinterpretation werden sodann Informationen zum Kontext des Materials einbezogen.
- Wenn die Voraussetzungen des Textautors zu erschließen sind, werden auch diese in die Interpretation einbezogen.
- Sofern es nötig ist, wird der interpretierte Textsinn in die Sprache der Adressaten des Interpretationstextes übersetzt.
- Die interpretierten Sinnzusammenhänge sind als Hypothesen zu formulieren, die sich weiterhin bewähren müssen.

Die ersten drei dieser Analyseetappen werden als „vorbereitende Interpretation" bezeichnet und erweitern das oben dargestellten Modell von Heinze und Klusemann in sinnvoller Weise: Die Formulierung der Fragestellung des Interpreten und dessen, was er als „allgemeinen Sinn" der Texte identifiziert, die er untersuchen will, helfen, subjektive Verzerrungen bei der Interpretation gering zu halten. Bezogen auf die hier vorgestellte Untersuchung finden sich theoretische Überlegungen dieser Art in den Kapiteln 2, 3 und 5. Die Frage der Authentizität der Texte ist im Falle der ausnahmslos von Projektmitarbeitern durchgeführten Interviews bereits geklärt.

Die nächsten drei Schritte in Danners Modell werden als „textimmanente Interpretation" bezeichnet. Die Formulierung eines zusammenfassenden Interpretationstextes nach der semantischen, syntaktischen und logischen Analyse kann auch nach diesem Modell in der Form einer Paraphrasierung der Rohtexte (Interviewtranskripte) erfolgen.

Die letzten vier Phasen schließlich werden „koordinierende Interpretation" genannt. Im Rahmen der vorliegenden Untersuchung wurden Informationen zum Kontext des Interviewmaterials sowie zu den persönlichen Voraussetzungen der Interviewpartner – sofern sie sich erschließen ließen – von den Interviewern jeweils in der Form eines kurzen Protokolls festgehalten. Eine „Übersetzung" des Interpretationstextes konnte dabei unterbleiben, da Differenzen zur Sprache ihrer wissenschaftlichen Adressaten nicht bestanden. Der hypothetische Charakter der ersten, vorläufigen Ergebnisse der Analyse eines einzelnen Falles schließlich ist Kennzeichen jedes hermeneutischen Vorgehens.

Um in der Phase der Paraphrasierung neben den narrativen Sequenzen auch den *dialogischen Phasen* der Interviewtexte gerecht zu werden, wurde diese hermeneutische Methode noch um einzelne Techniken der Konversationsanalyse ergänzt, die in der Ethnomethodologie entwickelt wurden und sich ebenfalls bei der Untersuchung biographischer Geschichten bereits bewährt haben (vgl. Böttger/Wolff 1992). Mit Hilfe dieser Techniken war es vor allem möglich, die Funktion und den Stellenwert von Einzeläußerungen der Befragten – wie auch der Interviewenden – im Hinblick auf die im Gespräch rekonstruierten Inhalte einzuschätzen und aufgrund dieser Informationen dialogische Sequenzen in Fließtexte zu überführen, welche dann in die narrativen Passagen integriert werden konnten (ausführlicher in Böttger 1996: 150 ff.), was im letzten Schritt eine Paraphrasierung der gesamten Transkripte ermöglichte.

Die in Kapitel 4.1.2 bereits erwähnten Auswertungstechniken des offenen, axialen und selektiven Codierens sollten dann in einem zweiten Schritt mit Hilfe eines Computerprogramms zur qualitativen Inhaltsanalyse (MAX) eingesetzt werden. Dabei wurden aus forschungsökonomischen Gründen nicht die Rohtexte codiert, sondern die zusammengefassten, nach der oben dargestellten Methode paraphrasierten Textversionen, die die Grundstruktur der Rohtexte jedoch noch enthielten. Bei der Interviewanalyse entsprachen die Code-Kategorien dabei zum Teil den einzelnen Punkten des Interview-Leitfadens, vorwiegend wurden sie jedoch nach den Regeln des offenen Codierens während der Analyse erstellt. Durch eine Einordnung der gewonnenen Kategorien in ein hierarchisch aufgebautes Codesystem wurden inhaltliche und strukturelle Beziehungen der Kategorien zueinander hergestellt, die in der Folge ein axiales und schließlich ein selektives Codieren ermöglicht haben. Bei der Arbeit mit den codierten Textsegmenten musste jedoch jederzeit ein schneller Zugriff auf die entsprechenden Textstellen sowohl in der paraphrasierten Gesamtversion als auch im Rohtext möglich sein, da in letzter Instanz allein Interpretationen im Gesamtzusammenhang der Sinnstruktur und auf der Grundlage der authentischen Formulierungen

Bestand haben können. Bei einigen Textteilen schließlich (bei denen z.B. Unklarheit darüber besteht, ob sie ironisch gemeint waren oder nicht) war es zusätzlich nötig, noch einmal die akustische Aufzeichnung des Interviews hinzuzuziehen.

Um eine intersubjektive Kontrolle der Auswertungen zu gewährleisten, wurden alle Analyseschritte von mindestens zwei Projektmitarbeitern durchgeführt. Besonders wenn unterschiedliche Deutungen nicht in einen Konsens mündeten, wurde zusätzlich ein dritter an der Auswertung beteiligter Mitarbeiter die Interpretationsdiskussion einbezogen.

5. Forschungsfragen und Durchführung der Untersuchung

Da es sich bei der Studie um ein induktiv-qualitatives empirisches Forschungsprojekt handelt, ließen sich vor dem Analyseprozess keine Hypothesen im Sinne erwarteter Ergebnisse oder falsifizierbarer Annahmen formulieren. Wie aus der Forschungslogik der Grounded Theory (vgl. Kapitel 4.1) ersichtlich, war der empirische Prozess im Rahmen der hier entwickelten methodischen Konzeption prinzipiell offen für Erkenntnisse, die vor seinem Beginn nicht antizipiert werden konnten.

Dennoch haben sich freilich aus den oben dargestellten Vorarbeiten sowie aus den bis zum Beginn der Studie publizierten Erkenntnissen zum Themenfeld im weiteren Sinne forschungsleitende Fragen ergeben, die als flexibel zu handhabende Vorannahmen die Untersuchungsrichtung bestimmt haben.

5.1 Forschungsfragen

Die wichtigsten Forschungsfragen, die sich aus den theoretischen Vorarbeiten des hier vorgestellten Projekts ergeben haben, wurden wie folgt formuliert (vgl. auch Böttger 2001):

- Wie werden rechtsextreme Gewalthandlungen von ihren Opfern im Rahmen der Interaktion als solche erkannt bzw. definiert und welche Konsequenzen hat dies für die unmittelbare Reaktion auf die Viktimisierung?
- Wie reagieren gegebenenfalls Dritte (z.B. Beobachter) auf den gewalttätigen Übergriff, und welche Konsequenzen hat dies für die Situationsdefinition und das Handeln der Opfer?
- Wie reagieren gegebenenfalls soziale Kontrollinstanzen (in erster Linie die Polizei), und welche Auswirkungen hat dies für die Opfer?
- Inwieweit ist durch die Opfererfahrung die individuelle und/oder soziale Stabilität der Betroffenen beeinträchtigt worden und welche Faktoren (des Tathergangs, der Reaktionen Dritter etc.) haben im Einzelnen dazu beigetragen?
- Welche Wege der Bewältigung des Übergriffs und der Wiederherstellung von individueller und sozialer Stabilität (z.B. Coping-Strategien) wurden von Opfern gegebenenfalls ausprobiert, welche Faktoren oder Personen trugen zu dieser Entscheidung bei und wie erfolgreich sind die Versuche verlaufen?
- Wann und mit welchem Erfolg wird staatliche oder institutionelle Hilfe gesucht, und welche Konsequenzen hat dies?

- Gibt es staatliche, institutionelle oder private Hilfsangebote für die Opfer, die – im Sinne gesellschaftlicher Integrationspotentiale – ihren Stabilisierungsprozess ermöglichen oder unterstützen?
- Gibt es staatliche, institutionelle oder private Hindernisse, die – im Sinne der Gefahr einer sozialen Desintegration – solche Prozesse erschweren oder unmöglich werden lassen?
- Welche Rolle spielen gegebenenfalls Migration und Religion bei der Bewältigung eines rechtsextremistisch motivierten gewalttätigen Übergriffs?
- Welches Bild der Bundesrepublik Deutschland, die in vielen Fällen eine Aufnahmekultur für Betroffene mit Migrationshintergrund bildet, haben die Opfer rechtsextremer Gewalt nach dem gegen sie gerichteten Übergriff und welche Perspektiven entwickeln sie für ihre Zukunft?

5.2 Durchführung der Untersuchung

In der ersten Erhebungswelle wurden insgesamt 31 rekonstruktive, biographische Intensivinterviews mit Opfern rechtsextremer Gewalt durchgeführt, die uns von unseren Kooperationspartnern aus der Praxis vermittelt wurden. Im Verlauf der zweiten Erhebungswelle wurden 19 ausführliche problemzentrierte Interviews mit Betroffenen geführt, die auch schon in der ersten Welle befragt wurden (vgl. Kapitel 4.2).

Methodische Grenzen wurden mit dieser Konzeption bei *Kindern* als Opfern bzw. Interviewpartnern erreicht, da diese nicht unbedingt über die Kompetenz verfügen, ihr Leben als rekonstruierbare Geschichte zu begreifen und in dieser Form zu präsentieren. Dies verdeutlicht zum Beispiel in dem Interview mit einem zehnjährigen Kind aus Vorderasien sowohl der Rahmendialog mit schnell wechselnden Sprecherrollen, als auch die hier zitierte längere narrative Sequenz, die aus einer Aneinanderreihung erinnerter Einzelereignisse besteht, jedoch nicht das kohärente Format einer Geschichte aufweist.

„B.: Wir haben erst gespielt. Und danach wurde das passiert. Und wir haben gesagt: ‚Wir wollen nicht mit euch kämpfen'. Da haben die gesagt, da hatte so ein dicker Junge, (Name 1) heißt er glaub' ich, da hat mit Streichholz bei uns geworfen. Und bei unsere Ranzen *(sehr schnell bis zum Ende des Absatzes).* Und danach ist mein Bruder. Wir haben gesagt: ‚Geh schnell und sag's noch', da waren noch (Name 2) und (Name 3), unsere Freunde. Da hab' ich gesagt, da haben wir gesagt: ‚(Name 4), geh' schnell (Name 3) seine Schwester holen.' Meine Bruder hatte dann noch Angst. Und danach sind wir noch weggegangen. Und hab' gesagt: ‚Hört jetzt auf'. Und dann sind wir weggegangen. Da kam (Name 5) und noch ein Junge, ich weiß nicht mehr, wie der heißt. Haben uns auch immer geärgert. Einer hat gesagt: ‚Ihr seid (Einwohner eines Staates in Vorderasien)'. Hat er uns – da hat er mich hier so festgehalten *(deutet auf seine linke Schulter)* und dann sind wir weggegangen. Da waren wir aber schon vor – und danach, und danach haben wir seine Schwester gesehen und haben alles erzählt, und danach, und danach ist von (Name 2) seine Mutti, die hat aus dem Fenster geguckt. Die hat gesagt: ‚Was macht ihr dort?' Da haben wir gesagt – da hat sie gesagt: ‚Komm' mal runter'. Da hat sie das mit denen geklärt. Und danach sind wir alle nach Hause gegangen. Da war's fertig. Und danach sind wir zum Doktor gegangen. Hier hatt' ich Weh, einer hat mich, ich glaub', der heißt (Name 1), der hat mich dann in Bauch gehauen." (Interview 3.1)[10]

Die beiden Interviews, die in der Untersuchung mit Kindern unter dem zwölften Lebensjahr geführt wurden, konnten daher nur bedingt in die Auswertung einbezogen werden und sind in den Angaben zur Zahl der untersuchten Fälle nicht berücksichtigt.

Alle auf Tonträger aufgezeichneten Interviews wurden wörtlich transkribiert und um Anmerkungen seitens der Interviewenden zur Situation der Befragung sowie zu Mimik und Gestik der Befragten ergänzt. Die Transkripte weisen eine Länge zwischen 12 und 60 A4-Seiten auf bei einem Durchschnitt von ca. 42 Seiten.

Im ersten Schritt der Auswertung wurden die Transkripte mit Hilfe der in Kapitel 4.3 beschriebenen inhaltsanalytischen Methode paraphrasiert. Die auf diese Weise erstellten ersten Interpretationstexte haben eine Länge zwischen 2 und 10 A4-Seiten, der Durchschnitt beträgt etwa 7 Seiten.

Mit Hilfe des Computerprogramms zur qualitativen Inhaltsanalyse (MAX) erfolgte anschließend eine Codierung aller Sinnabschnitte durch eine Zuordnung der entsprechenden Segmente der paraphrasierten Texte zu den verschiedenen Kategorien des hierarchisch aufgebauten Codesystems (vgl. Kapitel 4.3). Die Code-Kategorien entsprachen dabei zum Teil den einzelnen Punkten des Interview-Leitfadens, zum Teil wurden sie induktiv während der Analyse erstellt, die ja prinzipiell offen sein sollte für „Überraschungen". Die weitere Auswertung erfolgte zunächst als fallübergreifende Analyse der codierten und zu den einzelnen Teilbereichen der Untersuchung zusammengestellten Segmente der ersten paraphrasierten Texte. Zu den Zusammenhängen, die sich bei dieser Interpretation herauskristallisierten, wurden vorläufige Hypothesen formuliert, die dann jedoch ohne Ausnahme an den Rohtexten noch einmal zu überprüfen waren – und zwar an jedem Rohtext, auf den sich die Hypothese bezog. Für die gesamte Auswertung der Interviews, die jeweils durch mindestens zwei Interpreten erfolgte, war eine Zeit von ca. 12 Monaten notwendig.

---

[10] In allen Zitaten aus den Interviewtexten sind Eigennamen, konkrete Orts- und Zeitangaben sowie gegebenenfalls die Namen der Herkunftsländer der Interviewpartner anonymisiert. Wenn die Gefahr einer Verwechselung unterschiedlicher Angaben besteht, sind diese mit verschiedenen Ziffern gekennzeichnet. Die anonymisierten Angaben sind jeweils in Klammern in den zitierten Text eingefügt. Die Abkürzung „B." steht für den Befragten oder die Befragte, „I." für den Interviewer bzw. die Interviewerin „D." für einen gegebenenfalls mitwirkenden Dolmetscher oder eine Dolmetscherin. Auslassungen bis zur Länge eines Satzes sind mit „ ... " gekennzeichnet und solche, die eine Satzlänge überschreiten, mit „(...)". Anmerkungen des Interviewers oder der Interviewerin, die sich auf die Interviewsituation beziehen oder auf Mimik oder Gestik der interviewten Person, sind in Kursivschrift in Klammern in den zitierten Text eingefügt. Bei den Quellenangaben steht die erste Ziffer für die laufende Nummer des Interviews bzw. des oder der Befragten, die zweite Ziffer (durch einen Punkt von der ersten getrennt) für die erste oder zweite Erhebungswelle. Auf die Angabe von Seitenzahlen wurde verzichtet, da die Interviewtranskripte in elektronischer Form vorliegen und die Seitenzahlen je nach Seiteneinrichtung, Schriftgröße, Schriftart etc. variieren.

6. Ergebnisse der empirischen Studie

Bevor – neben anderen Aspekten – in den folgenden Teilkapiteln näher auf die verschiedenen Muster der Viktimisierung eingegangen wird, die die von uns befragten Opfer rechtsextremer Gewalt erfahren haben, auf ihre Reaktionen und die der Polizei als sozialer Kontrollinstanz in Folge dieser Übergriffe sowie auf die verschiedenen Bewältigungsstrategien nach der Tat und die Auswirkungen der Viktimisierungen und ihrer Bewältigung auf das Gesellschaftsbild und die Zukunftsperspektiven der Betroffenen, soll zunächst gezeigt werden, wie und aufgrund welcher Merkmale oder Verhaltensweisen die Täter im Rahmen der rechtsextremistischen Übergriffe aus der subjektiven Sicht der Betroffenen als Rechtsextremisten erkannt bzw. definiert wurden und wie sich die ersten Interaktionen im Rahmen der Übergriffe gestalteten.

6.1 Interaktionen im Rahmen des Übergriffs und ihre Folgen für die Opfer

Die von uns befragten Interviewpartner lokalisierten die Täter in der Regel aufgrund ihres Erscheinungsbildes und verbaler Äußerungen als der rechten Szene zugehörig.

Dabei wurde vor allem ein einheitliches Bild der Täter bezüglich ihrer Kleidung geschildert. Aussagen über „Bomberjacken", „Springerstiefel" und bedruckte T-Shirts finden sich in vielen der Interviews wieder. Auch war in zahlreichen Fällen der kahl rasierte Kopf der Täter ein Merkmal, das seitens der Opfer zu einer Zuordnung zur gewaltbereiten rechten Szene führte – wenngleich dies für sich genommen natürlich kein eindeutiger Anhaltspunkt sein kann.

> „B.: Na, sie sahen halt aus, als wenn sie nicht wirklich gut drauf wären. Im Endeffekt haben sie halt schon so Springerstiefel und das ganze Zeugs halt an. Einer hatte 'ne Bomberjacke an. ... Glatze, und ja auch – und von der Kleidung her, man sieht überall, wie die sich bekleiden, man erkennt das gleich, ob jemand Neonazi ist oder rechtsradikal, das sieht man, also braucht man nicht viel. Von der Bekleidung und alles, Benehmen, merkt man schon, dass die Leute das sind." (Interview 14.1)

Besonders diejenigen Interviewpartner, die bezüglich der Kleidung oder des Erscheinungsbildes keine direkten Angaben gemacht hatten, führten zumeist verbale Äußerungen der Täter an, um diese der rechten Szene zuzuordnen. Beispiele sind Ausrufe wie „Ausländer raus" oder „Sieg heil".

Zum Teil waren die Täter in der Gegend des aktuellen Übergriffs auch bereits bekannt und wurden deshalb von den Opfern der rechten Szene zugeschrieben:

„B.: Das hab' ich daran gemerkt, dass die Täter, die uns schon auf der Kirmes angemacht und beleidigt haben und rumgeschubst, eben genau dieser Szene bei uns im Dorf da zuzuordnen sind." (Interview 2.2)

Bisweilen sorgten die Täter jedoch auch durch den gezielten Einsatz von eindeutigen Symbolen für ihre Identifikation als Rechtsextremisten.

„B.: Weil ich das kannte und wusste und danach ein Hakenkreuz an meiner Tür war, nachdem sie sie nicht aufgetreten haben. Und weil mir die Personen halt persönlich bekannt waren über einen längeren Zeitraum und ich wusste, woher es verortet ist." (Interview 5.2)

Als Anlässe für den Übergriff wurden häufig Banalitäten genannt, wie z.B. kurze Wortwechsel, die dann zur Eskalation geführt hätten. In der Regel steigerten sich diese kurzen Wortwechsel zu aggressiveren Auseinandersetzungen, die schließlich den Anlass für die Androhung bzw. den Einsatz von körperlicher Gewalt darstellten.

„B.: Ja, ich bin hier hergelaufen, die Straße – Straße und, äh, da waren eben so'n paar Kunden, die standen eben auf der anderen Straßenseite, und die haben eben mich gefragt gehabt, so, äh, was ich so blöd glotz', und die hatten auch einen getrunken, keine Ahnung, und ja, keine Ahnung, dann kamen sie rüber ... ". (Interview 19.1)

Der zuletzt zitierte Interviewpartner vertrat zudem die Meinung, dass es vielen rechtsextremistisch motivierten Tätern egal sei, mit wem sie sich prügeln:

„B.: Wenn das eben ein Kunde ist, der eben zu viel über den Durst getrunken hat und hat Trouble mit seiner Frau gehabt, ja, dann ist es egal, ob da jetzt irgendwo ein ganz stinknormaler Mensch da steht, mit bunten Klamotten, oder einer vielleicht, der total schwarz angezogen ist, lange Haare, und vielleicht irgendwo ein Satanskreuz um den Hals hat, was weiß ich, der kriegt dann vielleicht genauso eine auf die Mütze. Das ist dann eigentlich wurscht für die dann, bin ich der Meinung. Dass das dann keine Rolle spielt. Einige, die überlegen sich vielleicht mehr und lassen eben dann die ganz normalen Leute raus und schlagen nur andere Leute weg ... ". (Interview 19.1)

Auch ein anderer Befragter berichtete, dass sich die Täter in erster Linie haben prügeln wollen und sein „linkes Aussehen" nur den letzten Ausschlag dafür gegeben habe, dass er zum Opfer geworden sei. (vgl. Interview 9.1)

In vielen Fällen herrschte jedoch die Überzeugung vor, dass der Betroffene genau in das Feindbildschema der Angreifer gepasst habe und deshalb angegriffen worden sei:

„B.: Und ja, halt dann so Sprüche wie ‚Du Scheißzecke, verpiss' dich, du Idiot'. Was halt so typisch – typischer Dummschwall, daher weiß ich das, dass das eine – und auch aus diesem Grund haben sie uns verfolgt. Sonst hätten sie ja jeden anderen auch – hätten sie ja, sind ja zwei, drei, fünfhundert Menschen auf der Kirmes gewesen. Und sich gerade uns rausgesucht, weil wir genau in ihr Muster gepasst haben, in ihr Feindbild." (Interview 2.2)

Bei augenscheinlich fremdländischen Opfern lief der Einstieg in die Auseinandersetzung offensichtlich vielfach über den Sinn und Zweck ihres Aufenthaltes in Deutschland, wobei die verbale Kommunikation zu Beginn lediglich als „Vorspiel" zu einer bereits geplanten Gewalthandlung anzusehen ist:

„B.: Und dann kam zu mir, oder kamen zu mir, zwei großen Leuten, und jemand hat mich gefragt, ob ich – warum hier bin. Und ich konnte die Sprache damals überhaupt nicht. Und dann – meine Antwort war auf Englisch normalerweise – und dann kam ihren Freund, und er hat gesagt ‚Okay, warum du bist hier in Deutschland?' Und ich hab' dann meine Antwort: ‚Ja, weil ich hier bin.' Und dann die nächste Frage: ‚Und was machst du hier beruflich?' Dann meine Antwort war auch: ‚Ich bin nicht beruflich, ich bin nicht tätig.' Und dann die letzte Frage war auch untolerant, und dann er fragte mich was, aber was? Ob ich Asyl bin oder so was. Und dann er hatte – er hat dann meine Schuhe, meine Handschuhe genommen, und sie waren weg." (Interview 16.1)

Nur eine Interviewte gab an, dass es für sie nicht ersichtlich war, wer mit der Auseinandersetzung begonnen hatte. In diesem Fall handelte es sich um eine Frau, die ein „Straßenfest gegen Rechts" mitorganisiert hatte. Im Laufe dieses Festes seien immer wieder rechtsorientierte Besucher erschienen, die neugierig und provozierend „durch die Linken" marschiert seien, wobei es immer wieder zu kleineren Auseinandersetzungen gekommen sei. Zu einer größeren Reiberei sei es eskaliert, als die Interviewpartnerin einem rechtsorientierten Mann gesagt habe, er solle sich „vom Acker machen", dies sei ein „Fest der Linken", woraufhin dieser mit einer Bierflasche gedroht und den „Stinkefinger" gezeigt habe. Zu einer körperlichen Auseinandersetzung sei es jedoch nicht gekommen. Die Aussage der Befragten, dass es nicht ersichtlich gewesen sei, wer mit den Provokationen begonnen habe, bezog sich somit auf das gesamte Geschehen im Rahmen des Festes, welches sich dann „auf beiden Seiten zugespitzt" habe. Die Interviewpartnerin äußerte auch, dass der Vorfall an sich „nicht so schlimm" gewesen sei, sie aber dennoch große Wut verspürt habe – nicht allein auf die beschriebene Person, sondern auf die Gesamtheit aller auf dem Fest anwesenden Rechtsextremisten sowie auf die eigene Ohnmacht, nicht „wirklich" gegen die von ihr erlebte Bedrohung vorgehen zu können.

In einem anderen Fall beschrieb ein Interviewter einen provozierenden Täter, der von sich aus den Übergriff begonnen habe. Der Täter sei stark alkoholisiert gewesen, was jedoch nach Ansicht des Opfers nicht als vorherrschend für das Zustandekommen der Tat gedeutet werden könne. Der Alkoholkonsum des Täters wurde lediglich als eine „Nebenerscheinung" im gesamten Tatgeschehen dargestellt.

In Anlehnung an Willems und Steigleder (2003: 18) kann eine Kategorisierung der Täter bei fremdenfeindlicher Gewalt in Bezug auf die Intensität der Überschneidung von Gewalt und eindeutig geäußerter politischer Motivation vorgenommen werden. Die Autoren gelangen zu einer Kategorisierung der Täter in drei zentrale Handlungstypen:

„Die Handlungen der Tatverdächtigen im Rahmen der fremdenfeindlichen Gewalttat verteilen sich auf a) verbale Aggressionen, z.B. in Form von fremdenfeindlichen Beleidigungen (von Seiten des Tatverdächtigen ohne Anwendung körperlicher Gewalt gegen das Opfer) bis hin zur Bedrohung, b) rein körperliche Gewaltanwendung und c) körperliche Gewalt in Verbindung mit aggressiven verbalen, auch fremdenfeindlichen Äußerungen."

Im Rahmen der vorliegenden Untersuchung haben viele der Betroffenen Täter beschrieben, die diesen drei Kategorien zugeordnet werden können. Dabei scheinen die Täter aus Sicht ihrer Opfer häufig im Sinne von Kategorie b) unvorbereitet angegriffen zu haben (vgl. z.B. Interview 11.1), in mehreren Fällen waren die Angriffe jedoch auch verbunden mit vorangegangenen Beschimpfungen oder Beleidigungen, wie in Kategorie c) beschrieben:

„B.: Ungefähr 16, also sechs Mädels und zehn Jungs. Oh, die haben schon angefangen, Schimpfworte: ‚Neger, was suchst du hier?' und das alles. Und es war mir unangenehm, so ich habe überhaupt nicht gesagt. Einfach meine Gitarre genommen und weg in eine Ecke. Dann haben die zwei Mädels zu mir geschickt, und die haben ihre Finger so in meine Augen gemacht. ‚Ja, was suchst du hier? Du darfst nicht hier sein!'" (Interview 14.1)

Nur in wenigen Fällen blieb es nach den Berichten der Opfer bei verbalen Aggressionen ohne die Anwendung körperlicher Gewalt, also bei Handlungen der oben zitierten Kategorie a). Viele unserer Interviews vermittelten dagegen den Eindruck, als hätten sich die rechtsextremistisch motivierten Täter ihre Opfer gezielt ausgesucht und sie durch Provokationen auf sich aufmerksam gemacht. Die Verunsicherung bzw. Abwehr der Betroffenen diente ihnen dann als Anlass, körperliche Gewalt einzusetzen und ihre Opfer zum Teil schwer zu verletzen.

Hinsichtlich der generellen Einstellung der von uns interviewten Opfer rechtsextremer Gewalt zum Täter ließen sich zwei Grundtendenzen feststellen. Zum einen finden sich unter den Befragten solche, die den Täter verurteilen und das Bedürfnis äußern, sich an ihm für den Übergriff zu rächen. Weiterhin kristallisierten sich Fälle heraus, in denen die Opfer versucht haben, dem Täter zu verzeihen und ihm ein gewisses Mitleid entgegen zu bringen. Kam es in der Zeit nach dem Übergriff zu einer Entschuldigung seitens der Täter, so wurde diese vielfach angenommen – wenn auch ein Interviewpartner der Meinung war, dass die Entschuldigung des Täters, die im Rahmen der Gerichtsverhandlung erfolgte, nur aus taktischen Gründen ausgesprochen wurde und damit keinesfalls als glaubwürdig anzusehen sei.

Dieser Befragte wurde auf der Straße von zwei jungen Männern überfallen und schwer verprügelt. Im Laufe des Geschehens äußerten die Täter sogar die Absicht, an dem Opfer den „Steinbeißer" auszuprobieren. Bei dieser Methode wird das Opfer gezwungen, sich auf die Straße zu legen und in die Bordsteinkante zu beißen. Der Täter tritt anschließend auf den Kopf des Opfers, wodurch dieses nicht selten stirbt. In dem beschriebenen Fall blieb es bei einer Androhung. Die akute Todesangst des Betroffenen während dieses Übergriffs, die

die Täter bewusst herbeigeführt hatten, führte bei ihm zu der Überzeugung, dass die vor Gericht ausgesprochene Entschuldigung nicht auf eine ehrliche Reue zurückgeführt werden könne, sondern dass der Grund darin gelegen habe, ein milderes Gerichtsurteil zu erzielen. Der Betroffene nahm diese Entschuldigung daher zunächst nicht an. Erst als der Täter einen Tag später vor der Verhandlung unter Tränen zu ihm kam und sich außerhalb des Verfahrens persönlich entschuldigte, habe sich das Opfer umstimmen lassen.

Auch in anderen Fällen lässt sich erkennen, dass eine erfolgreiche „Wiedergutmachung" durch den Täter daran geknüpft sein kann, welche Motivation das Opfer dem Täter unterstellt. In dem zuletzt dargestellten Fall konnte die persönliche Entschuldigung des Täters erst zu dem Zeitpunkt akzeptiert werden, als das Opfer den Eindruck gewonnen hatte, dass die Entschuldigung überzeugend vermittelt und authentisch war.

Häufig wurde von unseren Interviewpartnern jedoch auch von einem allgemeinen Unverständnis der Tat gegenüber berichtet. Die Tatsache, die Motive der Täter nicht nachvollziehen zu können und somit die Ursache für die Tat keiner grundsätzlichen Erklärung unterwerfen zu können, war für viele offensichtlich ein prinzipielles Problem. Insbesondere eine Interviewpartnerin, die mehrfach in Deutschland Opfer rechtsextremer Gewalttaten wurde, beschrieb die Täter als

„B.: ... Tiere, die ihre Beute gefunden haben und wie in einem Gewalt- und Hassrausch an dem Fleisch zerren. Und dass diese Kraft, die von Hass gesteuert wird, so erschreckend ist, weil man sie scheinbar nicht mehr stoppen kann". (Interview 12.1)

Diese Befragte sprach solchen Tätern jegliches „Menschsein" ab. Eine vollkommen andere Einstellung vertrat jedoch ein Interviewpartner, der von einer Gruppe Jugendlicher auf einem Bahnhof mit massiven Schlägen angegriffen wurde (vgl. Interview 14.1). Durch den Übergriff sind Folgeschäden an seinem Knie geblieben. Dennoch war der Befragte der Meinung, dass er bei einem erneuten Zusammentreffen mit den Tätern diese zunächst nach ihrem Befinden fragen würde. Er würde versuchen, mit ihnen ins Gespräch zu kommen. Er begründete dies mit seiner generellen Überzeugung, dass er nicht gern mit anderen Menschen in Feindschaft lebe. Weiterhin war er der Überzeugung, dass er dem Täter auch verzeihen könne, sofern dieser ihm gegenüber ein „gutes Benehmen" zeigen würde. Insgesamt bagatellisierte er den Übergriff als „Fehlleistung", die jedem Menschen zugestanden werden müsse. Eine solche Einstellung ist jedoch im Rahmen unserer Untersuchung lediglich in einem Fall identifiziert worden. Zudem gibt es in dem uns vorliegenden Material keine Hinweise darauf, dass eine „tolerante" Einstellung dieser Art in irgendeiner Hinsicht für die Bewältigung der erlebten Verletzungen relevant gewesen wäre.

In einem anderen Fall gab sich der Befragte sogar selbst die Schuld an der Tat (vgl. Interview 16.1). Er ist afrikanischer Herkunft und berichtete zunächst von einem Übergriff durch rechtsextremistisch motivierte Täter nach dem Besuch einer Diskothek. Ein anderes Mal, so schilderte er, habe er eine verbale Auseinandersetzung mit zwei Männern an einer Straßenbahnhaltestelle gehabt. Diese Situation sei derart eskaliert, dass ihm eine Bierflasche an den Kopf geschlagen und er anschließend brutal verprügelt worden sei. Im Rückblick auf diese Tat gab er jedoch an, keine Gefühle wie Rache oder Wut gegenüber den Tätern empfunden zu haben. Er war sogar der Ansicht, dass er sich bei den Tätern entschuldigen müsse, sollte er ihnen nochmals begegnen, da es ihm leid täte, „hier an diesem Ort zur falschen Zeit" gewesen zu sein. Er erklärte, dass er sich den Tätern durch seine Anwesenheit „praktisch aufgedrängt" habe. Im weiteren Verlauf des Interviewgesprächs verglich er sich sogar mit einem Tier, welches in das Revier von anderen Tieren eingedrungen sei und das Verhalten der Täter somit provoziert habe.

Eine Abnahme negativer Empfindungen gegenüber den Tätern nach fortgeschrittener Dauer seit der Tat konnte jedoch insgesamt nicht festgestellt werden. Die im Zusammenhang mit der Tat entstandenen Angst- und Hassgefühle dem Täter gegenüber sind, so die Ergebnisse unserer zweiten Erhebungswelle, auch nach dem Verlauf eines Jahres kaum abgeklungen, immer noch war ein hohes Maß an persönlicher Verletzung wahrzunehmen, was den Satz: „Die Zeit heilt alle Wunden" im Rahmen der Opferforschung ein weiteres Mal widerlegt. Dies kam vor allem darin zum Ausdruck, dass Betroffene, die unmittelbar nach der Tat die oder den Täter verurteilt haben und diesem auch nicht verzeihen konnten, diese Auffassung auch nach einem Jahr in derselben Weise geäußert haben.

Allerdings ließ sich feststellen, dass im Unterschied zu Opfern, bei denen die Tat noch nicht vollständig verarbeitet war, diejenigen Betroffenen, die mit den Folgen des Übergriffs insgesamt besser umgehen konnten, im Rückblick nach einem Jahr die Beurteilung der Schwere der Tat selbst mitunter relativiert haben, was z.B. bei der im Folgenden zitierten Interviewpartnerin deutlich wird:

„B.: Da muss ich mal ehrlich sagen, ... dass es so dramatisch nicht war. Wir haben da ganz andere Sachen erlebt zu unseren Demos und so weiter und so fort. ... Also es ist jetzt nicht so, dass ich da jetzt Angst gehabt hätte oder so, da haben wir ganz schlimmere Sachen erlebt." (Interview 28.2)

Insgesamt ist davon auszugehen, dass das persönliche Einordnen der Tat weniger von der Intensität der Schädigung des Opfers abhängt, als vielmehr vom Grad seiner Traumatisierung. Das heißt, dass Personen, die körperlich stark verletzt wurden, im Vergleich zu Personen mit leichterer Schädigung nicht zwangsläufig eine ebenfalls massivere Traumatisierung erlebt haben müssen. Je nach persönlichkeitsstabilisierenden Ressourcen und ggf. auch je nach Setting des Übergriffs kann die Einordnung des Erlebten in die eigene Persönlichkeit solchen Betroffenen leichter fallen, die zwar massive Verletzungen erlitten hatten, jedoch psychisch durch die Tat nicht in größerem Maße destabilisiert wurden. In anderen Fällen führte dagegen eine lediglich angedrohte körperliche Gewalthandlung zu nachhaltigen Destabilisierungserscheinungen.

Diese von Fall zu Fall unterschiedliche subjektive Verarbeitung von Opfererfahrungen wird in der kriminologischen Forschung auf die jeweils individuell ausgeprägte „Vulnerabilität" der Betroffenen zurückgeführt, die die zur Verfügung stehende Kompetenz des Einzelnen kennzeichnet, mit den erfahren Verletzungen subjektiv umzugehen (vgl. hierzu auch Kapitel 6.4):

„Hierbei handelt es sich um ein Konzept, das davon ausgeht, dass persönliche Bewältigungskompetenzen, so genannte Copingstrategien (Kohlmann 1990) der Betroffenen dafür verantwortlich sind, wie der Umgang mit bzw. der Verarbeitungsprozess nach der

Tat verläuft. Dabei erfolgt die Bewältigung von Opfererfahrungen individuell sehr unterschiedlich. Wie schwer eine Viktimisierung erlebt wird, hängt nicht so sehr von der strafrechtlichen Bedeutung des Ereignisses, sondern von mehreren psychischen und sozialen Faktoren seitens des Opfers ab. Das heißt, dass die traumatische Situation und die Reaktionen darauf nur aus dem Zusammenwirken objektiver und subjektiver Faktoren zu verstehen ist." (Haas/Lobermeier 2005, S. 49)

Eine Befragte gab an, dass sie, sofern sie nochmals in eine solche Situation geraten würde, in ähnlicher Form wieder handeln würde:

„I.: Würdest du den Weg nach der Tat heute noch genauso gehen wie damals? Oder würdest du irgendetwas ganz anders machen?
B.: Nöö, ich würd's wahrscheinlich ähnlich machen. Also, weil Selbstjustiz wäre ja doch nicht das Richtige, und ansonsten haben wir ja wirklich alles probiert. Also wir sind ja auch vor Gericht gegangen. Wir haben ja auch versucht, die Leute dran zu kriegen und es hat halt – es hat nicht funktioniert. Und wie ich es hätte jetzt besser machen können, wüsste ich nicht. Weil gerade so am Anfang nach der Tat, wo alles frisch ist und so was, da hast du soviel mit dir selber zu tun, um wieder klar zu kommen. Da denkst du eigentlich nicht dran, jetzt hier, wie krieg ich die Brüder dran. Sondern schaust erst mal, dass es dir wieder besser geht, und im Nachhinein haben wir ja doch noch versucht alles Mögliche heraus zu holen. Deswegen würd' ich es auch nicht anders machen." (Interview 9.2)

Andere Interviewpartner berichteten, dass sie ihr Verhalten verändern würden. Beispiele, die hierfür genannt wurden, waren auf der einen Seite eine verstärkte Kommunikation des Geschehens in der Öffentlichkeit, um über derartige Vorgänge zu informieren und ggf. hieraus einen Schutz für zukünftige Situationen zu erhalten. Andererseits wurde aber auch die Position vertreten, künftig unauffälliger in der Öffentlichkeit aufzutreten, um sich keine Probleme mehr einzuhandeln. Ein Beispiel hierfür liefert die Antwort des im Folgenden zitierten Befragten auf die Frage, ob er nach seinen Erfahrungen im Zusammenhang mit der Tat noch genauso handeln würde:

„B.: Nee, nee, nee. Die Probleme – ich möchte nicht Probleme haben. Ich möchte nicht Probleme haben. Ich möchte Arbeit haben, auch zehn Stunden pro Tag. Wenn ich komme nach Hause, ich kümmer' mich um meine Familie, ich laufe. Das möchte ich, weiter nicht. Weiter nicht." (Interview 11.2)

Ein weiterer Gesprächspartner (vgl. Interview 17.2) erläuterte, dass er sich nicht sicher sei, ob und wie er in ähnlich gelagerten zukünftigen Situationen reagieren würde.

In den Interviews der zweiten Erhebungswelle ist zu erkennen, dass die Wahl einer zukünftigen Handlungsstrategie nach Einschätzung der Befragten ein Jahr nach der Tat nicht davon abhängig zu sein scheint, ob ihre Reaktion auf den ersten Übergriff erfolgreich war oder nicht. Vielmehr scheinen vielfältige unterschiedliche Faktoren, wie vor allem die subjektiv wahrgenommen Reaktionen des Umfelds auf den Übergriff, die Wahl der Handlungsstrategie zu beeinflussen.

Die Interviewpartner nannten im Wesentlichen zwei Strategien, die zur Anwendung kommen sollen, wenn sie zukünftig auf Menschen treffen, die sie eindeutig der rechten Szene zuordnen können.

Die erste Strategie besteht darin, den Kontakt nach Möglichkeit zu vermeiden, etwa indem die Betroffenen sich verstecken, die Straßenseite wechseln oder ein provokationsarmes Verhalten zeigen:

„B.: Dann geh' ich schnell zur Seite. Weit, weit, weit weg. In der Straßenbahn oder im Bus bin ich immer vorne. Egal früh oder abends. Wo die Fahrer ist, ich und meine Kinder, da bin ich alleine immer vorne. Wenn zum Beispiel was passiert, er zum Beispiel, er kann mir helfen und die Polizei anrufen. Also ich geh' weit weg, wenn ich von eine Kilometer sehe, ich geh' vielleicht noch weit weg von, ja bin ich sofort weit weg. Ich muss mich beschützen und meine Kinder. Ja, für mich. Die sind krank. Wenn man krank ist, brauch' einen Arzt, aber die wollen nicht. Wir, als normale Menschen, müssen weg von die Leute." (Interview 24.2)

Die zweite Strategie zielt darauf ab, sich nicht von der Tat und „den Rechten" einschränken zu lassen, indem bewusst kein verändertes Verhalten gewählt wird. Einige Interviewpartner, vornehmlich solche aus der politisch linken Szene, berichteten sogar davon, dass sie „die Rechten" bei einer Zusammenkunft auslachen würden. Charakteristischer ist jedoch die Vorgehensweise, die vorhandene Angst zu „überspielen", damit eigene Freiheiten keine Einschränkung erfahren:

„I.: Ist dir das schon passiert, dass du auf eine Gruppe triffst, die halt eindeutig rechts ist?
B.: Hier in (Name einer Stadt) eigentlich nicht, nee. ... Nee, und wenn, dann in (Name einer zweiten Stadt). Es gab mal 'ne Zeit irgendwie danach, haben sich so rechtsextreme Treffs direkt am größten Kaufhaus, Innenstadt, (Name eines Platzes in der zweiten Stadt). Und wir mussten dann mehr oder weniger immer an denen vorbei ... . Also das war halt jedes Mal nicht so'n gutes Gefühl, aber ich hab' mir jetzt auch – ich werd' mir jetzt auch nicht die Freiheit nehmen lassen. Nicht von denen." (Interview 6.2)

Nahezu durchgängig lässt sich bei den Betroffenen der Wunsch erkennen, dass rechtsextremistisch orientierte Täter „hart bestraft" werden. Allerdings bewegen sich diese Vorstellungen durchaus im für das Strafmaß der Körperverletzung gesetzlich vorgesehenen Rahmen. Insbesondere eine durch geringere Strafen bedingte Verharmlosung rechtsextremistischer Taten lehnen die Befragten ab. Dabei herrschte vielfach auch die Meinung vor, dass rechtsextremistisch motivierte Täter in der Regel keine angemessene Bestrafung erhalten würden:

„B.: Mit rechtsextremen Gewalttätern, ja, wie mit anderen Gewalttätern zumal auch, weil es ist genauso eine Gewalttat. Es ist zwar anders motiviert höchstwahrscheinlich als bei anderen Leuten. Aber ich finde, ja, mit allen Mitteln. ... Ich kenn es aus meinem eigenen ehemaligen Bekanntenkreis ... , das hat er den Richtern irgendwie siebenmal – da hat er siebenmal Bewährung gekriegt. Trotz gefährlicher Körperverletzung. Und da bin ich der Meinung, dass härter durchgegriffen werden muss. Also auf jeden Fall muss generell bei rechten Straftätern meiner Meinung nach mehr aufgefahren werden. Und nach Möglichkeit sollten Haftstrafen verhängt werden, weil das – wenn die einsitzen, dann mit denen zu arbeiten, pädagogisch, das ist das Einzige." (Interview 5.2)

Zu häufig kommen die Täter in der Wahrnehmung der befragten Opfer trotz massiver Körperverletzung mit einem „blauen Auge" davon. Dies ist ein Hinweis darauf, dass die gerichtliche Verurteilung für die Verarbeitung der Tat seitens der Opfer von hoher Bedeutung ist.

Einige Interviewpartner bemängelten zudem die unzureichende mediale Präsenz dieses Themas. Ebenso wurde beklagt, dass die familiäre bzw. therapeutische Arbeit mit den Tätern im Sinne einer Sekundärprävention nur in unzureichendem Maße erfolge. Bei den Befragten besteht Einigkeit darüber, dass hier bereits früh mit präventiver Arbeit begonnen werden müsse, da die rechte Szene insbesondere für Jugendliche eine hohe Attraktivität besitze und sich der Weg, aus dieser Szene wieder auszusteigen, als sehr schwierig gestalte.

Insgesamt ließen sich – bei grober Unterteilung – besonders drei verschiedene Typen von Opferrollen unterscheiden:

1. Das Opfer des ersten Typs ist Angehöriger einer gewaltbereiten „linken Szene". Dieser Personenkreis ist dadurch gekennzeichnet, dass das Alltagsleben durch die Auseinandersetzung mit „Rechten" geprägt ist. Die Betreffenden sind als Angehörige eines bestimmten Milieus bekannt und vertreten dies auch nach außen, was durch das aktive Offensichtlichwerden der politischen Einstellung per se eine Angriffsfläche für rechtsextremistisch motivierte Gewalttäter darstellt. Von Bedeutung ist dabei die Tatsache, dass vielfach erst in der konkreten Handlungssituation, also im Aufeinandertreffen von „Rechten" und „Linken", entschieden wird, wer als „Täter" und wer als „Opfer" aus der Situation hervorgeht, und es ist nachvollziehbar, dass die Angehörigen dieser Szene in der Regel sowohl Täter- als auch Opfererfahrungen durchlaufen haben.

2. Die zweite Opfergruppe ist die der sogenannten „Zufallsopfer", bei denen die Viktimisierung durch rechtsextremistische Gewalttäter auf den Umstand zurückzuführen ist, „zur falschen Zeit am falschen Ort" gewesen zu sein. Dies impliziert, dass nahezu jeder beliebige andere Mensch zum Opfer geworden wäre, der sich statt der viktimisierten Person zu dieser Zeit an diesem Ort aufgehalten hätte. Dabei wird deutlich, dass es besonders bei diesem Typus Betroffener verfehlt ist, von einer Beteiligung des Opfers an der Viktimisierung auszugehen, die als eine „Mitschuld" gewertet werden könnte – wobei die Tatsache, einem Opfer, welches in einem öffentlichen Raum „zufällig" überfallen oder gar mit dem Tode bedroht wird, eine Mitschuld zuzuschreiben, ohnehin einer „Bankrotterklärung" einer an Demokratie und Rechtsstaatlichkeit orientierten Gesellschaft gleichkäme (vgl. Jaschke 2000). Auch aus interaktionistischer Sicht kann hier eher ein analytisches Verständnis weiterhelfen, das Aufschlüsse darüber ermöglichen kann, welches Verhalten unter Umständen einen positiveren Verlauf der Interaktionssi-

tuation hervorzubringen in der Lage wäre und welche gesellschaftspolitischen Maßnahmen als notwendige Bedingungen zu realisieren wären, damit die Position potentieller „Zufallsopfer" nicht komplett der Willkür einer unberechenbaren Gewaltmaschinerie unterliegt.

3. Die dritte Gruppe ist speziell für die Analyse rechtsextremistischer Gewalt die relevanteste, weil hier die Gewalt am eindeutigsten politisch motiviert ist. Dies ist die Gruppe der ethnischen oder sozialen Minderheiten, die sich von den „Zufallsopfern" dadurch unterscheiden, dass sie aufgrund äußerer Merkmale (wie etwa der Hautfarbe) zu Opfern rassistisch motivierter Gewalt werden. Nach Kalpaka und Räthzel (1990) liegt rassistische Gewalt immer dann vor, wenn Menschen aufgrund äußerer Merkmale oder bestimmter Verhaltensweisen als minderwertig klassifiziert werden und darüber hinaus die Machtverhältnisse derart manifestiert sind, dass diese Definition durchgesetzt werden kann. (vgl. auch Böttger/Lobermeier/Strobl 2005)

Unsere Analyseergebnisse sprechen jedoch generell gegen die These, dass Opfer rechtsextremer Gewalt typisierende Sozialisationsmerkmale aufweisen bzw. einem gewissen „Opfertypus" entsprechen. Die Haltbarkeit der Theorie einer „tertiären Viktimisierung" im Sinne einer dauerhaften Übernahme der Opferrolle in die Persönlichkeit des Opfers kann in diesem Rahmen also nicht bestätigt werden. Insgesamt ist vielmehr davon auszugehen, dass Menschen mit den unterschiedlichsten sozialisatorischen Erfahrungen zu Opfern rechtsextremer Gewalt werden können.

Für viele unserer Interviewpartner ist die Folge des rechtsextremistisch motivierten Übergriffs ein Leben in Angst. Dabei fällt auf, dass vor allem Opfer mit einem Migrationshintergrund – z. B. als politisch Verfolgte – das oft lebensbedrohliche Ereignis nur als eines unter vielen erleben (vgl. hierzu Kapitel 6.4), was bedeutet, dass die sozioökonomische Situation einiger der Befragten mit einer solchen Unsicherheit und Zukunftsangst besetzt ist, dass die Tatsache der Opferwerdung durch rechtsextreme Gewalttäter nur eine individuelle Krise unter anderen hervorruft. Das verdeutlicht z.B. die Biographie eines aus einem westafrikanischen Staat stammenden Interviewpartners, dessen Vater sich in einem Bürgerkrieg den Rebellen anschloss und daraufhin gefangen genommen wurde. Die Mutter des Befragten verschwand zur selben Zeit und auch zu seiner Schwester hatte er keinen Kontakt mehr. In der Annahme, auf diese Weise nach England zu gelangen, wendete er sich aus Angst um sein Leben an eine Fluchthilfeorganisation, die ihn über viele Umwege (in diesem Zusammenhang sprach der Interviewpartner von Methoden der organisierten Kriminalität, über die er nichts Näheres berichten wolle), nach Ostdeutschland brachte. Zunächst noch in dem Glauben, er sei in England, wendete sich der Befragte an deutsche Behörden, die ihn in der folgenden Zeit verschiedenen „Übergangslagern" zuwiesen. Zur Zeit des Interviews wusste er nicht, ob seine Eltern noch am Leben waren und wo er hingehen sollte, wenn er Deutschland verlassen müsste. Sein Aufenthalt hier wurde von den Behörden „geduldet", unklar war jedoch, über welche Zeit sich diese Duldung noch erstrecken würde. Dass er von rechtsextremen Skinheads überfallen und brutal geschlagen wurde, war ein weiteres Glied in einer Kette von Umständen, die ihn in anhaltende existenzielle Angst versetzten (vgl. Interview 1.1).

Was darüber hinaus auch sehr differenziert betrachtet werden muss, sind die Verhaltensweisen der Betroffenen während der Tat. Hier sind unterschiedlichste Bewältigungsstrategien – bisweilen regelrechte Überlebensstrategien – gewählt worden, die wiederum jeweils den Verlauf des Tathergangs auf sehr verschiedene Weise zum Teil vehement beeinflusst haben. So hat in einigen Fällen eine Gegenwehr der Betroffenen die Angreifer abgeschreckt, jedoch war ebenfalls zu erfahren, dass eine solche Strategie die Angreifer zu noch massiverer Gewalt ermutigen kann. Besonders ernüchternd mutet hier der Bericht einer jungen Frau an, die mehrmals von rechten Gewalttätern überfallen wurde und in den unterschiedlichen Situationen verschiedene Verhaltensweisen „ausprobiert" hat, jedoch ohne Erfolg:

„B.: Also ich hatte so immer die Idee, man könnte doch sicherlich – also wie nach einer mathematischen Formel – ausrechnen, welche Faktoren da sein müssen, um die Wahrscheinlichkeit, angegriffen zu werden, zu verringern. Das hat sich irgendwann als großer Trugschluss herausgestellt, nachdem ich Unmengen von ganz verwirrenden Diagrammen aufgezeichnet hatte, wo ich mir irgendwann dachte: Gut, wenn ich schon nicht die Möglichkeit, dass ich angegriffen werde, nicht verhindern kann, sondern es doch wenigstens die Möglichkeit gibt, wie ich damit – also welche Strategie ich dann da fahre, während ich angegriffen werde. Und (Zeitangabe) war ja meine Strategie mehr oder weniger gewesen, einfach dazustehen so und nichts zu machen und irgendwann wegzulaufen. (Zeitangabe: drei Jahre später) war meine Strategie gewesen, schon auch dazustehen, aber zumindestens auch verbal zu reagieren. Das hat auch nicht so wirklich funktioniert. Und (Zeitangabe: weitere zwei Jahre später) war meine Strategie, mich zu wehren, Selbstverteidigung zu machen, bevor es zum eigentlich massiven Übergriff – auch das hat nichts gebracht. Insofern gibt es keine – es gibt keine – es gibt keine – also ich bin da relativ desillusioniert. Weiterhin keine Kontrolle. ... Für mich war's letztendlich nur mein Glück und die Dummheit und die Besoffenheit meines Gegenübers." (Interview 12.1)

Die zunächst „assimilative" Form des Coping als Bewältigungsstrategie (vgl. Kapitel 3.3.1), mit der die Interviewpartnerin nach den ersten Viktimisierungen immer neue Strategien einer Gegensteuerung zu entwickeln versuchte, schlägt hier aufgrund der Erfolglosigkeit ihrer Versuche allmählich in eine „akkomodative" Form um, in der sie schlicht resigniert. Wie dem Interview der zweiten Erhebungswelle zu entnehmen ist, wechselt die Frau zu späterer Zeit schließlich ihren Wohnort, um in einer Umgebung zu leben, in der rechtsextremistisch motivierte Übergriffe selten sind, was als „defensives Coping" beschrieben werden kann. Dieses Beispiel ist zwar in seiner Prägnanz eher untypisch, jedoch kann es exemplarisch illustrieren, was im Falle von Opfern rechtsextremer Gewalt nicht selten zu beobachten ist: Wie die Viktimisierungsmuster unterliegen auch die Bewältigungs- bzw. Coping-Strategien nach dem Übergriff einer mitunter intensiven Dynamik, die sehr verschiedene Formen der Verarbeitung bzw. Gegensteuerung durchlaufen kann (vgl. auch Kapitel 6.4).

Insgesamt bestätigen unsere Analysen zur Dynamik von Viktimisierungsmustern und Folgen gewalttätiger Übergriffe im Sinne einer Unterscheidung der Formen von „persönlicher" und „anteilnehmender Viktimisierung" (vgl. Kapitel 2.5 sowie Strobl/Lobermeier/Böttger 2003: 30 ff.) in weiten Teilen die Resultate der quantitativen Untersuchungen von Witterbrood und Nieuwbeerta (2000) sowie von Hopkins und Tilley (2001): Opfererfahrungen und Viktimisierungsmuster sind grundsätzlich nicht als statisch zu begreifen. Sie verändern sich häufig im Laufe der Zeit und unterliegen bisweilen auch im Rahmen der Interaktion während einer Viktimisierung einer gewissen Prozesshaftigkeit. Dies macht das folgende Beispiel deutlich:

Nachdem ein Jugendlicher auf der Flucht vor einer rechtsextremistischen Skinheadgruppe mit einem Freund Zuflucht im elterlichen Haus suchen musste, belagerten die Skinheads dieses Haus:

> „B.: ... und da gehen die zu meinem Vater hin und sagen: 'Na, das nächste Mal haste keine Zeit mehr die Bullen zu rufen. Zerr'n wir dich in 'ne dunkle Ecke und ... '
> *I.: Zu deinem Vater jetzt?*
> B: Ja, dem haben sie jetzt im Nachhinein – ist auch schon angefahren worden von den Nazis.
> *I.: Nachdem das passiert ist?*
> B.: Ja." (Interview 2.1)

Der Jugendliche ist hier zwar zunächst das Opfer, gegen das sich die Gewalthandlungen der Skinheadgruppe richten, jedoch ist bald auch der Vater des Jugendlichen an der Interaktion beteiligt. Bei Kindern und Jugendlichen als Opfern von rechtsextremer Gewalt ist eine solche Dynamik traditioneller Viktimisierungsmuster nicht selten, da die Eltern oder Erziehenden oft in das Geschehen einzugreifen versuchen. Der Vater ist in diesem Beispiel zunächst lediglich anteilnehmend beteiligt („anteilnehmende Viktimisierung"), allerdings verändert sich seine Position in dem Moment, als er mit der zu Hilfe gerufenen Polizei Kontakt aufnimmt, um sich mit ihr über die weitere Vorgehensweise zu beraten, was ihm den Zorn der Skinheadgruppe einbringt und zu einer konkreten Gewaltandrohung durch die Gruppe führt, der offensichtlich einige Zeit später auch ein gewalttätiger Übergriff gegen ihn gefolgt ist („persönliche Viktimisierung").

Als beispielhaft für einen Verlust an Vertrauen auf den Ebenen der „gesichtsabhängigen" sowie der „gesichtsunabhängigen" Bindungen (Giddens 1995; vgl. Kapitel 2.6) sei im Folgenden der Fall eines Jugendlichen zitiert, bei welchem neben der primären Viktimisierung, die im Rahmen einer Täter-Opfer-Interaktion stattgefunden hat, auch eine sekundäre Viktimisierung zum Tragen kommt, durch die die bereits bestehende Verunsicherung noch einmal eine massive Vertiefung erfahren hat:

> *„I.: Und die waren dann ja – die Freundin stand ja relativ deutlich unter Schock. Ist die behandelt worden ... ?"*
> B.: Nee, gar nicht. Wurde uns aber auch gar nicht angeboten. Weder noch. Wir sind ja dann direkt zu der Polizeidirektion da gelaufen, unter einer Höllenangst eigentlich, weil

wir genau wussten, dass die Täter aus (Ortsangabe) kommen, und wenn die zu Fuß unterwegs sind, können die jeden Moment um die Ecke biegen, und wir laufen denen entgegen. Weil wir hatten ja `n Vorsprung und – ja. Das war auch toll. Super. Und in der Polizeidirektion haben sie uns auch mit den Worten begrüßt, nachdem wir dann gesagt haben ‚Fünf Skins irgendwie, haben uns gerade an der Straße ... ': ‚Ach, die schon wieder'. ... Hab' ich auch gedacht, warum laufen die frei rum – die schon wieder? Also es war wohl irgendwie bekannt, das Ganze, ne. Dann haben wir die Anzeige erstattet und nichts mehr gehört." (Interview 6.1).

Noch intensiver als bei Jugendlichen können Vertrauensverluste sein, die Kinder durch Viktimisierungen erfahren. So reichte die Verunsicherung bei dem im Folgenden zitierten zehnjährigen asiatischen Kind so weit, dass es zunächst nicht mehr in der Lage war, mit seinen Eltern über einen Vorfall zu sprechen, bei dem mehrere Jugendliche es – begleitet durch ausländerfeindliche und rechtsextremistische Parolen – mit Schlägen und glühenden Streichhölzern quälten.

> *„I.: Und was hast du gedacht in dem Moment? Was hast du gefühlt, warst du sauer, hattest du Angst?*
> B.: Ja, ich war ganz sauer und ich hatte nur ein bisschen Angst.
> *I.: Nur ein bisschen Angst. Warst sauer? Hast du dich gewehrt?*
> B.: Ich hab mich nicht gewehrt. Ich hab die einfach nur in Ruhe gelassen.
> *I.: Und wie war das dann danach? Wie war es am Tag danach, wie ist es dir dann gegangen? Weißt du das noch ... ?*
> B.: Da haben wir nicht, da haben wir es nicht unseren Eltern gesagt. Und danach kam von (Eigenname) seine Mutter raus ... danach sind wir schon mit Vati zu Doktor gegangen und danach zu Kripopolizei.
> *I.: Und deinem Vater hast du es aber gleich erzählt?*
> B.: Nein, ich hab's nicht erzählt. Wir haben es erst mal verschwiegen.
> *I.: Ach, erst mal verschwiegen. Warum denn?*
> B.: Ja, ich dachte, ich bekomme danach Hausarrest und Ärger." (Interview 3.1)

Unklar bleibt in diesem Fall, inwieweit die zusätzlich vom Vater befürchtete Bestrafung – für die kein Grund vorzuliegen schien, da das Kind selbst nach seinen Darstellungen in keiner Weise provozierend oder aggressiv gehandelt hatte – zu einer weiteren Verunsicherung des Opfers beigetragen hat. Dem Kontext des Interviews (und auch einem Interview mit dem Vater selbst) ist jedoch zu entnehmen, dass der Vater auch bei Kenntnis des rechtsextremistischen Übergriffes gegen das Kind eine Strafe weder angedroht noch realisiert hat. Wahrscheinlicher ist es, dass der Junge die Schwere der Tat im Verhältnis zu alltäglichen Erlebnissen, bei denen er wegen eines Fehlverhaltens bestraft wurde, aufgrund seiner Verunsicherung nicht mehr angemessen einschätzen konnte. Dafür spricht ebenfalls, dass auch zum Zeitpunkt des Interviews – einige Wochen nach dem Ereignis – deutliche Anzeichen von Unsicherheit und Erregung erkennbar waren, als der junge Interviewpartner den Tatverlauf schilderte.

Allerdings wurde bereits angemerkt, dass ein Projekt, das mit Interviews arbeitet, bei Kindern als Interviewpartnern bisweilen an Grenzen stößt. So wird in dem in Kapitel 5.2 in diesem Zusammenhang zitierten Textausschnitt neben der offensichtlichen Erregung des Kindes, als es um die Darstellung der Viktimisierung geht (und auch in anderen, „ruhigeren" Passagen des Interviews), ebenfalls deutlich, dass der junge Interviewpartner noch Probleme hatte, Ereignisse chronologisch, kohärent und im Format einer rekonstruierten Geschichte darzustellen. Kinder im Alter von zehn Jahren begreifen ihr Leben zumeist noch nicht als (rekonstruierbare) Geschichte. Geschichten werden in ihrer Welt von anderen erzählt.

Aus der Arbeit mit Kindern, die Opfer sexuellen Missbrauchs geworden sind, ist bekannt, dass die Wiederherstellung von Vertrauen die wesentliche Voraussetzung dafür darstellt, dass diese Kinder wieder ihren „Weg zurück in das Leben" finden. Hierzu gehört neben Aktivitäten zur „Normalisierung der Lebenswelt" eine große Empathiefähigkeit, um den Kindern freie Entscheidungen in den für sie bedeutsamen Fragestellungen zu überlassen (vgl. Haupt et al. 2003). Im Aufbau einer vertrauensvollen und „geduldigen" Atmosphäre liegt hierbei der Schlüssel dafür, zu diesen Kindern wieder einen „normalisierten" Kontakt herzustellen. Dies bezieht sich zwar im Falle eines sexuellen Missbrauchs auf eine in der Regel noch massivere Form der Gewalt sowie auf Viktimisierungen, die Kindern im sozialen Nahraum beigebracht werden, während in der hier präsentierten Studie zu den Folgen rechtsextremer Gewalt – die im sozialen Nahraum eher selten ausgeübt wird – die Täter, die bei den betroffenen Kindern und Jugendlichen einen erheblichen Vertrauensverlust hervorgerufen haben, diesen in den meisten Fällen vorher nicht bekannt waren. Insgesamt unterstreichen jedoch auch die zuletzt zitierten Interviewpassagen die Notwendigkeit, von rechtsextremer Gewalt betroffenen Kindern ein vertrauensvolles und „geduldiges" Umfeld bereit zu stellen.

Mit den psychischen Folgen gewalttätiger Übergriffe für die Opfer gehen grundsätzlich auch soziale Tatfolgen einher oder werden durch diese als sekundäre Schäden verursacht (vgl. Tampe 1992). Dazu werden gezählt: Kontaktabbruch, Kommunikationsprobleme, Wohnortwechsel, Isolation, Vereinsamung sowie ein nahezu krankhaftes Misstrauen gegenüber anderen Menschen, auch gegenüber vertrauten Personen aus dem direkten sozialen Umfeld (vgl. Haas/Lobermeier 2005).

Den Aussagen unserer Interviewpartner ließ sich entnehmen, dass nahezu alle von sozialen Tatfolgen betroffen waren. Mehrere haben ihren Wohnort gewechselt, einige sind innerhalb ihrer Stadt umgezogen. Zudem wurde sehr häufig von Gefühlen einer Isolation und eines starken Misstrauens berichtet, in einigen Fällen wurden als einzige Vertrauenspersonen die Mitarbeiter von Opferhilfestellen genannt. Einer der Betroffenen klagte zudem über große Ängste, seine Wohnung zu verlassen, da er sich beobachtet und verfolgt fühlte.

Auch wenn einige der Interviewpartner nach der Tat lediglich bestimmte Gegenden oder Orte nicht mehr aufsuchten, in denen sie mit der erhöhten Gefahr einer erneuten Viktimisierung rechnen mussten, so bedeutete dies für sie dennoch eine mit Angst verbundene Eingrenzung ihres gewöhnlichen Bewegungsumfeldes. Ein Betroffener gab darüber hinaus an, seit dem Übergriff größere Probleme mit den Eltern zu haben, da diese sich in für ihn unangenehmer Weise besorgt zeigten (vgl. Interview 20.1).

Haas und Lobermeier (2005) weisen zudem darauf hin, dass zu den Tatfolgen insbesondere auch eine soziale Desintegration der Opfer zu rechnen sei. Dies ist in der vorliegenden

Studie vor allem dann zu beobachten, wenn die Akteure des sozialen Umfeldes auch lange nach dem Übergriff glauben, dem Opfer besondere Rücksicht entgegenbringen zu müssen und den Kontakt zu ihm deshalb schließlich meiden. Die Toleranz des sozialen Umfeldes ist bisweilen nach einer gewissen „Schonfrist" erschöpft, und die ehemaligen Bezugspersonen der Betroffenen reagieren danach unter Umständen mit Unverständnis oder sogar Ablehnung. Je mehr sich die Betroffenen jedoch aus ihrem bisherigen sozialen Leben zurückziehen, sei es, um einen erneuten Übergriff zu vermeiden, sei es, um – im Sinne einer sekundären Viktimisierung (vgl. Kapitel 3.2.3) – mit dem Unverständnis des sozialen Umfelds nicht konfrontiert zu werden, desto höher ist die Wahrscheinlichkeit einer sozialen Desintegration.

6.2 Erfolgreiche Opferreaktionen und geschlechtstypische Unterschiede

Im Rahmen der Frage, welche Reaktionsmuster die befragten Opfer von rechtsextremistisch motivierten gewalttätigen Übergriffen während der Tat angewendet haben, war insbesondere von Interesse, welche Verhaltensstrategien sich dabei als erfolgreich erwiesen haben und welche nicht. Die jeweils gefundenen Muster wurden weiterhin unter dem Aspekt des Geschlechts der Betroffenen näher untersucht, um gegebenenfalls Aussagen über mögliche geschlechtstypische Unterschiede oder Besonderheiten im Opferverhalten treffen zu können.

Die höhere Anzahl der in unserer Studie befragten Männer (interviewt wurden 21 männliche gegenüber 10 weiblichen Betroffenen) erklärt sich dabei aus der generell höheren Zahl männlicher im Vergleich zu weiblichen Opfern bei rechtsextremistisch motivierten Gewaltdelikten sowie aus dem entsprechenden Verhältnis der Betroffenen, die Hilfe bei Opferhilfestellen gesucht hatten, über die wir den Kontakt zu unseren Interviewpartnern hauptsächlich hergestellt haben. So wurden z.B. im Jahr 2004 von Beratungsstellen in den fünf neuen Bundesländern und Berlin 147 weibliche und 675 männliche Opfer rechtsextremer Gewalt betreut (vgl. Civitas 2004).

Lamnek (1986: 217) kategorisiert die Opferreaktionen nach Deliktarten wie z.B. (schwere) Körperverletzung, Raub oder Vergewaltigung. Daraus ergeben sich unterschiedliche Opferreaktionen, die im Zusammenhang einer Viktimisierung zum Tragen kommen können. Zum einen findet sich hier das Muster, dass der Betroffene aus Gründen der Angst, bzw. der Unkenntnis darüber, was geschehen wird, gänzlich passiv bleibt. Weitere Reaktionen sind Rufe um Hilfe, aber auch „Schimpfen", handgreiflich werden im Sinne einer körperlichen Gegenwehr oder der Versuch mit dem Täter zu reden. Des weiteren werden Versuche genannt zu fliehen, den Täter zu überlisten oder sogar zu verfolgen.

Die Analyse des von unseren Interviewpartnern berichteten Opferverhaltens zeigt, dass bei ihnen sehr verschiedene Strategien während der Viktimisierung zur Anwendung gekommen sind. Folgende Verhaltensmuster konnten dabei festgestellt werden:

Opferreaktionen

- Ignorieren der Täter
- Verbale Gegenwehr
- Körperliche Gegenwehr
- Schutzreaktionen
- Hilfe holen bzw. Hilferufe
- Flucht ergreifen
- mit dem Täter sprechen
- Gewaltandrohung
- Verfolgung

Diese in der vorliegenden Studie identifizierten Reaktionen decken sich weitgehend mit den von Lamnek beschriebenen Strategien. Weiterhin zeigte sich, dass die von uns Befragten bei rechtsextremen Übergriffen eine hohe Variabilität an Reaktionen zeigten, zumal die Untersuchung sich aufgrund ihrer theoretischen Ausrichtung im Wesentlichen auf das Delikt der angedrohten oder realisierten (schweren) Körperverletzung bezieht.

Lamnek (1986: 214 ff.) differenziert das Opferverhalten im Rahmen der Tat weiterhin nach situationsadäquaten und situationsinadäquaten Reaktionen. Als inadäquat wird dabei z.B. der aktive Widerstand eines einzelnen Opfers gegen mehrere Täter bezeichnet, wenn in der Tatsituation eine Fluchtmöglichkeit besteht. Adäquat wäre hingegen eine physische Abwehrmaßnahme, wenn das Opfer es mit einem körperlich unterlegenen Einzeltäter zu tun hat. Lamnek weist jedoch explizit darauf hin, dass die Entscheidung für eine „richtige" Strategie in der Realität nicht ohne weiteres zu treffen ist, zumal die meisten Tatsituationen komplex und mehrdeutig sind. Es hänge von mehreren Faktoren wie Delikt, Tatsituation, Täter- und Opferpersönlichkeit, Befindlichkeit des Opfers und Täter-Opfer-Beziehung ab, ob sich bestimmte Reaktionsmuster als erfolgreich oder nicht erfolgreich erweisen.

Im Folgenden ein Beispiel aus unseren Interviews, in dem sich die – hier situationsadäquate – Strategie „Schutzreaktion" als erfolgreich erwiesen hat. Sie diente dem Schutz der eigenen Person vor lebensgefährlichen Verletzungen:

„B.: Der Körper war egal, der Kopf musste getroffen, das war abzu ... – das hab ich – das hab ich dann irgendwann gekriegt so, also, irgendwie mitgekriegt, worum's denen da so ging. Also in dem Sinne, mich haben sie nicht wirklich getroffen am Kopf, weil ich auch halt – weil im Endeffekt habe ich wohl auch instinktiv richtig reagiert ... und bin halt am Boden liegen geblieben und hab' halt nur irgendwie versucht den Kopf zu schützen ... . Aber die haben halt keinen Treffer gehabt, richtig." (Interview 6.1)

Dass sich jedoch auch eine situationsinadäquate Strategie im Einzelfall als erfolgreich erweisen kann, wird an dem nachfolgenden Beispiel deutlich, in dem der Angegriffene sich gegen mehrere Täter zunächst mit einem Stock verteidigen konnte:

„B.: Und sie kommen zusammen, und ich möchte zu meiner Wohnung, ja, reingehen, ja. Und ich habe diese Leute zwar gesehen, draußen gesehen, und ich möchte in meine

Wohnung, ganz einfach meine Tür zumachen, und dann die Problem ist fertig, ja. ... Und erste Mal habe ich mit Erfolg das gemacht, ja, aber sie haben noch mal versucht, und ich konnte ja nicht die Tür zumachen, ja. ... Und dann habe ich noch mal versucht, mit meinen zwei Händen, ja, diese Leute zu drücken, ja, fort zu drücken, ja. ... Dann bin ich – habe ich meinen Gehstock benutzt. ... Und dann ich hab' diese Leute draußen getroffen, ja. ... Dieser Stock hat ihn am Kopf getroffen vielleicht oder so was." (Interview 10.2)

Und auch als daraufhin einer der Täter noch weitere Gleichgesinnte zur Unterstützung holte, die sich gerade in dem Haus auf einer Party aufhielten, verteidigte sich der Betroffene durchaus erfolgreich:

„B.: „Und das waren, ich denke, zwölf oder dreizehn Personen zusammen. Es gibt auch ein, zwei, oder ein Mädchen auch. Ja, okay, und alle haben mich geschlagen und so weiter. ... Und ich hab' mich, wenn die Leute fangen mit mir an zu schlagen, mit Füße und so was und mit Fäusten und so weiter, ja. Und auch einmal hat man mich mit 'ner Bierflasche geschlagen dann. ... Und dann plötzlich sind die Leute – alle sind weggelaufen." (Interview 10.2)

Der Übergriff war zu diesem Zeitpunkt jedoch noch nicht beendet, weil zwei der Täter dem Befragten in die Wohnung gefolgt waren. Schließlich bemächtigte sich der Verfolgte eines Küchenmessers und bedrohte die Täter nun seinerseits erneut, woraufhin diese endlich von ihm abließen:

„B.: „Aber dann ich hab' – in dieser Situation bin ich schnell in meine Küche gegangen, ja, und ich habe eine Küchenmesser geholt, ja, okay. Und dann habe ich diese Leute gesagt, ja, wenn ihr kommt in meiner Wohnung, ich schlage euch bis in den Tod, ja, und so weiter. Und er hat gesehen, hat Angst, ja, davor. Und dann habe ich die Tür zugemacht, ja." (Interview 10.2)

Wie aus dem Beispiel ersichtlich, war der Interviewpartner den Tätern massiv unterlegen, weil diese eine quantitative Übermacht darstellten. Dennoch konnte er sie erfolgreich abwehren und so dem Übergriff ein Ende setzen. Nach der Klassifikation von Lamnek war sein Verhalten während des Übergriffs inadäquat, hatte jedoch durchaus Erfolg.

Im Vorfeld und auf theoretischer Basis ist es zumeist unmöglich zu entscheiden, welche Strategie angemessen ist, da das Verhalten des Täters bzw. der Täter kaum antizipiert werden kann. So lassen sich zwar auf der Basis des uns zur Verfügung stehenden Materials bestimmte typische Handlungsmuster der rechtsextremen Täter erkennen, die Dynamik eines Angriffs hängt jedoch von zu vielen unterschiedlichen Aspekten ab, als dass man sie vorhersehen oder im Vorfeld einkalkulieren könnte. Zwar beginnen die meisten Übergriffe mit Beschimpfungen der Opfer und gehen anschließend in körperliche Angriffe über, jedoch führen z.B. auch gleiche Reaktionen der Opfer auf solche Beschimpfungen (z.B. verbale oder körperliche Gegenwehr) insgesamt zu sehr unterschiedlichen Gegenreaktionen seitens der Täter.

Im Folgenden ein Überblick über die Reaktionen unserer Interviewpartner während der gewalttätigen Übergriffe, die sich als erfolgreich und als nicht erfolgreich erwiesen haben. Als erfolgreich werden dabei insgesamt diejenigen Reaktionen bezeichnet, die zu einem schnelleren Ende des Übergriffs führten, indem sie die Täter dazu gebracht haben, von den Opfern abzulassen, sowie diejenigen, durch die das Opfer seinen Körper vor Schlägen und gefährlichen Verletzungen schützen konnte. Strategien, die diese Wirkungen nicht erzielt haben, werden als nicht erfolgreich bezeichnet.

Opferreaktionen nach Erfolg

	erfolgreiche Reaktionen	teilweise erfolgreiche Reaktionen	nicht erfolgreiche Reaktionen
- Ignorieren der Täter			●
- Verbale Gegenwehr		●	
- Körperliche Gegenwehr		●	
- Schutzreaktionen	●		
- Hilfe holen bzw. Hilferufe	●		
- Flucht ergreifen	●		
- mit dem Täter sprechen			●
- Gewaltandrohung	●		
- Verfolgung	●		

Dabei fällt auf, dass die meisten von den Opfern realisierten Strategien erfolgreich waren. Dazu zählen Schutzreaktionen, das Bemühen um Hilfe, das Ergreifen der Flucht, das Androhen von Gegengewalt sowie die Verfolgung des Täters. Hingegen sind Strategien wie das Ignorieren des Täters und der Versuch einer verbalen Kommunikation von den Befragten als in der Tatsituation nicht erfolgreich beschrieben worden. Es zeigt sich jedoch auch, dass sich zwei Verhaltensmuster – die verbale und die körperliche Gegenwehr – nach den genannten Kriterien „erfolgreich" und „nicht erfolgreich" nicht eindeutig zuordnen lassen, da sie in einigen Fällen zum Erfolg führten, in anderen jedoch erfolglos blieben.

Auch die Differenzierung der Opferreaktionen im Rahmen der rechtsextremistisch motivierten Übergriffe nach dem Geschlecht der Betroffenen zeigt ein insgesamt heterogenes Bild.

Oft wurde von männlichen Tätern – so die Einschätzung in vielen unserer Interviews – die physische Gegenwehr einer von ihnen verbal oder körperlich attackierten Frau nicht erwartet. Den weiblichen Opfern wurde in diesem Zusammenhang eine prinzipielle körperliche Unterlegenheit und damit verbundene Hilflosigkeit in der Situation des Übergriffs unterstellt. Dadurch konnte jedoch eine unserer Interviewpartnerinnen den Überraschungseffekt der Gegenwehr nutzen:

„B.: Ich habe die Straße überquert. Als ich sie überquert hatte, begann er: ‚Scheißafrikaner ... '. Also, als ich so war, habe ich mich umgedreht. Ich habe zu ihm gesagt: ‚aufgrund des Alkohols, den du getrunken hast, irrst du dich. ... Du denkst, weil du Alkohol getrunken hast, wirst du mich schlagen.' Und er sagte: ‚Ja'. In dem Moment hat er mich hier geohrfeigt. Als er mich schlug, versuchte er – versuchte er nochmals mich zu schlagen. Aber ich ohrfeigte das zweite Mal. Ich habe ihn so an seiner Jacke festgehalten. Ich habe ihn über mich gezogen und wir sind auf den Boden gefallen. Jetzt war ich über ihm. Er hat alles versucht, um mich von sich wegzustoßen. Nein, es war schwer. ... Er hat meine Bluse zerrissen. Ich habe auch etwas von ihm zerrissen. ... Ich habe alles gemacht, um mich – um den Jungen festzuhalten. ... Bis zu dem Moment, als die Leute gekommen sind, um mich – mich – mich hochzuheben." (Interview 21.1)

In diesem Beispiel wird freilich ebenfalls deutlich, dass der Alkoholkonsum des Täters vor dem Übergriff die Kräfteverhältnisse in der Interaktion maßgeblich beeinflusst haben dürfte, auch wenn dem Interviewmaterial nicht zu entnehmen ist, in welchem Maße genau der Täter vom Alkohol beeinflusst wurde. Hinzu kommt, dass die angegriffene Frau bereits zwei ähnliche Übergriffe erlebt hatte, in denen sie sich erfolgreich gegenüber männlichen Tätern zur Wehr setzen konnte.

Ein Gegenbeispiel zu dem Erfolg einer körperlichen Abwehr des Angriffs findet sich indessen bei unserer im Folgenden zitierten Interviewpartnerin. In diesem Fall hatte die Betroffene bereits verschiedenartige Strategien „ausprobiert" und sich dann entschieden, Übergriffe nicht mehr passiv über sich ergehen zu lassen, sondern durch aktive körperliche Gegenwehr die Situation bewusst zur Eskalation zu bringen:

„B.: „In dem Moment, wo ich vorne in die Tür einstieg von der Straßenbahn, stiegen die an der gleichen Tür aus. Und bevor die Tür von der Straßenbahn – ich war schon drin, meine Mutter stand noch draußen, weil sie meinte, eben auch mit ihrer Hüfte: ‚Geh', fahr' doch schon mal vor' – hörte ich da, die Tür war noch nicht zu: ‚Ach, da ist doch die – diese Afrikanerfotze von gestern.' In dem Moment dachte ich mir: ‚Also jetzt reicht es mir, das muss ich mir jetzt nicht geben. So echt kleine, kleine Milchschnitten krieg' ich jetzt auch noch auf die Reihe. Bin halt raus und hab' dann angefangen, wo ich mich sonst nicht so drauf einlasse – auf deren Niveau. ... Das steigerte sich immer so weiter, dass es irgendwann die Szene gab, dass – dass er mir – sehr nah an mich rankam und ich, wie beim Kickboxen, versucht hab' – ihn mit einem Kick versucht hab' abzuwehren, woraufhin er dann so absolut die Fassung verloren hat ... und dann relativ unvermittelt mir mit seiner Rechten ins Gesicht schlug. Und so heftig, dass mein – dass ich ans Geländer geschleudert worden bin." (Interview 12.1)

Auch bei den männlichen Opfern wurde körperliche – und auch verbale – Gegenwehr sowohl erfolgreich (vgl. z.B. Interview 10.1) als auch nicht erfolgreich angewandt. Eine erfolglose körperliche Gegenwehr sei im Folgenden kurz dokumentiert:

„B.: No, die hatten gesagt: ‚Was hast du gesagt?' und fangen an zu schubsen. ... Hab' ich auch reagiert, hab' ich auch mitgemacht ... mit dieser Schubserei, und dann hat diese – habe ich diese Hand weggeschubst. ... Die haben noch mehr Schubsen und Treten, und hab' ich auch mitgemacht. ... Und einer hat Pistole hier, einer hat mich so genom-

men, mir war schwindelig ... gewürgt, und ich bin so gekommen gegen eine Container ... noch nicht zwei Sekunden, einer ist gekommen hier (deutet einen Schlag an).
I.: Mit der Faust ... mit der Faust auf den Kopf?
B.: So war's. Dann ist Blut gekommen. Ich hab' versucht bisschen wegzugehen. Aber die sind hier 'rum (deutet einen Weg an)." (Interview 1.1)

Insgesamt verteilen sich die unmittelbaren Reaktionen der Opfer, von denen uns berichtet wurde, unter dem Aspekt des Geschlechts der Betroffenen folgendermaßen:

Opferreaktionen nach Geschlecht

	weibliche Opfer	männliche Opfer
- Ignorieren der Täter	●	●
- Verbale Gegenwehr	●	●
- Körperliche Gegenwehr	●	●
- Schutzreaktionen		●
- Hilfe holen bzw. Hilferufe	●	●
- Flucht ergreifen	●	●
- mit dem Täter sprechen		●
- Gewaltandrohung	●	●
- Verfolgung		●

Sowohl bei den männlichen als auch den weiblichen Befragten finden sich die Verhaltensmuster des Ignorierens, verbaler und körperlicher Gegenwehr, des Bemühens um Hilfe, der Flucht sowie der Gewaltandrohung. Die übrigen Strategien wie Schutzreaktionen, verbale Kommunikation mit dem Täter sowie dessen Verfolgung wurden lediglich von männlichen Betroffenen angewendet.

Eine Differenzierung der unmittelbaren Reaktionen der Betroffenen auf die rechtsextremistisch motivierten Übergriffe sowohl nach Erfolg als auch nach Geschlecht zeigt ebenfalls ein breites Spektrum möglicher Ausprägungen jedoch auch – trotz der relativ kleinen Stichprobe der qualitativen Studie – einige recht kohärente Tendenzen.

Das Beispiel eines asiatischen Jungen, der auf dem Schulweg von einer rechtsextremen Gruppe Jugendlicher angegriffen und mit brennenden Streichhölzern beworfen wurde, ist bereits zitiert worden. Aufgrund der sowohl quantitativen als auch altersbedingten Übermacht der Angreifer – die hier freilich entscheidender war als das Geschlecht der jeweils Beteiligten – hatte er die Idee einer körperlichen Gegenwehr aufgegeben und Hilfe bei Erwachsenen gesucht.

„*I.: Konntest du dich wehren?*
B.: Nein, da war ich nicht – da war ich noch klein, da war ich schwach. Konnte ich nichts." (Interview 3.2)

Auch ein weiterer Interviewpartner berichtete, sich nach kurzem Abwägen aufgrund der Überlegenheit der Angreifer statt einer körperlichen Gegenwehr für eine andere Strategie entschieden zu haben:

„B.: Bin halt – hab' halt gesehen, dass ich keine Chance hab' gegen die und bin halt am Boden liegen geblieben. ... Hab' gedacht, das kennst – ich kenn's jetzt aus den 80er Jahren, dass ich halt nebenbei auch so'n bisschen Fußballfan bin. Kenn ich´s halt aus den 80er Jahren, so Hooligan, Ehrenkodex, daher kommt´s wahrscheinlich. ... Ehrenkodex von Fußballhooligans sagt halt, von Leuten, die am Boden liegen, werden nicht mehr weiter so. Das ist halt 'ne harte Sachen an und für sich, aber da hab' ich dann vielleicht daran gedacht oder zurück entsinnt oder irgendwie instinktiv gehofft, dass irgendwie so'n Kodex existiert, dass, wenn wehrlose Opfer auf dem Boden liegen, einfach nicht – irgendwann muss es halt aufhören." (Interview 6.1)

Der Befragte hatte sich in diesem Fall auf sein Wissen über den Ehrenkodex mancher Hooligans verlassen, was ihm in der beschriebenen Situation jedoch fast das Leben gekostet hätte. Er trug massive Verletzungen davon, weil die Motivation der Täter in einer Art Mutprobe bestanden habe, die die „größtmögliche Verletzung" des Angegriffenen zum Ziel gehabt habe:

„B.: Also wir lagen auf dem Boden und wurden also die ganze Zeit nur mit Tritten malträtiert." (Interview 6.1)

Der Schutz des eigenen Körpers vor Tritten und Schlägen war bei diesem männlichen Opfer das Hauptziel seiner Reaktion. Er selbst, der den Übergriff gemeinsam mit einem Freund erlebte, mit dem zusammen er in der Stadt, in der der Angriff erfolgte, sein Studium absolvierte, sah seine Strategie im Nachhinein dennoch als erfolgreich an, da wesentliche Körperteile, insbesondere der Kopf, von den Tätern nicht verletzt worden seien.

Der im Folgenden zitierte männliche Gesprächspartner scheiterte in seinem Bemühen, die Situation des Übergriffs kommunikativ zu entschärfen.

„B.: Ich hab' sie darum gebeten, uns in Frieden zu lassen. ‚Bitte' habe ich gesagt." (Interview 15.2)

Der Versuch, mit den Tätern ins Gespräch zu kommen bzw. sie durch Argumente oder Bitten von ihrem Angriff abzubringen, konnte die Situation jedoch nicht positiv beeinflussen.

Insgesamt widersprechen die von unseren Interviewpartnern dargestellten Reaktionen im Rahmen des rechtsextremistisch motivierten Übergriffs der Auffassung einer „im Opfer liegenden" determinierten Verhaltensstrategie bei körperlichen Angriffen. Zudem haben die Betroffenen in den entsprechenden Situationen selten nur eine einzige Strategie angewendet. Vielfach wurden unterschiedliche Strategien „ausprobiert", sofern sich herausstellte, dass die erste Reaktion keine Aussicht auf Erfolg hatte. In mehreren Fällen konnte dabei eine Reihenfolge von Gegenreaktionen identifiziert werden, die bei jeweils ausbleibendem Erfolg durchlaufen wurde: Ignorieren der Täter; verbale Gegenwehr; körperliche Gegenwehr; Bemühen um Hilfe; Flucht.

In anderen Fällen war die Dynamik der Interaktion zwischen Täter und Opfer dafür ausschlaggebend, welche Verhaltensweisen angewendet und unter welchen situativen Umständen sie erfolgreich oder erfolglos eingesetzt wurden. Der im Folgenden zitierte Interviewpartner etwa ging zu der Strategie über, die Polizei zu Hilfe zu holen, sobald er erkannt hatte, dass seine Angreifer sich um Verstärkung bemühten. Aufgrund früherer ähnlicher Erfahrungen mit Rechtsextremen hatte er bereits die Telefonnummer der Polizei auf seinem Handy gespeichert:

„B.: Bevor die zehn Personen gekommen, ja, habe ich schnell die Polizei angerufen von meinem Handy, ja." (Interview 10.2)

Die Vielfalt an Reaktionen während der Tat trifft freilich auch auf weibliche Betroffene zu. In einem bereits in Kapitel 6.1 dargestellten Fall etwa (Interview 12.1) versuchte eine unserer Interviewpartnerinnen, die bereits drei rechtsextremistisch motivierte Übergriffe erfahren hatte, ihre Reaktionen zu analysieren und neue Strategien zu entwickeln, wie sie sich zukünftig verhalten könnte. Dabei wurde deutlich, dass diese Befragte zum Zeitpunkt des Interviews alle ihr zur Verfügung stehenden Strategien als nicht erfolgreich betrachtete. Allerdings brach bei einem der Übergriffe, die von ihr erlebt wurden, eine von ihr ungeplante Gegenreaktion durch, die entgegen ihren Erwartungen zum Erfolg geführt hatte:

„B.: Und dann weiß ich nicht, irgendwas brach dann, ich kann auch gar nicht sagen, an welchem Punkt, aber irgendwie – irgendwas zerbarst dann in mir, und dann Riesenkräfte muss ich da in mir gehabt – auf jeden Fall habe ich die auf einmal alle weggeschleudert. Also nicht weggeschleudert, aber weggedrückt. Stand an der Tür, ich bin raus. Hab' den weggeschubst, hab' die Tür – hab' die Tür aufgestoßen oder aufgeschoben und bin losgerannt. Ich weiß noch, dass ich mich einmal umgeguckt hab, als ich auf dem Bahnhof noch lief, zurückgeschaut hab' und ein Teil von denen hinter mir her kamen, die aber relativ unkoordiniert laufen konnten, weil sie einfach sturzbesoffen waren." (Interview 12.1)

Im Folgenden findet sich – im Sinne eines Überblicks – eine Unterteilung der verschiedenen Reaktionen unserer Interviewten nach ihrem Erfolg und nach dem Geschlecht der Betroffenen.

Sowohl bei den männlichen als auch bei den weiblichen Opfern hat sich das Ignorieren der Täter demnach eindeutig als nicht erfolgreich erwiesen. Dagegen waren das Bemühen um Hilfe, die Flucht, jedoch auch die Androhung von Gegengewalt erfolgreiche Strategien bei beiden Geschlechtern. Die verbale und auch die körperliche Gegenwehr seitens der Betroffenen führte sowohl bei den Frauen als auch bei den Männern in manchen Fällen zu dem beabsichtigten Erfolg, teilweise blieben diese Reaktionen jedoch auch erfolglos. Eine schnelle Reaktion in der Form einer körperlichen Gegenwehr durch eine Frau etwa kann einen männlichen Täter verunsichern, zur Flucht veranlassen und unter Umständen auch überwältigen, jedoch kann sie ihn auch zu intensiverer Gewaltanwendung provozieren.

Opferreaktionen nach Erfolg und Geschlecht

	erfolgreiche Reaktionen	teilweise erfolgreiche Reaktionen	nicht erfolgreiche Reaktionen
- Ignorieren der Täter			
weibliche Opfer			•
männliche Opfer			•
- Verbale Gegenwehr			
weibliche Opfer		•	
männliche Opfer		•	
- Körperliche Gegenwehr			
weibliche Opfer		•	
männliche Opfer		•	
- Schutzreaktionen			
weibliche Opfer			
männliche Opfer	•		
- Hilfe holen bzw. Hilferufe			
weibliche Opfer	•		
männliche Opfer	•		
- Flucht ergreifen			
weibliche Opfer	•		
männliche Opfer	•		
- mit dem Täter sprechen			
weibliche Opfer			
männliche Opfer			•
- Gewaltandrohung			
weibliche Opfer	•		
männliche Opfer	•		
- Verfolgung			
weibliche Opfer			
männliche Opfer	•		

Aus theoretischer Sicht lässt sich das hier untersuchte Täter- und Opferverhalten während eines rechtsextremistisch motivierten Übergriffs als ein Interaktionsprozess beschreiben, wobei unter einer Interaktion im Rahmen des Projekts die Kommunikation zwischen zwei oder mehreren Personen verstanden wird, „ ... die alle in der Interaktionssituation anwesend sind und wechselseitig miteinander Informationen austauschen können" (Böttger/Lobermeier/Strobl 2005a: 327).

Dabei konnten die von den Übergriffen betroffenen Opfer das Verhalten der Täter auf geplante oder auch auf unvorhergesehene Art und Weise beeinflussen, was teilweise zu

Erfolgen führte, indem der körperliche Angriff auf die Opfer durch diese abgewehrt oder auf andere Weise vereitelt wurde, teilweise jedoch auch nicht.

Festhalten lässt sich, dass einige Verhaltensmuster eindeutig als ineffizient erlebt wurden. Dies gilt sowohl bei den männlichen als auch bei den weiblichen Opfern insbesondere für den Versuch, die rechtsextremen Täter zu ignorieren. Zu den in unserer Studie identifizierten effizienten Mustern gehörten die Flucht sowie das Bemühen um Hilfe, was sich im Übrigen mit den meisten zur Zeit der Untersuchung herausgegebenen Empfehlungen zu Verhaltensweisen bei rechtsextremen Übergriffen deckt, nach denen insbesondere ein Fluchtversuch in einer solchen Situation am sichersten einzuschätzen sei. Körperliche Gegenwehr etwa sollte – wenn überhaupt – nur dann zum Einsatz gelangen, wenn andere Reaktionen erfolglos bleiben und sich der bzw. die Betroffene der eigenen körperlichen Überlegenheit sicher sei.

Auch im Falle erfolgreicher Gegenreaktionen seitens der Opfer kann jedoch nach deren Berichten in unseren Interviews davon ausgegangen werden, dass der durch den Übergriff erlebte Verlust an sozialer Anerkennung (vgl. Honneth 1992; Kapitel 2.7) mit starken Einwirkungen auf die soziale Identität der Betroffenen verbunden ist (vgl. Krappmann 1988; Kapitel 2.4), also einer starken Reduktion des Selbst- und Weltvertrauen sowie starken Gefühlen von Verhaltensunsicherheit und Angst.

Allerdings können unsere Ergebnisse keine gesicherten Hinweise darauf geben, dass bei den unmittelbaren Reaktionen im Rahmen der Tat ein „typisch männliches Opferverhalten" oder ein „typisch weibliches Opferverhalten" zu beobachten wäre. Ebenso wenig ließe sich eine generelle Aussage über geschlechtstypische Unterschiede bzw. Besonderheiten der Opferreaktionen hinsichtlich ihrer Effizienz oder Ineffizienz treffen. Dass z.B. Reaktionen wie der Versuch, mit dem Täter zu sprechen, bei weiblichen Befragten nicht zu beobachten waren, lässt aufgrund der bei einer qualitativen Untersuchung naturgemäß geringen Fallzahl weder den Schluss zu, dass es generell ein für Frauen untypisches Verhalten wäre, noch Spekulationen darüber, zu welchem Erfolg weibliche Opfer gegebenenfalls durch ein solches Verhalten gelangen könnten.

Befragt nach ihren persönlichen Ratschlägen zum Verhalten während einer Viktimisierung haben die meisten unserer Interviewpartner ebenfalls dazu geraten, die Flucht zu ergreifen, sobald dies möglich sei. Auch hier wurde angemahnt, sich nur dann für eine körperliche Verteidigung zu entscheiden, wenn man dazu physisch in der Lage sei. Ansonsten wurde von einer physischen Gegenwehr kategorisch abgeraten:

> „B.: Und wenn du eine Chance wegzulaufen hast, ja, dann mach' das ganz einfach, ja, schnell. Denke nicht an andere Sachen, ja, okay. Weil diese Leute, sie haben viel Hass, ja, okay. Und wenn diese Laute schlagen – ich hab das auch in diese Leute Augen gesehen, ja. ... Ich kann diese Sache nicht beschreiben, aber – mit viel Hass, ja. ... Einer reicht nicht, ein Faustschlag, zwei nicht reicht, ja." (Interview 10.2).

In dieser Hinsicht decken sich die Ratschläge der Befragten mit den Ergebnissen unserer Untersuchungen zu den Erfolgen verschiedener Opferreaktionen im unmittelbaren Rahmen der Tat, was im Übrigen auch auf die Strategie des Bemühens um Hilfe zutrifft. Den Aussagen der Interviewten lassen sich zum Teil konkrete Verhaltenshilfen entnehmen, wenn diese z.B. dazu raten, dritte Personen, wie etwa Passanten oder Beobachter des Geschehens, gezielt anzusprechen oder die Täter laut anzuschreien, um Unbeteiligte auf sich aufmerksam zu machen.

Zu dem Versuch, mit den Tätern im Rahmen des Übergriffs zu sprechen, wurden von den Befragten zwei unterschiedliche Meinungen vertreten. In einem Fall (vgl. Interview 24.1) wurde das Reden mit dem Täter erfolgversprechender eingeschätzt als die körperliche Gegenwehr. In einem anderen Fall jedoch (vgl. Interview 29.1) wurde hervorgehoben, dass das Reden mit rechtsextremistisch motivierten Tätern zu keinerlei Erfolg führen könne; dies habe die entsprechende Interviewpartnerin als politisch engagierte Person aufgrund ihrer Erfahrungen mit der rechten Szene festgestellt.

Sowohl die unterschiedlichen Ansichten der Befragten zu geeigneten Reaktionen der Opfer bei rechtsextremen Übergriffen als auch die Analyse der tatsächlich angewendeten Gegenmaßnahmen im Rahmen der Angriffe bestätigen aber vor allem die These von Tampe (1992: 30), der Viktimisierungsprozess sei ein individueller, der sich von den Opfern selbst nur in geringem Maß beeinflussen oder gar vermeiden ließe. Zwar konnten einige Tendenzen zu den Opferreaktionen im Verlauf der Tat gefunden werden, trotz dieser Ähnlichkeiten ist jede einzelne Viktimisierung jedoch anders verlaufen.

6.3 Reaktionen Unbeteiligter und sozialer Kontrollinstanzen

Ein großes Problem für nahezu alle unserer Befragten stellte die Gleichgültigkeit bzw. die fehlende Hilfsbereitschaft von Zeugen dar. Charakteristisch für viele der rechtsextremistisch motivierten Übergriffe ist es, dass sie zumeist im öffentlichen Raum stattgefunden haben, in dem sich auch Unbeteiligte aufhielten. Dass ein Eingreifen dieser Unbeteiligten so gut wie nie stattfand, erlebten die Betroffenen in der Regel als ebenfalls gegen sie gerichtete „sekundäre Viktimisierung" (vgl. Kapitel 3.2.3).

Prozesse einer persönlichen und sozialen Restabilisierung hängen neben den individuellen Kompetenzen der Betroffenen ganz entscheidend davon ab, welche Unterstützung sie von ihrer sozialen Umgebung erfahren (vgl. hierzu auch Strobl 1998). Das dem Projekt vorliegende empirische Material zeigt, dass solche Wiederherstellungsprozesse insbesondere dann schwierig werden, wenn Reaktionen Dritter – und zwar insbesondere sozialer Kontrollinstanzen – die Tat oder ihre gegen eine Minderheitengruppe gerichteten Motive verharmlosen, wodurch die Betroffenen sich selbst und die ihnen widerfahrene Viktimisierung als von Dritten nicht ernst genommen erleben. Ein Beispiel für eine solche Interaktion, in der sogar der Anwalt des Betroffenen die rechtsextremistischen Motive der Täter herunterspielen und den Fall insgesamt „nicht so politisieren" wollte, findet sich in unserem Interview mit dem Gesprächspartner eines westafrikanischen Staates, den er aufgrund eines Bürgerkrieges verlassen musste:

„B.: Ich hatte schon einen Anwalt, der ist in (Name einer Stadt) .... Mein Anwalt war so – ich weiß nicht – er hat gesagt so: 'Ich will nicht so politisieren, am Ende sie sind nicht so richtig'." (Interview 1.1)

Von entscheidender Bedeutung für die Stabilisierung der Opfer von Gewalttaten sind in diesem Zusammenhang – wie gesagt – die Reaktionen sozialer Kontrollinstanzen, sofern diese von der Tat Kenntnis erhalten haben. Der erste Kontakt kommt dabei zumeist mit der Polizei zu Stande, die entweder direkt in das Tatgeschehen eingreift oder zu späterer Zeit mit der Vernehmung der Opfer ihre Ermittlungsarbeiten beginnt.

Nicht selten geht ein rechtsextremistischer Übergriff – vor allem bei Betroffenen mit Migrationshintergrund, die in der Aufnahmegesellschaft oft noch nicht verwurzelt sind – mit einer Verminderung oder gar einem Verlust des Vertrauens in die Gesellschaft einher, in der sie, z.B. aufgrund ihrer ethnischen Herkunft, zum Opfer geworden sind. Einer solchen Verminderung des „Systemvertrauens" (vgl. Ohlemacher 1998) kann vor allem dadurch begegnet werden, dass die Instanzen sozialer Kontrolle in dieser Gesellschaft den Betroffenen durch ihr Verhalten signalisieren, dass der Normbruch durch die rechtsextremistisch motivierten Täter, der sie zu Opfern hat werden lassen, vom Staat missbilligt und strafrechtlich verfolgt wird. Geschieht dies nicht oder nur in einem Maße, das an der Ernsthaftigkeit des Bemühens der Polizei oder anderer Kontrollinstanzen, sich für die Interessen der Opfer im Sinne einer Durchsetzung strafrechtlicher Normen einzusetzen, zweifeln lässt, so kann dies zusätzlich zur Destabilisierung der Betroffenen hinsichtlich ihres Systemvertrauens beitragen und unter Umständen ihre soziale Identität erheblich beschädigen.

Für die Beurteilung der sozialen Kontrollinstanzen durch die Betroffenen von rechtsextremistisch motivierten Übergriffen ist zunächst entscheidend, wie die Arbeit der Polizei während oder nach der Gewalttat – sofern sie erfolgt ist – erlebt wurde. Dabei lassen sich verschiedene Muster der Beurteilung unterschieden.

Von den meisten Interviewpartnern, die einen Polizeieinsatz im Rahmen eines rechtsextremistischen Übergriffs erlebt haben, der gegen sie gerichtet war, wurde die Arbeit der Polizistinnen und Polizisten als zwar insgesamt nachvollziehbare, aber zumeist für die Betroffenen wenig hilfreiche Routinetätigkeit eingeschätzt.

Viele der Befragten – insbesondere solche mit Migrationshintergrund – hatten jedoch ihren Ausführungen in den Interviews zufolge auch kaum eine andere Erwartung hinsichtlich des Verhaltens der Polizei.

Genau die Hälfte der Interviewpartner, die im Rahmen des Übergriffs, dessen Opfer sie geworden sind, Kontakt mit der Polizei hatten, kam vor der Tat aus einer anderen Gesellschaft nach Deutschland (elf Personen). Die andere Hälfte lebte seit der Geburt in Deutschland.

Von den elf Personen *ohne Migrationshintergrund* hatten vier bereits vor der aktuellen rechtsextremistisch motivierten Tat Erfahrungen mit der Polizei in Deutschland gemacht, über die in drei Fällen negativ berichtet wurde:

„B.: Wenn ich halt mal eine Anzeige gemacht hab', weil ich eine draufgekriegt hab', dann halt so. Es ist eher lächerlich, wenn man zur Polizei geht. Das ist halt so." (Interview 2.1)

In diesen drei Fällen der negativen Beurteilung früherer Polizeikontakte erfolgte in den Interviews auch eine entsprechend problematische Darstellung des polizeilichen Verhaltens im Rahmen des aktuellen rechtsextremistischen Übergriffs. Beklagt wurde dabei von den Betroffenen vor allem ein distanziertes, den Opfern gegenüber eher gleichgültiges und insgesamt wenig engagiertes Verhalten der Polizistinnen und Polizisten.

Im Rahmen der Interviews konnte nicht geklärt werden, ob bzw. inwiefern auch die früheren, ebenfalls als problematisch erlebten Polizeikontakte bei diesen Interviewpartnern zu einer pauschalisierend negativen Einstellung gegenüber der Polizei beigetragen haben. Die zumeist differenzierten Berichte über das polizeiliche Verhalten im Rahmen des aktuellen Übergriffs lassen jedoch darauf schließen, dass es sich in der Regel nicht um eine unreflektierte pauschale Ablehnung der Polizei als Institution handelte[11].

Nur ein Interviewpartner ohne Migrationshintergrund, der bereits über Polizeierfahrung vor der aktuellen Tat verfügte, berichtete darüber positiv und gelangte auch zu einer überwiegend positiven Schilderung des polizeilichen Einsatzes im Rahmen des aktuellen rechtsextremistisch motivierten Übergriffs. Auch er wies zwar in diesem Zusammenhang auf Fehler hin, die die Polizei seines Erachtens gemacht habe – insbesondere darauf, dass der Einsatz nicht schnell genug erfolgt sei –, berichtete jedoch gleichzeitig, dass er sich in ähnlichen Situationen in Zukunft zuerst an die Polizei wenden würde.

Sieben der Befragten ohne Migrationshintergrund verfügten vor dem aktuellen Übergriff über keine Erfahrungen mit der Polizei. Auch in dieser Teilgruppe fiel jedoch das Urteil über das Verhalten der Polizistinnen und Polizisten im Rahmen der Tat in fünf Fällen problematisch aus, wobei auch hier vorwiegend eine den Opfern gegenüber distanzierte Polizeiarbeit beklagt wurde und – wie im folgenden Zitat – konkrete Hilfsangebote seitens der Kontrollinstanz oft gänzlich vermisst wurden:

„I.: *Und wie hat die Polizei reagiert?*
B.: Das war gar nicht, ist lächerlich. ... Waren schlecht gelaunt. Also die hatten eigentlich keinen Bock. Also es war weder noch. Also sie haben uns weder Hilfe angeboten noch, noch – wir hatten – ich hatte – man sah mir schon an, dass ich irgendwie grad' aus 'ner Schlägerei komm'. ... Aber Hilfe hatten wir dann eigentlich nicht. Waren uns dann auch überlassen. So, und wie halt gesagt, die waren wirklich schlecht gelaunt, dass – dass sie jetzt überhaupt Arbeit machen müssen." (Interview 6.1)

Zwei der Interviewpartner ohne Migrationshintergrund, die über keine Vorerfahrungen mit der Polizei berichteten, kamen im Rahmen des Interviews zu keiner Beurteilung des polizeilichen Handelns im Zusammenhang mit der aktuellen rechtsextremistisch motivierten Tat gegen sie.

Von den elf befragten Personen *mit Migrationshintergrund* haben neun ihre Herkunftsgesellschaft verlassen, weil ihr Leben dort wegen eines Bürgerkrieges, bürgerkriegsähnlichen Verhältnissen oder politischer Verfolgung bedroht wurde.

---

[11] Inwiefern die Beurteilung des polizeilichen Handelns auf Beeinflussung durch die Opferberatung zurückzuführen ist, lässt sich an dieser Stelle allerdings nicht klären.

„D.[12]: Aber ihm, wer sollte ihm helfen? Deshalb musste er eilig aus (Staat in Asien) weg. Und wenn er das nicht in diesem Moment getan hätte, wäre er jetzt schon im Grab gewesen." (Interview 15.1)

Zwei weitere Migranten sind wegen einer Ausbildung bzw. Berufstätigkeit nach Deutschland gekommen.

Bei den neun Interviewpartnern, die ihre Herkunftskultur aus Angst vor politischer Verfolgung verlassen mussten, war zunächst ersichtlich, dass sie auch über deutlich mehr Erfahrungen mit der Polizei verfügten, die bereits vor der aktuellen Tat erfolgten: Nur zwei dieser Befragten hatten vor dem rechtsextremistisch motivierten Übergriff gegen sie noch keinen intensiveren Kontakt mit sozialen Kontrollinstanzen. Sechs dagegen hatten bereits in ihrer Herkunftskultur Erfahrungen mit der dortigen Polizei, dem Militär oder auch Geheimdiensten gemacht, was in allen Fällen mit den politischen Bedingungen in Zusammenhang stand, die sie zwangen, ihre Heimat zu verlassen. Sieben Interviewpartner, die ihre Herkunftskultur aus Angst vor Verfolgung verlassen haben (unter ihnen auch die sechs, die bereits dort Kontakt mit Polizei oder anderen Kontrollinstanzen gehabt hatten) hatten auch schon Begegnungen mit der deutschen Polizei vor der aktuellen rechtsextremistischen Gewalttat. Alle Erlebnisse der politischen Flüchtlinge mit Polizei und anderen Kontrollinstanzen – sowohl in Deutschland als auch in der Herkunftskultur der Befragten – wurden in den Interviews als negative Erfahrungen dargestellt.

Die politischen Flüchtlinge unter den Interviewpartnern, die sowohl in ihrer Heimat als auch in Deutschland bereits problematische Erfahrungen mit Polizei und anderen Kontrollinstanzen gemacht hatten, gelangten bis auf zwei Ausnahmen auch zu einer negativen Beurteilung des polizeilichen Verhaltens im Rahmen der aktuellen Gewalttat, deren Opfer sie geworden sind. Dies soll im Folgenden an drei Beispielen verdeutlicht werden:

Interviewpartner 1 geriet – wie bereits dargestellt – in seinem Heimatland, einem westafrikanischen Staat, mit seiner Familie in die Wirren eines Bürgerkrieges. Als sein Leben in akute Gefahr geriet und er den Kontakt zu seinen Familienangehörigen nahezu vollständig verlor, gelang ihm die Flucht nach Deutschland.

„B.: Und alle diese Probleme hat mit Rebellen und Regierung zu tun und hat viel Problem gebracht, da hatte ich geschafft rauszugehen. ... Ich bin gekommen zu meiner Familie. Keiner war da. Da war Krieg und kein Auto. Es geht bumm, bumm, bumm. Und ich bin gekommen, keiner ist da." (Interview 1.1)

Auf die Frage, ob der Interviewpartner vor der Tat schon Kontakte zur Polizei in Deutschland hatte, antwortete er:

„B.: Und außerdem in (Stadt 1 in Deutschland) auch. Ich war auch weg. Und ich bin in (Stadt 1 in Deutschland), und ich hab' Kontrolle wegen dem Bußgeldverstoß. Weil es gibt hier, wenn du bist hier in die (Stadt 2 in Deutschland), dann kann du nicht in die

---

[12] Der Dolmetscher sprach von dem Interviewpartner in der dritten Person, als er der Interviewerin mit seiner Übersetzung antwortete.

(Stadt 1 in Deutschland). Wenn du dorthin gehst, dann hast du eine Kontrolle. Das heißt, du kriegst Bußgeld." (Interview 1.1).

Jede Art des Kontakts mit staatlichen Instanzen bis zur Zeit des Interviews beurteilte dieser Befragte negativ. Auch in Bezug auf eine Frage nach eventueller Hilfe durch die deutsche Polizei nach der rechtsextremistisch motivierten Tat gegen ihn fällt die Antwort negativ aus:

> „B.: Geholfen, nee, die hatten ihre Arbeit gemacht, mich gefragt, wie ist passiert. Protokoll geschrieben." (Interview 1.1).

Erschwerend kommt bei diesem Interviewpartner noch hinzu, dass auch Privatpersonen in seinem sozialen Umfeld und sogar sein Rechtsanwalt ihm den Rat erteilten, sich in Bezug auf den gegen ihn gerichteten Übergriff zu mäßigen und den „rechtsextremistischen Charakter" der Tat nicht „überzubewerten" (vgl. das Zitat zu Beginn des Kapitels). Weitgehend ohne Orientierung in der ihm unbekannten deutschen Kultur und ohne Informationen über den Verbleib seiner Familienangehörigen in der Heimat, blieb der Interviewpartner auch auf sich allein gestellt, wenn es darum ging, eine lebensgefährliche Gewalttat, die er als gegen seine ethnische Herkunft gerichtet erlebte, zu verarbeiten und darauf zu reagieren.

Auch unser Interviewpartner 10 stammt gebürtig aus einem afrikanischen Staat, in dem, wie er berichtet, sein erster Kontakt mit der Polizei zu einem langen Gefängnisaufenthalt führte, da er sich nicht habe ausweisen können:

> „B.: Und dort ich habe ein militärisch Gericht, es gibt da einen Bescheid, dass wir Todesstrafe. ... Jetzt mit Polizei: ‚Was machst du hier? Was willst du machen? Was – was würdest du machen, du bist Geheimdienst, oder? Oder was? Wo ist dein Papier, ja?' Dann ich bleibe acht Jahre.
> *I.: Acht Jahre im Gefängnis?*
> B.: Ohne Gerichtsverfahren." (Interview 10.1)

In Deutschland machte dieser Befragte andere problematische Erfahrungen mit der Polizei: Als einer seiner afrikanischen Freunde mit einem Messer angegriffen wurde, verhielt dieser sich weitgehend passiv:

> „B.: Und einmal für meine Freund haben – schlagen ihn hier. Mit Messer. ... Und die Polizei hat gar nicht gemacht. Und einmal die Polizei. Die hat eines afrikanisch geschlagen. Ja, und Polizei hat das gesehen, aber gar nicht gemacht. Und dann Polizei hat eine – eine Entschuldigung für diese Mann gemacht. Nur Entschuldigung." (Interview 10.1)

Als der Interviewpartner im Rahmen des aktuellen gegen ihn gerichteten rechtsextremistischen Angriffs ganz ähnliche Erfahrungen machte, gelangte er zu einer verallgemeinernd abwertenden Einstellung gegenüber der Polizei als Institution sowie gegenüber jedem Polizisten, der ihm seit dieser Zeit begegnete:

„B.: Für mich, ich habe Allergie für Polizist, ja." (Interview 10.1)

Seine Erfahrungen mit der Polizei in seinem afrikanischen Heimatland schilderte unser Interviewpartner 11 unter anderem folgendermaßen:

„D.: Also wenn – er kennt das eben so: Wenn man in (Staat in Afrika) zur Polizei sagt: ‚Nehmen Sie diesen Mann, bringen Sie ihn ins Gefängnis', dann wird die Polizei diesen Mann nehmen und ins Gefängnis bringen, ohne dass vorher eine Gerichtsverhandlung oder so was stattfindet." (Interview 11.1)

Sowohl in seiner afrikanischen Heimat als auch in Deutschland hatte dieser Befragte bereits mehrfach Kontakt mit der Polizei:

„D.: Also er hat schon sechs Mal hier in Deutschland – war direkt von Abschiebung bedroht und hatte dann auch direkte Auseinandersetzungen mit der Polizei." (Interview 11.1)

Was zu diesen Auseinandersetzungen geführt hatte und wie sie genau verlaufen waren, lässt sich dem Interview nicht entnehmen. Eine Straftat konnte dem Befragten jedoch nicht nachgewiesen werden, in den meisten problematischen Situationen schien er sich in der Opferrolle zu befinden. Auf die Frage nach seiner gegenwärtigen Einstellung gegenüber der Polizei nahm er in seiner Antwort direkt Bezug auf die Interaktion im Rahmen der aktuellen rechtsextremistisch motivierten Tat gegen ihn:

„D.: Also seine Erfahrung war halt bei dieser Geschichte, dass er hat geblutet am Auge halt, und er wurde daraufhin nicht sofort behandelt oder zum Krankenwagen gebracht, sondern die Polizisten haben ihn halt erst mal ausgefragt, was denn grad' passiert ist: ‚Wir wollen jetzt erst mal die Anzeige aufnehmen', wurde so wortwörtlich, ‚und dann können wir uns darum kümmern, um deine Verletzung.'". (Interview 11.1)

Auch wenn dieser Interviewpartner – bzw. sein Dolmetscher – dies weniger explizit als der zuvor zitierte Befragte schilderte, war ersichtlich, dass er – wie insgesamt vier der sechs Befragten, die sowohl in ihrer Herkunftskultur als auch in der deutschen Aufnahmegesellschaft negative Erfahrungen mit der Polizei gemacht hatten – zu einer eher ablehnenden Einstellung gegenüber Polizei und sozialer Kontrolle gelangte.

Ein weiterer Befragter, bei dem als negativ erlebte Kontakte mit der Polizei sowohl in der Herkunfts- als auch in der deutschen Aufnahmegesellschaft überwogen, blieb jedoch bei der Auffassung, dass die Polizei in letzter Konsequenz bei Angriffen gegen seine Familie – die er auch neben der aktuellen rechtsextremistisch motivierten Tat erlebte – zu deren Schutz hinzugezogen werden muss. Die Polizei wird hier nach wie vor auch als mögliche Hilfe in gefährlichen Situationen erlebt:

„B.: Weil, wenn dort etwas passiert, meine Frau kann nicht kämpfen, kann mir nicht helfen, nur vielleicht sie ruft Polizei an." (Interview 17.1)

Die Zustände in seinem afrikanischen Heimatland schildert dieser Interviewpartner unter anderem folgendermaßen:

> „B.: Ja, die Regierung hat viele Journalisten festgenommen, weil sie haben eine Artikel geschrieben. Der Präsident, es ist nicht wahr, und denn, deshalb – und es war Kriegszeit, deshalb sie haben so alles viel Person festgenommen. Und hab' ich auch diese Arbeit gekriegt, wenn ich – was soll ich machen? So ich konnte nicht hier leben. Ich muss weg." (Interview 17.1)

Als der Familie die Flucht nach Deutschland gelungen war, wendete sich der Befragte neben anderen Behörden auch an die Polizei, um Hilfe beim Ausfüllen eines Asylantrags zu erhalten. Er wurde jedoch immer wieder vertröstet:

> „B.: Keiner da, die mir wirklich geholfen in dieser Zeit. Die – habe ich Sozialamt gegangen, hab' ich erzählt, und hab' ich auch Polizei gegangen, Ausländerbehörde gegangen. Hat gesagt, ich muss warten." (Interview 17.1)

Unterstützung in dieser Angelegenheit fand er schließlich bei einer engagierten Opferhilfestelle, an die er sich nach der gegen ihn verübten rechtsextremistisch motivierten Gewalttat gewendet hatte. Das Verhalten der deutschen Polizei im Kontext dieses Übergriffs bewertete der Interviewte ausgesprochen positiv:

> „B.: Na, die Polizei hat wirklich gut gemacht, weil sie hat den nächsten Tag – sie hat mir gekommen, in Krankenhaus, ein Interview gemacht." (Interview 17.1)

Der sechste Befragte, bei dem problematische Erfahrungen mit der Polizei in der Herkunftsgesellschaft wie in der Aufnahmegesellschaft überwogen haben, hat bezogen auf das aktuelle rechtsextremistisch motivierte Delikt, dessen Opfer er geworden war, sowie zu seiner Einstellung gegenüber der Polizei nach dieser Erfahrung in unserem Interview keine Angaben gemacht.

Die drei befragten Personen, die aus ihrer Heimat fliehen mussten und von keinen negativen Erfahrungen mit Polizei oder anderen Kontrollinstanzen im Herkunftsland berichteten, beurteilten das Verhalten der Polizei nach der aktuellen rechtsextremistisch motivierten Tat ohne Ausnahme positiv:

> „I.: Und war die Polizei freundlich?
> B.: Ja, ganz nett. Also wirklich nett. Hat eine Visitenkarte gegeben, wenn was auf mich – und ja, behalt' ich noch." (Interview 24.1)

Dies gilt auch für den im Folgenden zitierten Interviewpartner, obwohl er von problematischen Erlebnissen mit der deutschen Polizei vor dem aktuellen Delikt berichtete:

> "I.: Sie hatten doch Kontakt zur Polizei. Und wie war das, wie wurden Sie behandelt?
> B.: Nein, freundlich, freundlich, ohne Probleme. ... Wenn es mir noch mal passiert, werde ich die Polizei anrufen." (Interview 21.1)

Auch wenn sich bei einer qualitativen Untersuchung mit einer vergleichsweise geringen Anzahl untersuchter Fälle quantitative Verallgemeinerungen verbieten, legen die Muster der in diesem Rahmen analysierten Biographien den Schluss nahe, dass Migranten, die als politisch Verfolgte ihre Herkunftskultur – oft aus Angst um ihr Leben – verlassen mussten und in diesem Rahmen problematische Erfahrungen mit den dortigen Kontrollinstanzen gemacht hatten, nach ihrer Flucht auch der deutschen Polizei gegenüber kritisch oder sogar negativ eingestellt sind – wenngleich in einzelnen Fällen das als distanziert oder gleichgültig erlebte Verhalten der deutschen Polizei gegenüber den Opfern rechtsextremer Gewalt mit Migrationshintergrund ebenfalls dazu beigetragen haben dürfte.

Demgegenüber haben alle Befragten, die in ihrem Herkunftsland keine negativen Erfahrungen mit staatlichen Instanzen gesammelt haben, das Verhalten der deutschen Polizei nach dem rechtsextremistischen Übergriff positiv beurteilt – und dies in einem Fall sogar, obwohl Erfahrungen mit der deutschen Polizei vor dieser aktuellen Tat negativ ausgefallen waren.

Anders als die Interviewpartner, die gezwungen waren ihre Heimat zu verlassen, haben sich die beiden Migranten unter unseren Befragten, die mit einem Studentenvisum bzw. der Aussicht auf einen Arbeitsplatz nach Deutschland gekommen waren, ohne Leidensdruck und Angst für einen Wechsel ihres Lebensumfelds entschieden:

> "I.: Und wolltest du dann überhaupt noch nach Deutschland?
> B.: Ja, aber es war auch ein Traum." (Interview 8.1)

Beide Interviewpartner hatten vor der aktuellen rechtsextremistisch motivierten Tat gegen sie weder in ihrer Herkunftskultur noch in der deutschen Aufnahmegesellschaft nennenswerte Erfahrungen mit Polizei oder anderen sozialen Kontrollinstanzen gemacht. Das Verhalten der deutschen Polizei im Rahmen des aktuellen Übergriffs wurde allerdings von beiden problematisiert. So berichtete der bereits zuvor zitierte Befragte, dass die Polizei die Situation in einer ostdeutschen Kleinstadt, von der bekannt war, dass die rechtsextreme Szene die Bevölkerung schon mehrfach in Angst versetzt hatte, pauschal verharmlost hätte:

> "B.: Waren wir zum Beispiel in Krankenhaus, zum Beispiel als ich beim Arzt war. Und der Arzt hat uns gesagt: ‚In diesem Ort hier passiert immer so was, da wohnen nur Idioten.' Dann später haben das einem Polizist gesagt. Hat uns gesagt: ‚Ach, immer Quatsch.'" (Interview 8.1)

Der andere dieser beiden Interviewpartner berichtete – wie ja auch mehrere der bereits vorher zitierten Gesprächspartner – von einer insofern sehr formalen und als unangemessen und rigide erlebten Reaktion der Polizei, als diese vor jeder Hilfeleistung für ihn als Opfer zunächst seine Personalien aufgenommen hatte:

„B.: Die komischen Leute kamen, und das erste, was sie fragten, mein Ausweis. Sind – ich habe geblutet und alles, anstatt zu versuchen mir irgendwie erste Hilfe zu leisten, dann fragen sie gleich nach Ausweis. Ja, das war noch wichtiger als ganze Blut, was ich hatte." (Interview 14.1)

Bei dem ersten der beiden Interviewpartner, die freiwillig und mit konkreten Plänen nach Deutschland übersiedelten, blieb die negative Einschätzung der deutschen Polizei bis zum Ende der Untersuchungszeit bestehen. Er hatte nach dem rechtsextremistisch motivierten Übergriff gegen ihn keine weiteren Kontakte mehr mit sozialen Kontrollinstanzen gehabt.

Bei dem zweiten dieser Befragten relativierte sich jedoch seine Einstellung gegenüber der Polizei als Institution durch einen weiteren Kontakt mit Polizisten erheblich. In diesem Zusammenhang erlebte er sie als hilfsbereit und ausgesprochen freundlich:

„B.: Ah, der Kerl war sehr nett, der Polizist, sehr nett, sehr sehr nett. Ja, war sehr nett. War sehr angenehm mit ihm zu sprechen." (Interview 14.1)

Anders als bei den Interviewpartnern, die bereits gravierende problematische Erfahrungen mit Polizei und anderen Kontrollinstanzen in ihrer Heimat gemacht hatten, führte der erste als negativ erlebte Kontakt mit der deutschen Polizei hier zu keiner gegenüber neuen Erfahrungen resistenten Einstellung.

Insgesamt zeigt sich damit, dass der Polizei bzw. den Instanzen sozialer Kontrolle im Rahmen der Entwicklung eines Systemvertrauens bei Opfern rechtsextremer Gewalt eine erhebliche Bedeutung zukommt. Dies gilt bei Betroffenen mit Migrationshintergrund – und unter diesen insbesondere bei politischen Flüchtlingen – sowohl für Erfahrungen mit der Polizei oder anderen Kontrollinstanzen in der Herkunftsgesellschaft als auch für entsprechende Erlebnisse in der deutschen Aufnahmegesellschaft.

Ein distanziertes, gleichgültiges oder gar durch Ablehnung geprägtes Verhalten der deutschen Polizei kann dabei das oftmals schon durch den Übergriff selbst reduzierte Systemvertrauen in die deutsche Gesellschaft weiter schwächen.

Umgekehrt kann ein durch Empathie und Hilfsbereitschaft geprägtes polizeiliches Handeln dem Verlust eines Systemvertrauens bei den Betroffenen entgegenwirken und damit erheblich zu ihrer Stabilisierung beitragen. Und gerade die Tatsache, dass Opfer rechtsextremer Gewalt mit Migrationshintergrund, die ihre Herkunftskultur als politisch Verfolgte verlassen mussten und in diesem Zusammenhang bereits problematische Erfahrungen mit den Kontrollinstanzen in ihrer Heimat gemacht haben, auch der deutschen Polizei unter Umständen mit Misstrauen begegnen, hebt die Notwendigkeit hervor, ihnen mit Verständnis und Ermutigung zu begegnen, um auf diese Weise ihr Vertrauen in das System der Aufnahmegesellschaft und deren Mitglieder zu stärken.

6.4 Bewältigungsstrategien von Opfern rechtsextremer Gewalt[13]

Als eine zentrale Fragestellung sollte unsere Analyse Aufschluss darüber geben, unter welchen biographischen, sozialen und gesellschaftlichen Bedingungen die Opfer verschiedener Arten von rechtsextremistisch motivierter Gewalt in der Lage sind, individuelle und soziale Stabilität in unserer Gesellschaft wiederzuerlangen, und welche gesellschaftlichen Integrationspotenziale dabei in Anspruch genommen werden können (vgl. Böttger et al. 2006). Denn Integrationspotenziale sind in modernen Gesellschaften nicht nur dort relevant, wo Gesellschaftsmitglieder aufgrund von Desintegrations- und Marginalisierungserfahrungen abweichendes, kriminalisierbares Verhalten zeigen und somit als Gefahr wahrgenommen werden (vgl. Heitmeyer et al. 1995). Sie sind auch dort einzufordern, wo massive Opfererfahrungen das Vertrauen der betroffenen Gesellschaftsmitglieder gegenüber Anderen und oft auch gegenüber dem Gesellschaftssystem selbst herabsetzen oder gar zerstören. Von den Kontrollinstanzen des Systems (z.B. von der Polizei) wird gemeinhin erwartet, dass sie seine Mitglieder davor schützen, zu Opfern von Gewalthandlungen (und anderen Rechtsverletzungen) zu werden (vgl. Kapitel 6.3). Kommt es dennoch zu einer Viktimisierung dieser Art, so wird von den Opfern in der Regel erwartet, dass sie von Kontrollinstanzen und/oder anderen gesellschaftlichen Institutionen wenigstens Hilfe beim persönlichen und sozialen Umgang mit der Viktimisierung erhalten. Werden auch diese Erwartungen enttäuscht, kann es zum Erleben eines Verlustes der positionalen, moralischen und auch emotionalen Anerkennung kommen, besonders in rechtlicher und sozialer Hinsicht (vgl. Honneth 1992), und es besteht die Gefahr, dass die betroffenen Personen das „Systemvertrauen" in die Gesellschaft und ihre Kontrollinstanzen verlieren und in gesellschaftliche Desintegration geraten (vgl. Ohlemacher 1998). Integrationspotentiale müssen in diesem Zusammenhang vor allem die Funktion haben, den Desintegrationsgefahren bei Opfern durch gezielte Unterstützung entgegenzuwirken – und dies insbesondere bei rechtsextremistisch motivierter Gewalt, die aufgrund der Tatsache, dass die Täter/innen zumeist organisiert sind und gegen immer dieselben Opfergruppen vorgehen (z.B. Ausländer/innen), als besonders gefährlich und diskriminierend erfahren wird.

Die folgenden Ausführungen konzentrieren sich auf einen Überblick über die verschiedenen Formen der Bewältigung rechtsextremer Übergriffe durch die Opfer, wie sie auf der Grundlage unserer Interviews mit den Betroffenen im Rahmen der Untersuchung identifiziert werden konnten.

Unter „Bewältigung" wird dabei das Management von bedrohlichen und verletzenden Herausforderungen und Belastungen verstanden, die die vorhandenen Ressourcen des betroffenen Individuums sehr stark beanspruchen oder sogar übersteigen (vgl. Kapitel 3.3). Für den Zweck der vorliegenden Studie wurde eine Klassifikation von Bewältigungsformen aus der soziologischen Perspektive von Strobl und Greve herangezogen und um Kategorien von Tov aus psychologischer und sozialpsychologischer Sicht sowie um einige selbst entwickelte Kategorien ergänzt (vgl. Greve/Strobl 2004a; Tov 1993; Böttger et al. 2006). Die Klassifikation unterscheidet zunächst „aktive Bewältigungsstrategien", bei denen das Indi-

---

[13] Nach Böttger/Plachta 2007:

viduum physisch in Aktion treten muss, von „innerpsychischen Bewältigungsstrategien", die allein auf der mentalen Ebene stattfinden.

6.4.1 Aktive Bewältigung

Aktive (oder „aktionale") Strategien beruhen auf Handlungen, die die bedrohliche Situation selbst verändern können, es aber nicht müssen; in der vorgeschlagenen Klassifikation gehören hierzu Spannungsreduktion, Vermeidung, Hilfesuche sowie „assimilative" und „akkommodative" Problemlösungsversuche.

Um eine *Spannungsreduktion* im Hinblick auf die Nachwirkungen des erlittenen Übergriffs zu erreichen, konsumierten einige der von uns Befragten Alkohol, Medikamente oder illegale Drogen. Sowohl die Medikamenteneinnahme als auch der Alkohol- und Drogenkonsum weisen dabei verschiedene Muster auf – angefangen mit der einmaligen Einnahme von Schmerztabletten oder einer Flasche Bier direkt nach dem Übergriff bis hin zu langfristigem Konsum von Schlaftabletten, Alkohol in höherer Konzentration oder illegalen Betäubungsmitteln.

Während eine einmalige Einnahme von Tabletten, Alkohol oder Drogen in der Regel keine Gefahr für den Verarbeitungsprozess darstellt, kann wiederholter Alkoholkonsum bzw. eine langfristige Medikamenten- bzw. Drogeneinnahme nach einem erschütternden Ereignis die Gefahr einer Traumatisierung erhöhen und den Verarbeitungsprozess beeinträchtigen (vgl. Bundeskriminalamt 1996), wobei der Aspekt möglicher Traumatisierungen im Rahmen der Interviews schon aus ethischen Gründen nur peripher zum Thema werden konnte.

Aber nicht in allen Fällen des Versuchs einer Spannungsreduktion griffen die Betroffenen nach Alkohol, Medikamenten oder Drogen. Eine Interviewpartnerin erzählte z.B. von Gebeten zu Gott, durch welche es ihr besser gegangen sei. Zwar sei sie auch von vielen anderen Menschen unterstützt worden, dies habe ihr aber nicht das gleiche gute Gefühl gegeben. Die genauere Analyse zeigte allerdings, dass in diesem Fall die Ausübung des Glaubens und die Unterstützung durch nahestehende Personen im Restabilisierungsprozess nicht vollständig zu trennen waren, da die meisten ihrer Gesprächspartner/innen ihren Glauben teilten und sie darin bekräftigten.

Eine *Vermeidung* bedrohlicher Gegenden oder Situationen, in denen es erneut zu einem rechtsextremen Übergriff kommen könnte, wurde nur von wenigen Interviewpartnern/innen gewählt. Die meisten waren der Ansicht, auch in Zukunft überall angegriffen werden zu können. Ein Betroffener formulierte dies folgendermaßen:

„B.: Hier in (Name der Stadt) ist sehr viel los. Dass du eben schon gucken musst, wo du lang läufst oder wann du lang läufst oder wie auch immer halt. Wo das so Leute gibt, das kann dir eigentlich so überall passieren, ne." (Interview 19.1)

Einige der Betroffenen mieden hingegen den Tatort des Übergriffs bis zur Zeit des Interviews, das häufig erst einige Jahre später durchgeführt wurde, und einige von ihnen sind aufgrund der Tat in eine andere Stadt gezogen oder auch in ein anderes Bundesland. Insbesondere diejenigen Interviewpartner/innen, die aus den östlichen Bundesländern in westliche gezogen waren, konnten sich, wie sie berichteten, dort merklich sicherer fühlen:

> "B.: Ich fühle mich jetzt hier in (Name der Stadt) in Sicherheit, ja, weil hier gibt es Drogenprobleme. Und ich trinke keinen Alkohol, ich rauche nicht und ich nehme keine Drogen. Deswegen habe ich keine Probleme. ... Aber in Ostdeutschland bekomme ich immer Probleme, weil ich schwarze Haare habe." (Interview 10.2)

Die Stadt, in der es zum Übergriff gekommen war, meidet dieser Befragte noch immer, obwohl er an jenem Ort ein großes soziales Umfeld zurücklassen musste, welches ihm an dem neuen Wohnort nicht zur Verfügung stand.

Einige andere Befragte berichteten, dass sie seit dem Übergriff zwar vorsichtiger geworden waren, sich aber dennoch von der „Angst vor den Rechten" nicht in ihrer Lebensführung haben einschränken lassen.

Das Bedürfnis bzw. psychische Erfordernis, den Tatort nach einem gewissen Zeitraum nach wie vor zu meiden oder ihn wieder aufzusuchen, hängt unter anderem mit dem Grad der Verarbeitung der Tat zusammen. Von einigen Opfern wurde die Tatgegend insbesondere unmittelbar nach der Tat gemieden, zu späterer Zeit jedoch, als sich die Angst vor weiteren Übergriffen reduziert hatte, wurde die Gegend wieder aufgesucht.

In anderen Fällen wurde hingegen deutlich, dass der Umgang mit dem Tatort keinen sicheren Aufschluss über das Stadium der Tatverarbeitung geben kann. Die Überwindung einer Vermeidungshaltung ist nicht unbedingt ein Indiz für den Grad der Verarbeitung im Sinne eines einmal erreichten und damit unabänderlichen Zustandes. Vielmehr ist von einem Prozesscharakter auszugehen, der von Fortschritten sowie Rückschlägen gekennzeichnet ist.

Über eine *Inanspruchnahme von Hilfe* durch andere Personen oder Institutionen wurde von allen Interviewpartner/innen berichtet. Bei vielen fiel jedoch auf, dass sie sich zu einem solchen Schritt regelrecht überwinden mussten, da ihnen die Tatsache, ein Opfer geworden zu sein, peinlich war, wie sie berichteten.

Die meisten der Befragten nahmen neben privaten Kontakten zudem professionelle Hilfe in Anspruch, indem sie sich an spezielle Beratungsstellen für Opfer wendeten. Einige wenige Interviewpartner/innen erachteten eine professionelle Unterstützung jedoch als nicht notwendig. Dies hing unter anderem damit zusammen, dass der Umgang mit Rechtsextremen diesen Personen aus ihrem beruflichen Kontext bereits vertraut war.

Die professionelle Hilfe durch die Beratungsstellen erfolgte in Absprache mit den Betroffenen je nach individuellen Erfordernissen in verschiedener Intensität und Dauer, wurde von diesen jedoch fast ausnahmslos als positiv bewertet. Einige der Betroffenen waren noch Jahre nach dem Übergriff in ständigem Kontakt mit der Opferberatung.

In zwei Fällen scheint sich diesbezüglich sogar eine Art Abhängigkeit entwickelt zu haben. Diese beiden Befragten lebten bereits seit längerer Zeit allein in Deutschland und betrachteten die Mitarbeiter/innen der Opferhilfe als alleinige Vertrauenspersonen. Beide litten unter massiver Traumatisierung mit ausgeprägten Angstzuständen, die eine Unfähigkeit neue Kontakte aufzubauen mit eklatanten Folgen für das soziale Umfeld der Betroffenen nach sich gezogen hat.

Die Polizei als soziale Kontrollinstanz wurde hingegen von vergleichsweise wenigen Betroffenen aktiv aufgesucht bzw. (im Falle einer Vorladung) um Hilfe gebeten. Dies hängt nach den Berichten der Interviewpartner/innen vielfach mit früheren Begegnungen mit der Polizei oder anderen Kontrollinstanzen zusammen, die insbesondere Betroffene mit Migrationshintergrund zunächst in ihrer Herkunftskultur gemacht hatten, in einigen Fällen jedoch auch mit den polizeilichen Aktivitäten im Rahmen des aktuellen Übergriffs, die sich mitunter stark auf die Täter konzentrierten, seltener jedoch konkrete Hilfeleistungen für die Opfer einschlossen (vgl. Kapitel 6.3).

> „B.: Normalerweise ... sollte ich sofort zur Polizei gehen, aber ich vertraue nicht. ... Ich vertraue keiner Polizei. Auch nicht einem Richter. Wie kann ich mich wohl fühlen, wenn sogar die Leute mit meiner Hautfarbe alle gegen mich sind." (Interview 7.2)

Auch das Vertrauen in andere Menschen aus dem sozialen Umfeld beschränkte sich bei diesem Interviewpartner – wie oben bereits erläutert – auf die Mitarbeiterin einer Opferhilfestelle. Die damit eingetretene Situation einer hochgradigen sozialen Isolation bezeichnet Giddens (1995: 102 ff.) als „Vertrauensverlust in gesichtsabhängige Personen" (vgl. Kapitel 2.6).

Bei dem zuletzt zitierten Interviewpartner mit Migrationshintergrund handelt es sich offensichtlich um die Verallgemeinerung individueller Erfahrungen hinsichtlich der Gesamtheit des polizeilichen Apparates sowie anderer Kontrollinstanzen (vor allem Staatsanwaltschaft und Gericht), die allmählich zu einem Misstrauen gegenüber dem gesamten System der Aufnahmegesellschaft führte, was weiter oben als „Verlust des Systemvertrauens" bereits beschrieben wurde. Das Misstrauen, welches der Polizei als Kontrollinstanz aufgrund einzelner Erfahrungen entgegengebracht wird, kann in letzter Konsequenz als Misstrauen in das System der Gesellschaft insgesamt beschrieben werden.

In vielen Fällen konnte die Unterstützung durch professionelle Opferhilfestellen sowie durch Familienmitglieder, Freunde oder Bekannte einen solchen Verlust des Systemvertrauens jedoch verhindern, was die Relevanz der sozialen Ressourcen für die Bewältigung von belastenden, oft lebensbedrohlichen Ereignissen insgesamt unterstreicht. Auch aus verschiedenen anderen Untersuchungen ist bekannt, dass soziale Unterstützung die negativen Folgen einschneidender Ereignisse abmildert, effektives Bewältigungsverhalten erleichtert und so einen wesentlichen Beitrag zum allgemeinen Wohlbefinden und psychischer sowie physischer Gesundheit leisten kann (vgl. Schröder/Schmitt 1988: 149).

Der Verarbeitungsprozess einer erfahrenen Gewalttat verläuft umso einfacher und schneller, je mehr soziale Unterstützung die betroffene Person erhält. Eine Voraussetzung ist es dabei allerdings, dass sogenannte „Verfahrensfehler", wie z.B. Bagatellisierungen, Schuldzuweisungen und Witze über das Ereignis, vermieden werden (vgl. Haupt et al. 2003), da es sonst zu einer erneuten, „sekundären" Viktimisierung kommen kann, was sich auf den Verarbeitungsprozess einer erlittenen Tat wiederum erschwerend auswirkt. Deshalb ist Anerkennung und Unterstützung im sozialen Umfeld nach der Viktimisierung für die Betroffenen von größter Bedeutung. Dennoch ist auch dies keine Garantie für einen erfolgreichen Stabilisierungsverlauf. So waren bei einem anderen Interviewpartner trotz intensiver und langfristiger sozialer Unterstützung nach der Tat nur wenige Veränderungen feststellbar, wobei nicht davon auszugehen war, dass die erhaltene Unterstützung unangemessen verlaufen wäre. Obwohl die Tat über zwei Jahre zurück lag, war die Betroffene nicht imstande, ihre alltäglichen Wege wieder in der gewohnten Weise zu gehen. Jeden Tag nahm sie mit ihren Kindern einen Umweg in Kauf und traf weitere Vorsichtsmaßnahmen. Von vielen Seiten erhielt sie zwar Unterstützung durch Dritte, wie die Opferhilfestelle, Freunde, die Gemeinde oder auch Nachbarn. Weil der Täter jedoch in unmittelbarer Nähe wohnte, konnte sie sich von einem ständigen Angstgefühl nicht befreien. Die täglich zu befürchtende Konfrontation mit dem Täter machte es ihr unmöglich, ihren Verarbeitungsprozess voranzubringen.

Wenn die Betroffenen sich im Rahmen ihrer Bewältigung einen Plan überlegen und ausführen, der auf die Veränderung der sie bedrohenden Situation gerichtet ist, kann von einer Strategie der *„assimilativen Problemlösung"* gesprochen werden (vgl. Kapitel 3.3.1; Tov 1993: 262 ff.). Im Rahmen dieser Bewältigungsstrategie ließen sich viele verschiedene Aktivitäten feststellen. Hierzu gehört beispielsweise der Erwerb eines Messers als Waffe, um sich bei der nächsten Begegnung mit potentiellen Tätern sicherer zu fühlen, auch wurde als Vorbereitung auf einen eventuellen zweiten Angriff gezielt Sport getrieben. Eine andere Person beschrieb, dass sie sich seit dem Übergriff in öffentlichen Verkehrsmitteln nur noch in unmittelbarer Nähe des Fahrers aufhielt, um sich im Falle eines erneuten Angriffs sofort an diesen wenden zu können.

Eine weitere Form des assimilativen Umgangs mit den Tatfolgen ist politisches Engagement gegen Rechts. Dies machte es mehreren von rechtsextremer Gewalt Betroffenen möglich, sich intensiv mit dem Thema Rechtsextremismus und mit der eigenen Situation auseinanderzusetzen. Das folgende Zitat zeigt dies sehr deutlich:

„B.: Also ich bin, um ehrlich zu sein, in der Zeit noch viel, viel – na, wie sagt man, stinkiger geworden, hab dann schon 'ne richtige Wut drauf gekriegt. Was mich dann auch durchaus veranlasst hat, halt viel mehr in der linken Szene tätig zu werden. Und bin halt auch jetzt in (Name der Organisation) fast täglich gegangen im ersten halben Jahr. Und nach einem halben Jahr bin ich dann sogar da eingezogen. Und da bin ich dann halt schon deutlich aktiver geworden. Weil ich halt auch viel mehr mitgekriegt habe, was denn überhaupt läuft. ... Und, na ja, ich hab' halt an und für sich viel mehr über viele Sachen nachgedacht. Gerade politisch gesehen, was mir früher eigentlich ziemlich Wurst war. Aber da wurde ich halt sozusagen gerade gezwungen nachzudenken darüber. Weil, wenn dann halt so Diskussionen sind, möchte man ja auch mitdiskutieren, und das war im Nachhinein gesehen halt super gut für meine Entwicklung." (Interview 20.2)

Geplante komplexere Aktivitäten, die an der bedrohlichen Situation bzw. an dem Stressor selbst jedoch nichts verändern, gehören zum *„akkommodativen Problemlösen"*. Dazu zählen z.B. ablenkende Strategien der Betroffenen. So schrieb eine betroffene Person in der Zeit nach der Tat Gedichte und Bücher und malte Bilder. Eine andere fing an, Musik zu spielen und mit Kindern zu arbeiten.

Durch derartige Aktivitäten wird lediglich eine Veränderung der subjektiven Rahmung vorgenommen, die aber durchaus als Erfolg gedeutet wird, da der Übergriff und die damit in Zusammenhang stehenden Folgen und Ängste subjektiv als nicht mehr so bedrohlich erscheinen.

6.4.2 Innerpsychische Bewältigung

Zu den innerpsychischen (oder „intrapsychischen") Bewältigungsstrategien gehören die Verdrängung des erlittenen Übergriffs, die Aufwertung der Situation des Opfers durch einen Vergleich mit noch problematischeren Situationen sowie eine Verleugnung bzw. Neudefinition der Tat. Dabei handelt es sich um rein mentale Prozesse, die der Betroffene „mit sich selbst ausmacht" und zu denen er nicht die Hilfe und Unterstützung anderer Personen benötigt, die aber gerade aus diesem Grund auch nicht so erfolgversprechend sind wie aktive Bewältigungsformen.

Über Strategien einer rein innerpsychischen Bewältigung wurde uns in den Interviews mit Betroffenen jedoch vergleichsweise selten berichtet, in den meisten Fällen überwog eine aktive Bewältigung oder löste innerpsychische Lösungsversuche nach einer gewissen Zeit ab.

Bei einer *Verdrängung* wird das bedrohliche Erlebnis aus dem Bewusstsein ins Unterbewusstsein verlagert und ist somit im Bewusstsein nicht mehr präsent (wenngleich es zu späterer Zeit wieder „durchbrechen" kann). Das Opfer scheint die erlebte Viktimisierung „vergessen" zu haben. Leider ist eine solche Strategie jedoch gerade deshalb in einer Untersuchung auf der Grundlage von Interviews mit Betroffenen nicht identifizierbar, da sich diese viktimisierten Personen gerade aufgrund ihres Verdrängungsprozesses nicht als Opfer erleben und sich daher auch nicht zu ihrer Viktimisierung befragen lassen.

Eine *Aufwertung der Situation* des Opfers durch einen Vergleich mit noch problematischeren Situationen („downward comparison") fand sich ebenfalls in keinem der mit den Betroffenen durchgeführten Interviews. Es kristallisierte sich zwar heraus, dass einige der Betroffenen die rechtsextreme Tat nicht als das Schlimmste bewerten, was ihnen bisher im Leben zugestoßen ist. Insbesondere bei Asylsuchenden mit Migrationshintergrund wurde vielfach deutlich, dass ihre Biographie durch zahlreiche problematische, zum Teil lebensbedrohliche Ereignisse geprägt ist, von denen die aktuelle rechtsextreme Gewalttat nur eines ist (vgl. auch Kapitel 6.1). So berichtete ein Interviewpartner, dass die aktuelle Tat für ihn „nicht so schlimm gewesen" sei, weil das Erleben von Gewalt zur „Normalität seines Alltags" gehöre. Anders als beim „downward comparison" wird hier jedoch der rechtsextreme Übergriff nicht nachträglich in seiner Problematik abgeschwächt, um seine Verarbeitung zu erleichtern, sondern er wird bereits während seines Geschehens als etwas erlebt, das in der eigenen Biographie als nicht sehr außergewöhnlich erscheint – eine Erkenntnis, die einmal mehr die Notwendigkeit sozialer Hilfeleistungen und präventiver gesellschaftspolitischer Maßnahmen im Rahmen dieser Problematik verdeutlicht.

Auch die Strategie der *Verleugnung* bzw. der *Neudefinition* dient der nachträglichen Abschwächung des rechtsextremen Übergriffs und seiner Folgen für die Betroffenen, was hier jedoch (im Gegensatz zum „downward comparison") nicht über einen Vergleich mit anderen, als noch problematischer empfundenen Situationen erreicht wird und bei der (im Gegensatz zur Verdrängung) der Übergriff als solcher den Betroffenen bewusst und erinnerbar bleibt. Durch Verleugnung und Neudefinition wird die Viktimisierung so umdefiniert, dass sie relativiert und damit als erträglich erlebt wird. Für diesen Prozess sind ambivalente Gefühle oder Gedanken zur Tat charakteristisch.

Eine solche Strategie fand sich in einigen Fällen der von uns befragten Betroffenen, jedoch wurde sie zumeist zusätzlich begleitet durch andere, vorwiegend aktive Bewältigungsmuster (vgl. Kapitel 6.4.1). In einigen Fällen relativierten die betroffenen Opfer neben der Tat selbst auch die Person des Täters, indem sie diesem z.B. ein „Recht auf Fehler" zugestanden oder sich selbst die Schuld für den Übergriff zuschrieben, weil sie den Täter durch Provokation – oder auch nur Widerstand – „zur Tat getrieben" hätten. Durch solche Prozesse des Umdefinierens lassen sich die Folgen der Tat zwar subjektiv besser ertragen, an der zugrunde liegenden sozialen und gesellschaftlichen Problematik vermögen sie jedoch – wie alle innerpsychischen Bewältigungsstrategien – nichts zu ändern.

6.4.3 Zu Vielfalt und Unterschieden individueller Bewältigungsstrategien

Im Allgemeinen wird deutlich, dass viele unterschiedliche Bewältigungsstrategien in der untersuchten Gruppe gefunden wurden, die sich in der Regel von Person zu Person voneinander unterscheiden. So ist z.B. die Strategie, nach dem erlebten Übergriff bestimmte Gegenden zu vermeiden, in der eine besonders große Gefahr besteht, erneut Opfer einer rechtsextremistischen Gewalttat zu werden, bei den einzelnen Befragten in den verschiedensten Facetten zu beobachten.

Auffällig ist insgesamt, dass die aktiven Bewältigungsformen bei den Befragten überwiegen. Dies kann jedoch auch darin begründet liegen, dass die Zeit unserer Befragungswellen bereits deutlich hinter der der rechtsextremistisch motivierten Übergriffe lag, denen die Befragten zuletzt ausgesetzt waren. Tov (1993: 280) weist in diesem Zusammenhang darauf hin, dass die gedankliche Beschäftigung mit einer Viktimisierung vor allem in der ersten Zeit nach ihrem Erleben stattfindet. Da die Befragten nicht unmittelbar nach der gegen sie gerichteten Gewalttat interviewt wurden und die Erinnerung an die Zeit direkt nach dem Übergriff daher bereits Vergessens- bzw. Verdrängungsprozessen unterlag, werden die innerpsychischen Bewältigungsformen in unserem Datenmaterial unter Umständen in geringerem Maße abgebildet als spätere Prozesse, die näher an der Zeit der Befragungswellen liegen.

Die meisten Befragten haben mit Hilfe von zwei oder mehreren Strategien versucht, ihre Stabilität wiederzuerlangen. Nur drei von ihnen haben von einer einzigen Strategie berichtet, was vorrangig damit zusammenhängt, dass dieser einzige Versuch erfolgreich war und andere Strategien sich somit erübrigt hatten. Dabei mag jedoch auch eine Rolle gespielt haben, dass die von ihnen erlebte Viktimisierung im Vergleich zu den anderen Erlebnissen keine allzu große Belastung für sie darstellte, da – aus den verschiedensten Gründen – ihre individuelle Vulnerabilität nicht sehr stark ausgeprägt war (vgl. Kapitel 6.1).

Die unterschiedlichen Faktoren, die auf die Verarbeitung des einschneidenden Erlebnisses Einfluss haben, machen eine Bewertung der Bewältigungsstrategien, die unabhängig von den persönlichen Voraussetzungen der Betroffenen erfolgt, unmöglich. Der „Wert" einer Strategie lässt sich – trotz gewisser ähnlicher Tatumstände – jeweils allein an ihrem Erfolg messen, denn jede betroffene Person verfügt über andere individuelle und soziale Kapazitäten, die erfahrene Tat und Lebenssituation zu verarbeiten. Genauso wie die Situationsadäquatheit oder -inadäquatheit der Reaktionen während der Tat vorrangig von der subjektiven Wahrnehmung der Angegriffenen selbst abhängt, wird der Erfolg einer Copingstrategie individuell unterschiedlich eingeschätzt. Hat sich z.B. eine Strategie für den Einzelnen bewährt, so wird sie mit höherer Wahrscheinlichkeit in einer ähnlichen Situation erneut eingesetzt (vgl. Richter 1993: 298). Ob sich jedoch eine Bewältigungsstrategie als angemessen erweist, hängt von den besonderen Umständen und Rahmenbedingungen für das Problemmanagement des einzelnen Individuums ab (vgl. Greve/Strobl 2004: 202).

Wie aus den oben dargelegten Befunden ersichtlich ist, sind die Versuche der Betroffenen, ihre individuelle und soziale Stabilität wiederherzustellen, mit unterschiedlichem Erfolg verlaufen. Dabei kann die gleiche Bewältigungsstrategie (wie z.B. die Ablenkung als Form der „akkommodativen Bewältigung"; vgl. Kapitel 6.4.1) je nach Persönlichkeit und Umständen sowohl zur Wiederherstellung der Stabilität verhelfen als auch diese verhindern. Jedes Individuum bewertet Geschehenes vor dem Hintergrund seiner subjektiven Voraussetzungen anders, wobei diese Bewertung mit „mehreren psychischen und sozialen Faktoren seitens des Betroffenen und seiner Lebenssituation" zusammen hängt (Haupt et al. 2003). Die Schwere der Straftat ist lediglich ein Faktor, der bei der Bewältigung eine Rolle spielt.

Strobl (1998) hat sich in einer Studie zu Opfererfahrungen ethnischer Minderheiten vornehmlich mit den sozialen Folgen von Opfererfahrungen auseinandergesetzt. So spielen folgende Faktoren bei der Bewertung einer Opfererfahrung eine wichtige Rolle (vgl. auch Haupt et al. 2003): Zunächst ist es von elementarer Bedeutung, ob das Opfer das Ereignis als aversiv interpretiert und wie es subjektiv von ihm bewertet wird (vgl. auch Haas/Lobermeier 2005: 49). Somit können „von außen" als geringfügig erachtete Verletzungen subjektiv als sehr gravierend empfunden werden und die Alltagsbewältigung erheblich beeinträchtigen. Zudem beurteilt ein Opfer zumeist auch die Tatmotive und schließt hieraus auf die Wahrscheinlichkeit zukünftiger Übergriffe. So überlegt eine betroffene Person etwa, inwiefern ein bestimmter Übergriff Zufallscharakter hatte oder inwiefern er gezielt gegen das Opfer als Person oder Mitglied einer sozialen oder ethnischen Gruppe gerichtet war. Bedeutsam ist außerdem die Qualität der Täter-Opfer-Beziehung vor und nach der Tat. Als weiterer Faktor wird das Ausmaß der tatsächlichen oder befürchteten gesundheitlichen Tatfolgen genannt. Darüber hinaus schätzt das Opfer seine eigenen Selbsthilfekapazitäten ein; es hat – wie jeder Mensch – im Laufe seines Lebens bereits verschiedene Konflikte bewältigt, ob leichte oder schwere, und weiß viel über seine eigenen Fähigkeiten in diesem Bereich. Wenn die vorhandenen Kapazitäten als nicht ausreichend erscheinen, kann es auf soziale Unterstützung im Umfeld zurückgreifen. Hierbei wird die subjektiv erlebte bzw. erwartete soziale Unterstützung relevant, was sich auch auf die ökonomischen Ressourcen des Opfers bezieht, über die es verfügt. Darüber hinaus beeinflussen normative Erwartungen seine Bewertung, die in Bezug auf Opfer ausländischer Herkunft wiederum von der Form seiner Eingliederung in die Aufnahmegesellschaft mitbestimmt werden (vgl. Strobl 1998: 65 ff.; 298 ff.). Von diesen sehr verschiedenen Faktoren sowie von der psychischen Stabilität der Persönlichkeit des Opfers (vgl. Tampe 1992: 35) hängen dessen Befinden nach der Tat, die Art und das Ausmaß der Tatfolgen sowie der Erfolg der Bewältigungsversuche ab.

Da jede betroffene Person über andere individuelle und soziale Kapazitäten verfügt und zudem externe Bedingungen wie beispielsweise die Sozialverträglichkeit einer Bewältigungsstrategie unterschiedlich eingeschätzt werden, sind die Folgen jeder Tat trotz ähnlicher äußerer Umstände subjektiv sehr verschieden, genauso wie die Einschätzung der Situationsadäquatheit oder -inadäquatheit der Reaktionen während der Tat von der subjektiven Wahrnehmung und Beurteilung der Angegriffenen selbst abhängt.

Auch die verschiedenen in unserem Material identifizierten Formen von Stabilisierungsprozessen wurden zudem unter dem Aspekt des Geschlechts untersucht. In dieser Hinsicht ließen sich allerdings lediglich geringe Unterschiede feststellen. Wie schon bei den Reaktionen der Betroffenen während der Viktimisierung, wurde auch bei den Bewältigungsstrategien ein relativ breites Spektrum identifiziert, was sich für Frauen wie für Männer in ganz ähnlicher Weise darstellen lässt.

So haben sich alle weiblichen Befragten nach der Viktimisierung um Hilfe bemüht, was (abgesehen von einem Fall) auch für die Männer in unserer Stichprobe zutrifft. Zwei Frauen hätten allerdings, wie sie im Interview erklärten, ausschließlich Hilfe von Familie und Freunden in Anspruch genommen, denn professionelle Unterstützung sei in ihrem Fall nicht nötig gewesen, da sie lediglich verbal von rechtsextremistisch eingestellten Männern belästigt worden seien (vgl. Interviews 28.1 und 29.1). Diese beiden Frauen gehören auch zu denjenigen Befragten, die nach der Viktimisierung weder bestimmte Orte noch Gegenden gemieden haben, in denen ein erneuter rechtsextremistisch motivierter Angriff vergleichsweise wahrscheinlicher war. Die anderen befragten Frauen haben bestimmte Gegenden nach der Tat konsequent gemieden, und dies ließ sich auch für die meisten der männlichen Befragten feststellen.

Allerdings sind auch einige Tendenzen zu verzeichnen, die auf geschlechtstypische Stabilisierungsprozesse bei Opfern rechtsextremer Gewalt hindeuten können. Ein politisches Engagement gegen Rechtsextremismus etwa ist bei den weiblichen Befragten deutlich stärker ausgeprägt als bei den männlichen. Unter den Männern der Stichprobe fanden sich nur zwei, die sich seit der Viktimisierung politisch gegen Rechtsextremismus engagiert hatten (vgl. Interviews 5.1 und 20.1). Von den zehn weiblichen Interviewpartnerinnen zeichneten sich dagegen nahezu alle durch politisches Engagement aus. Eine Befragte etwa gehörte zu einer politischen Organisation, die gegen Rassismus und Fremdenfeindlichkeit arbeitete (vgl. Interview 12.1), zwei weitere berichteten, sich bereits seit langer Zeit in diesem Bereich zu engagieren und oft auch an Demonstrationen „gegen Rechts" teilgenommen zu haben (vgl. Interviews 28.1 und 29.1); ob dieses politische Engagement auch ein Grund für die gegen sie gerichtete rechtsextremistische Gewalt war, konnten die Befragten indessen nicht sicher einschätzen. Eine Befragte mit Migrationshintergrund berichtete in diesem Zusammenhang, dass sie gerne die fremdenfeindlich eingestellten Deutschen über die Gründe für die Migration der Ausländer aufklären würde, denn sie sehe hauptsächlich in ihrem Unwissen die Ursache für rassistische bzw. rechtsextremistische Einstellungen gegenüber Migranten. Auch in diesem Fall können Tendenzen zu politischem Engagement angenommen werden.

Auffällig ist darüber hinaus, dass sich bei den weiblichen Befragten im Gegensatz zu den männlichen keine akkommodativen und auch deutlich weniger innerpsychische Bewältigungsstrategien feststellen ließen. So konnte lediglich in einem Fall einer weiblichen Betroffenen (vgl. Interview 24.1) ein Hinweis auf eine „Neudefinition" der Tat nach der erlebten Viktimisierung gefunden werden (vgl. Kapitel 6.4.2).

Die gefundenen Tendenzen deuten somit auf nur geringe geschlechtstypische Unterschiede bezüglich der Bewältigung von rechtsextremistisch motivierten Übergriffen hin, und diese können zudem darin begründet liegen, dass sich – ohne dass dies bei der Auswahl beabsichtigt gewesen wäre – im Rahmen der relativ kleinen Stichprobe unserer qualitativen Untersuchung ein hohes Maß an betroffenen Frauen findet, die sich politisch gegen Rechtsextremismus engagiert haben und über ein stark ausgebautes soziales Netzwerk verfügen, was ihnen ermöglichte, mit der erfahrenen Viktimisierung vergleichsweise „konstruktiv" umzugehen – wenn auch mit unterschiedlichen Erfolgen. Wird jedoch davon ausgegangen, dass ausgeprägte soziale Ressourcen und starkes politisches Engagement insgesamt keine typisch weiblichen Merkmale sind – und dies zeigt sich ja auch bei einigen unserer männlichen Befragten (vgl. z.B. Interview 21.1), so liegt der Schluss nahe, dass die gezeigten Unterschiede bei den realisierten Bewältigungsstrategien eher auf die individuellen Umstände und persönlichen Ressourcen zurückzuführen sind als auf das Geschlecht der Opfer.

An dieser Stelle soll deutlich auf ein Ergebnis unserer Analysen hingewiesen werden, das die Rolle der Opferhilfeeinrichtungen betrifft, mit denen unser Projekt über seine gesamte Laufzeit hinweg in enger Kooperation stand und denen wir die Vermittlung zahlreicher Interviewpartner zu verdanken haben (vgl. Kapitel 4.2). In jedem von uns analysierten Fall, in dem die Arbeit einer dieser Institutionen in Anspruch genommen wurde, ist sie als ausgesprochen hilfreich wahrgenommen worden. Sie konnte vielfach die Enttäuschungen, die mit Behörden oder sozialen Kontrollinstanzen erlebt wurden, kompensieren und den Betroffenen neue Wege weisen. Von vielen Befragten wurde darüber hinaus hervorgehoben, dass ihre soziale Stabilisierung nach dem erlittenen Übergriff besonders dadurch nachhaltig unterstützt worden sei, dass ein regelmäßiger Kontakt zu diesen Institutionen auch über die Zeit der unmittelbaren Tatfolgen hinaus bestanden habe, der als ausgesprochen positiv erlebt wurde:

„B.: Ich habe Kontakt immer mit (Name einer Opferhilfeeinrichtung). ... Sie kommen bei uns, besuchen uns ungefähr jeden Monat einmal. Sie kommen auch und haben guten

Kontakt zu meiner Frau. Meine Frau zum Beispiel hat Problem, sie sofort mit reden und klären und fragen Hilfe. Und alles geht gut bei uns." (Interview 4.1)

Insgesamt gesehen lässt sich jedoch auch hier festhalten, dass für einen großen Teil der Betroffenen eine rechtsextremistisch motivierte Gewalttat zu gravierenden Unsicherheits- und Angstzuständen führt, die oftmals nur mit erheblicher Anstrengung und bisweilen nur durch die Inanspruchnahme professioneller Hilfe überwunden werden können. Ebenso erschütternd ist jedoch die Erkenntnis, dass vor allem Opfer mit Migrationshintergrund – und unter ihnen vorrangig politisch Verfolgte – den rechtsextremistisch motivierten Übergriff nur als ein existenziell bedrohliches Ereignis unter vielen bewerteten. Die psychische, soziale und ökonomische Situation einiger unserer Interviewpartner mit Migrationshintergrund war in so hohem Maße durch Unsicherheit und Ängste geprägt, dass die Tatsache der aktuellen Viktimisierung durch rechtsextremistisch motivierte Gewalttäter nur eine individuelle Krise neben zahlreichen anderen ausgelöst hat. Das deutlichste Beispiel hierzu findet sich in dem Verweis auf die Biographie unseres jungen Interviewpartners 1 in Kapitel 6.1, der aus Angst um sein Leben sein westafrikanisches Heimatland verlassen musste, ohne zu wissen, wo sich die anderen Mitglieder seiner Herkunftsfamilie aufhielten und ob diese überhaupt noch am Leben waren (vgl. Interview 1.1). Auch dieser Betroffene fand wirkungsvolle Unterstützung erst in einer Opferhilfestelle, womit erneut über die sozialen Nahsysteme hinaus die zentrale Rolle dieser Einrichtungen bei der Stabilisierung von Opfern rechtsextremer Gewalt deutlich wird.

6.5 Religion

Bei der Analyse der Aussagen bezüglich der Religion bzw. des Glaubens der Betroffenen war die Hauptrichtung der Untersuchungsfragen, ob die Interviewpartner ihre Religion bzw. ihren Glauben als einen Weg zur Wiederherstellung von individueller und sozialer Stabilität angesehen haben, inwiefern andere Personen oder Faktoren zu dieser Entscheidung beigetragen haben und wie erfolgreich diese Versuche gegebenenfalls verlaufen sind (vgl. Böttger 2001: 396).

Wie Schuchardt (1987) in anderen Zusammenhängen gezeigt hat, dient der Glaube besonders in Krisensituationen dazu, Menschen aus ihrer Einsamkeit zu befreien, Gemeinsamkeiten festzustellen und sie zu einem Dialog anzuregen (vgl. auch Kapitel 6.4.1). Darüber hinaus weist z.B. Buber (1997) darauf hin, dass der Glaube ein Gegenüber biete, das Tag und Nacht ansprechbar sei. Schon Freud (1928, zitiert nach Jörmann/Junker/Touma 2004: 121) hat immer wieder die tröstende Funktion von Religion verdeutlicht, die insbesondere darauf abziele,

„ ... mit der Grausamkeit des Schicksals, besonders wie es sich im Tode zeigt, zu versöhnen und für die Leiden und Entbehrungen zu entschädigen, die dem Menschen durch das kulturelle Zusammenleben auferlegt werden."

Bezüglich der Religionszugehörigkeit hat sich nach den Aussagen der Betroffenen in den Interviews folgende Verteilung ergeben:

Von unseren Interviewpartnern gehörten 12 Prozent der evangelischen Religion an, 41 Prozent der katholischen und 35 Prozent der moslemischen. 12 Prozent gehörten keiner Konfession an.

Dabei haben 53 Prozent der Befragten, darunter alle Interviewpartner moslemischen Glaubens, angegeben, dass die Religion eine wichtige Rolle in ihrem Leben spiele. Für 29 Prozent, die bis auf einen konfessionslosen Befragten katholischen Glaubens waren, hatte sie einen eher untergeordneten Stellenwert und bei 18 Prozent der Interviewpartner, die in etwa gleichem Maße evangelisch, katholisch und konfessionslos waren, spielte sie so gut wie gar keine Rolle.

Alle Interviewpartner, die angaben, keiner Konfession anzugehören, vertraten die Meinung, auch ohne Religion tolerant erzogen worden zu sein. In einigen Fällen wurden konfessionelle Normen und Traditionen sogar explizit abgelehnt:

„I.: Und spielt Religion 'ne Rolle in der Familie?
B.: Nee. Bei uns absolut auch nicht.
I.: So, habt ihr gebetet, oder?
B.: Nee, das war, ich war Zivi bei uns im katholischen Seniorenheim, da hab' ich gesagt, Katholiken, das ist der letzte Dreck. Die bauen Scheiße und beten einmal und dann haben sie's wieder vergessen. Und wir machen uns monatelang noch'n Kopp darüber. Na ja, ist halt ehrlicher." (Interview 18.1)

Für die moslemischen Befragten hat die Analyse des Religionsaspekts in der ersten Befragungswelle bezüglich der Kindheit ergeben, dass Religion für sie etwas Traditionelles gewesen sei, das zum Leben dazugehört habe, teilweise mit fünf Gebeten am Tag. Nur in einem Fall berichtete ein Betroffener, dass er als Jugendlicher gegen den Glauben rebelliert habe:

„B.: Rebell, ich war immer Rebell. Ich hab' Alkohol getrunken, ich hatte Freundinnen damals. Zum Beispiel, ich weiß sehr gut, dass es verboten ist, und ich hab' das trotzdem gemacht." (Interview 16.1)

Dieser Befragte führte weiterhin aus, dass er sich zum Zeitpunkt des ersten Interviews immer noch nicht „religiös gefühlt" habe:

„B.: Islam, ich fühl' nicht so, das spielt keine Rolle. Das darf ich nicht sagen. Aber ich fühl' nicht so religiös. Nicht religiös." (Interview 16.1)

Bei den anderen moslemischen Interviewpartnern hat sich gezeigt, dass die Religion für sie schon in der Kindheit eine wichtige Rolle gespielt hat und dass zumeist auch weiterhin regelmäßige Gebete und Moscheebesuche von großer Bedeutung gewesen seien.

Bei den katholischen Befragten wurde die Religion in den jeweiligen Familien insbesondere in der Kindheit unterschiedlich gelebt. In einigen Fällen spielte sie in der Erziehung so gut wie gar keine Rolle, in anderen hatte sie eine große Bedeutung, dies jedoch ohne Anbindung an die Kirche, in wieder anderen Fällen sei zwar ein „Kirchenzwang" vorhanden, die Familie aber dennoch nicht „gläubig" gewesen, und bei einigen Familien schließlich habe die Religion unhinterfragt „an erster Stelle" gestanden, was von den Kindern ebenfalls erwartet worden sei.

Dieser unterschiedliche Stellenwert der Religion hat sich auch in der zweiten Befragungswelle gezeigt. Allerdings wurde hier aufgrund gezielter Nachfragen bisweilen auch berichtet, dass die Konfession zwar angenommen, aber eher unabhängig von der Kirche an „christliche Werte" bzw. „allgemeine Werte" geglaubt worden sei.

> „B.: Das ist ein anderer Glaube, nicht der kirchliche, vielleicht die christlichen Werte."
> (Interview 6.2)

Einer der evangelischen Interviewpartner empfand Religion in der Kindheit in seiner Familie als etwas Nebensächliches:

> „B.: Ja, was – ja, nebensächliche Rolle. Aber jetzt hat mein Vater gesagt, er möchte drinnen gehen und so. Wenn ich war klein, war eine nebensächliche Sache." (Interview 7.1)

Allerdings änderte sich dies im Laufe seiner Jugend. Bei der zweiten Befragungswelle stellte sich heraus, dass dieser Betroffene der einzige war, der sich nach der Tat hilfesuchend direkt an die Institution Kirche gewendet hatte.

Bezogen auf den generellen Stellenwert der Religion in ihrem Leben lassen sich, wie oben bereits erwähnt, die Antworten der Interviewpartner grob in drei Gruppen einteilen. In der ersten Gruppe finden sich alle diejenigen Befragten, bei denen nach eigenen Angaben Religion eine wichtige Rolle im Leben gespielt habe:

> „I.: *Betest du in deinem Alltag?*
> B.: Ja. Ich verehre Gott immer und danke ihm. Er ist mein Schöpfer."
> (Interview 15.2)

Ohne Ausnahme wurden Glaube und Konfession von dieser Gruppe als sinnstiftend und als Unterstützung im Alltag erlebt:

> „B.: Ja, das ist wichtig. Der Koran, das ist mein Glaube.
> I.: *Dein Glaube – gibt der dir auch irgendwie Unterstützung?*
> B.: Ja, ganz stark." (Interview 8.2)

Die Interviewten der zweiten Gruppe erklärten, dass sie in ihren Familien zwar religiös erzogen worden wären, selbst aber keine Bindung zur Kirche empfinden würden, wenn auch in einzelnen Fällen einen „allgemeinen Glauben":

„B.: Gut, meine Eltern sind sehr katholisch eigentlich. Also, ja doch, ich bin selber auch katholisch, aber nee, der Glaube ist nicht mehr – nicht in dem Sinne, dass ich irgendwie in die Kirche gehe oder so. Also ich hab' nicht nach der Tat deutlich darüber nachgedacht, nee, das ist ein anderer Glaube, nicht der kirchliche." (Interview 6.2)

Die Befragten der dritten Gruppe schließlich erklärten, dass Religion so gut wie gar keine Rolle in ihrem Leben gespielt habe:

„B.: Ich bin gar nicht getauft. Ich hatte mit der Kirche keine Probleme. Ich habe auch heute mit der Kirche keine Probleme in der Art, dass ich versucht habe tolerant zu sein. ... Wie gesagt, ich bin Atheist und akzeptiere den Glauben anderer." (Interview 29.2)

Allein in der Gruppe derjenigen Befragten, für die der Glaube eine insgesamt wichtige Rolle in ihrem Leben gespielt hat, lassen sich vage Bezüge der Religion zur Aufarbeitung des Übergriffs und der damit verbundenen Stabilisierung erkennen.

Ein evangelischer, aus einem westafrikanischen Staat stammender Interviewpartner erklärte in diesem Zusammenhang, dass er der einzige „schwarze Mann" in der Kirche seiner Aufnahmegesellschaft gewesen sei, dass er dort aber viele amerikanische Menschen kennen gelernt habe. Als er nach der Tat den Präsidenten der Kirche angerufen und um Hilfe gebeten habe, habe dieser ihm gesagt, dass er seine Probleme wie Jesus Christus tragen und hoffen solle, dass es „morgen vielleicht besser" sei. Die Enttäuschung des Interviewpartners über diese Reaktion wird durch folgendes Zitat deutlich:

„B.: Aber ich hab' ihm gesagt, ich bin ein Ausländer, ein Mitglied der Christian. Du bist der Präsident. Und wenn so was zu mir passiert, ich verlang' Hilfe von mein – mein Bruder und mein Schwester. Besonders von den Präsident. Aber keine hat mir besucht. Nur die zwei amerikanische Leute hat mir besucht, sonst nicht." (Interview 7.2)

Es ist ersichtlich, dass sich dieser Betroffene Hilfe und Unterstützung von der Kirche und deren Repräsentanten erhofft hatte, dann aber enttäuscht wurde.

Ganz andere Erfahrungen hat dagegen ein weniger religiös eingestellter Interviewpartner gemacht, der einen Priester kannte, den er anrufen und um Hilfe bitten konnte:

„B.: Priester in (Name einer Stadt). Wenn heute ich anrufen, sagen dann, morgen kommst du, wenn ich gehen, dann kommst du zu Hause. Ich habe Geld. ... Wenn ich hab' Problem, Geldproblem, gehen ich da." (Interview 11.2)

Bei diesem Betroffenen wird deutlich, dass es ihm nicht, wie in dem zuvor zitierten Fall, vorrangig um geistlichen Beistand ging, sondern vielmehr um finanzielle Unterstützung unabhängig vom christlichen Glauben.

Bei der im Folgenden zitierten Interviewpartnerin ist ersichtlich, wie stark ihr Glaube und die Einstellung zu ihrer Religion auch ihre Beziehung zum Täter beeinflusst hat. Sie vertrat die Auffassung, dass man „stets vergeben" müsse, und war auch sehr bemüht, dies ihren Kindern ebenfalls zu vermitteln:

> „B.: Der Glaube ist so stark bei uns, in meine Familie. Ich und meine Kinder, das hat die – die – ich versuche meine Kinder immer zu zeigen, wir müssen verzeihen. Wir müssen nicht immer denken, oh, der hat mich schlecht gemacht. Auch wenn du was Schlechtes machst, denn – ja, du möchtest auch, dass jemand dir verzeiht. Also mach' bitte auch. Ich versuch' das meine Kinder zu zeigen – zu machen. Ja, und das dauert ein bisschen, aber besonders meine Tochter, ich merke, dass sie – sie versucht auch das zu machen. ... Mann, wir haben eine Glauben, wir müssen durch diese Dings, wir müssen kämpfen." (Interview 24.2)

Dieses Interview zeigt insgesamt, dass die Betroffene ihren Glauben in ihr tägliches Leben integriert hat und dass ihr dieser bei der Verarbeitung des gegen sie gerichteten rechtsextremistischen Übergriffs eine große Hilfe gewesen ist. Sie ergriff aber gleichzeitig entsprechende Vorsichtsmaßnahmen, um nicht erneut Opfer zu werden. So setzte sie sich z.B. in der Zeit nach der Tat in der Straßenbahn möglichst direkt hinter den Schaffner, um bei Gefahr schnell Hilfe erhalten zu können.

Insgesamt lässt sich erkennen, welche unterschiedlichen Rollen Religion und Glaube bei in Deutschland lebenden Menschen mit und ohne Migrationshintergrund spielen können. Für einige der Befragten war und ist Religion sowie Anbindung an eine Kirche bzw. Glaubensgemeinschaft ein fester Bestandteil ihres Lebens, bei anderen ist sie eher nebensächlich oder gänzlich unwichtig, für wieder andere richtet sich der Glaube ohne die Anbindung an eine bestimmte Kirche oder Konfession auf für wichtig erachtete ethische bzw. moralische Werte und Normen.

In kaum einem Interview finden sich indessen eindeutige Aussagen zu der Frage, ob und gegebenenfalls wie Religion bzw. Glaube den Interviewpartnern helfen konnte, die Folgen des rechtsextremistisch motivierten Übergriffs zu verarbeiten. Auffällig in dieser Hinsicht waren neben dem Versuch, sich durch Gebete zu Gott die Bewältigung der Tat zu erleichtern (vgl. Kapitel 6.4.1), lediglich Initiativen, die Hilfe einer Kirche als Institution in Anspruch zu nehmen, wobei unklar blieb, ob dies wirklich auf eine religiöse Überzeugung zurückzuführen war, sowie die grundsätzliche Einstellung christlicher Nächstenliebe der zuletzt zitierten Interviewpartnerin, die sie in letzter Konsequenz auch rechtsextremistisch motivierten Gewalttätern entgegenbrachte (vgl. Interview 24.2).

Dies entspricht unseren Analyseergebnissen zu den Bewältigungsstrategien von Opfern rechtsextremer Gewalt (vgl. Kapitel 6.4). Die dort identifizierten Copingprozesse stehen in kaum einem nennenswerten Zusammenhang mit dem Glauben der Opfer, ihrer Konfession oder gegebenenfalls der aktiven Ausübung ihrer jeweiligen Religion. Für die hier untersuchte Gruppe von Opfern rechtsextremer Gewalt lässt sich daher schlussfolgern, dass Religion und Glaube bei der Bewältigung der Übergriffe insgesamt keine bedeutende Rolle spielen.

6.6 Migration

In den theoretischen Überlegungen zu der hier vorgestellten Untersuchung (vgl. Kapitel 2) wurde bereits ausgeführt, dass sich rechtsextremistisch motivierte Gewalt häufig gegen Opfer mit Migrationshintergrund richtet, die als erkennbare Angehörige einer ethnischen Minderheit in Deutschland leben. Der Aspekt eines eventuellen Migrationshintergrundes der Befragten hat sich auch in den bisher dargestellten Analyseergebnissen immer wieder als ein für den rechtsextremistisch motivierten Übergriff und seine Bewältigung bedeutsamer Faktor erwiesen (vgl. z.B. Kapitel 6.1) und wird sich zudem in den folgenden Kapiteln als ein wesentlicher Einfluss auf die erfahrene Viktimisierung und ihre Folgen herausstellen.

Wie bereits gezeigt, haben die meisten unserer Interviewpartner angegeben, ihre Herkunftskultur verlassen zu haben, weil sie sich dort nicht mehr sicher gefühlt hätten. Dies traf besonders auf die Gruppe derjenigen Betroffenen zu, die journalistisch tätig waren:

„I: Hattest du auch Angst, dass du ermordet werden könntest?
B: Das ist genau das, das hab' ich gedacht, ich möchte diese Arbeit nicht mehr machen. Ich hab' Angst, ich hab' wirklich Angst in dieser Zeit." (Interview 17.1)

Aber auch andere Betroffene, die angaben, aus Gründen eines Krieges bzw. Bürgerkrieges oder politischer Verfolgung nach Deutschland gekommen zu sein, hatten in ihren Heimatländern extreme Erfahrungen gemacht, wie z.B. Inhaftierung oder Folter. Ein Interviewpartner gab mit Hilfe seines Dolmetschers an, sehr unter der Armee eines Staates in Vorderasien gelitten zu haben. Er selbst sei mit der Führung von 40 Soldaten beauftragt gewesen:

„D.: Der Grund dafür, er war in einer Operation mit seinen anderen Soldaten hinter der (Staat in Vorderasien) Front. Und als sie zurückkamen, waren schon sechs von ihnen dadurch gefallen. Als er zurückkam, hat ihm sein General gesagt, er hat jetzt nur zwei Stunden um auszuruhen, dann musste er wieder dahin zurückkehren. Er hat es abgelehnt. Er sagt, er konnte nicht noch mal. Er hat kein Verständnis dafür. Warum sollen sie gegen (Staat in Vorderasien) einen Krieg führen? Warum soll er die (Staat in Vorderasien) Kinder, Frauen und Männer töten? Er hat nicht akzeptiert und hat ihn dann geschlagen. Erst am Kopf. Dann hat er seinen Dolch raus und schlug ihn. Und so hat er ihn an der Hand verletzt. Er sagt ihm, wenn du jetzt nicht zurückkehrst, werde ich dich töten. Erst dann in die Flucht gegangen. Er war ziemlich weit und er hat auf ihn geschossen. Und davon wurde seine Knie verletzt." (Interview 15.1)

Einer anderer unserer Interviewpartner ist zur Aufnahme eines Studiums nach Deutschland gereist:

„I.: Und da hast du dich entschieden nach Deutschland zu gehen zum Studieren?"
B: Ja.
I.: Wie kam das dazu, dass du nach Europa wolltest zum Studieren?

B.: Am Anfang wollt' ich nach Frankreich, ja. Und das ist nicht wie bei uns. Zum Beispiel in Frankreich muss man zum Beispiel haben gut Abitur haben – muss man. (Interview 8.1)

Auch Befragte, die in ihrer Herkunftskultur unter Kriegszuständen oder politischer Verfolgung litten, berichteten, dass sie ursprünglich gar nicht nach Deutschland, sondern viel eher nach England oder Frankreich gelangen wollten und ohne eigene Absicht in Deutschland geblieben sind:

„I.: Hast du ein Gefühl gehabt zu Deutschland?
B.: Das war nicht meine Entscheidung, zu kommen nach Deutschland. Ich möchte nur in eine europäische Land fahren. Und sicher leben, in Sicherheit leben. Deutschland, Frankreich das ist mir egal. Aber das ist meine Gruppe, Deutschland. Ich hab viel Problem hier in Deutschland. Ich bin jetzt hier in Deutschland. So.
I.: Wer hat entschieden, dass du nach Deutschland kommst?
B.: Ja, wie heißt das? Schleußer? Schleuser? Es gibt einen Mann – ich habe bezahlt für ihn." (Interview 10.1)

Bei einigen der Betroffenen bestand der ausdrückliche Wunsch, wieder in ihr Heimatland zurückzukehren, was in den meisten Fällen auf eine misslungene Integration in die deutsche Aufnahmekultur hindeutet. Strobl und Kühnel (2000: 15) unterscheiden diesbezüglich vier Integrationsformen: Assimilation, Inklusion, Exklusion und Separation, wobei für die meisten unserer Interviewpartner am ehesten die Form der Exklusion zuzutreffen scheint. Bei der deutlich seltener vorgefundenen Separation führt die kulturelle Differenz demgegenüber zu stärkeren Problemen, gleichzeitig kann aber diese Differenz prinzipiell die Integration in ethnische oder religiöse Gemeinschaften auch erleichtern.

Unter Assimilation wird dagegen eine Angleichung an die zentralen Wert- und Normvorstellungen der Aufnahmegesellschaft verstanden und in diesem Zusammenhang häufig von einer gelungenen Integration ausgegangen. Auch die Inklusion wird prinzipiell als eine Angleichung an die Aufnahmegesellschaft beschrieben, jedoch wird zusätzlich an Werten und Normen der Herkunftsgesellschaft festgehalten, was vorrangig harten „Brüchen" in der Identität der Betroffenen entgegenwirkt, jedoch zu einer größeren kulturellen Differenz führen kann und darüber hinaus zu innerpsychischen Wert- und Normkonflikten der Migranten. Beide Integrationsformen wurden in der hier untersuchten Gruppe von Opfern rechtsextremer Gewalt nicht identifiziert. Unter Exklusion wird demgegenüber eine Art Umkehrung der Inklusion verstanden. In diesem Fall orientieren sich die Einwanderer zwar bis zu einem gewissen Grad an den in der Aufnahmegesellschaft vorherrschenden Normen und Werten, finden aber keinen Zugang zu zentralen gesellschaftlichen Teilbereichen. Es fehlen die Chancen an zentralen Systemen teilzuhaben, wie zum Beispiel am Arbeitsmarkt. Strobl und Kühnel (2000: 15) merken hierzu an:

„So erzwingen fehlende Einkommensmöglichkeiten etwa einen Verzicht auf breite Teile des Konsumangebotes. Ferner wird eine gemeinsame Freizeitgestaltung mit Einheimischen schwierig, wenn die Einwanderer an vielen Aktivitäten aus finanziellen Gründen nicht teilnehmen können."

So wurde auch von vielen unserer Interviewpartner bedauert, dass sie nicht oder nur unzureichend am Arbeitsleben teilnehmen dürfen, entweder aufgrund ihres besonderen Aufenthaltstatus („Duldung"), oder weil sie sich nicht frei in Deutschland bewegen dürfen:

„B.: Weißt du, mein Leben mit Angst immer führen. Beispiel: Du darfst nirgendwo gehen ohne Erlaubnis. Weil dann ist nicht mehr Landkreis. Wenn ich in (Name einer Stadt) sein könnte, muss ich immer meine Augen aufmachen, wenn da ist Polizei. Das ist nicht Zufriedenheit, das ist nicht menschlich. Jeden Tag. Jeden Tag, oder wenn ich – oder wenn ein Mensch der Polizei sagt, Ausländer, und er ist nicht an sein' – oder an sein' richtige Platz, muss ich sofort Angst haben." (Interview 7.1).

Für andere Interviewpartner gehörte die Situation in Heimen bzw. Übergangslagern für Flüchtlinge zu ihren schlimmsten Erfahrungen in der Aufnahmegesellschaft:

„B.: Viele Leute und alles, und Küche für alle, Toilette für alle Leute, ja. Und ich war noch mit eine kleine Kind, mit ein' Jahr alt, oh ja. ... Und wir wussten nicht – und dann viele Geschichten wir haben da erzählt von andere Leute. Oh, vielleicht kommt die Abschiebung oder so was, ja. Mit Angst, und du kannst auch nicht, wir konnten nicht auch Deutsch, überhaupt nicht, das war wirklich schwer. ... Dann muss man das Essen holen, abholen. Und dann nach Hause bringen, und dann essen, vielleicht gefällt uns nicht, ja. Wirklich, wir haben wie Soldat gelebt. War wirklich schwer. Aber ist schon vorbei." (Interview 24.1)

Ein wesentlicher Grund jedoch, wieder in ihr Heimatland zurückkehren zu wollen, war die dort zurückgelassene Herkunftsfamilie der Interviewpartnerin, was auch auf den im Folgenden zitierten Betroffenen zutrifft:

„B.: Ich habe gefragt, ob in Deutschland, oder? Aber für mich ist in achtzig Prozent (Staat in Nordafrika). Weil dort ist meine Familie, Geschwister und so was. Und weil hier, ich weiß nicht, hier allein zu sein, das – ich weiß nicht. Für mich nicht schön, ich find' das nicht praktischer. Einfach nur in einem Zimmer zu liegen, ohne Familie, ist nicht." (Interview 8.1)

Ein direkter Zusammenhang zwischen der Herkunft der Opfer und ihrer Migrationserfahrung einerseits und ihrer Viktimisierung sowie den Folgen des rechtsextremistisch motivierten Übergriffs andererseits ließ sich allerdings nicht in allen untersuchten Fällen eindeutig identifizieren. Dort, wo es möglich war, konnte hinsichtlich der Viktimisierung selbst die Zugehörigkeit des Opfers zu einer ethnischen Minderheit als Motiv des Täters für den Übergriff identifiziert werden, in Bezug auf sich anschließende Verarbeitungs- und Stabilisierungsprozesse erschien der Übergriff des rechtsextremen Täters als ein weiteres problematisches Ereignis im Leben der Betroffenen, das nicht selten bereits durch verschiedenste Krisensituationen gekennzeichnet war, die mitunter bereits in der Herkunftsgesellschaft begonnen hatten (vgl. z.B. Kapitel 6.4).

In einigen wenigen Fällen schätzten die Opfer jedoch aufgrund der in ihrem Heimatland durchlebten Erfahrungen die Anfeindungen und körperlichen Übergriffe der Deutschen als zumutbar und teilweise sogar als gerechtfertigt ein:

„D.: Wir (Einwohner eines Staates in Vorderasien) im Allgemeinen und (Bewohner einer Region in Vorderasien) besonders, wir reden mit unseren Vorfahren, haben wir diese Unterdrückung gesehen. Ich bin auch (Bewohner einer Region in Vorderasien), also Unterdrückung gehört zu mir. Da haben die Deutschen das Recht, Unterdrückung mir gegenüber auszuüben und mich zu schlagen." (Interview 15.2)

Zusammenfassend lässt sich zur Situation der Migranten in unserer Stichprobe sagen, dass sich ihre soziale und ökonomische Situation in Deutschland im Vergleich zur Herkunftskultur nicht unbedingt gebessert hat, auch wenn sich einige unter ihnen durch ihre Flucht aus einer zum Teil unmittelbaren Lebensgefahr haben retten können.

Zu dem aktuellen rechtsextremistisch motivierten Übergriff in der deutschen Aufnahmegesellschaft haben die befragten Migranten sehr unterschiedliche Einstellungen vertreten. Einige waren vor der Tat bereits gewarnt worden und hatten daher, wie sie angaben, mit einem Übergriff gerechnet. Alle aber berichteten neben Verunsicherung und zum Teil massiven Ängsten, die in der Folge der Tat auftraten, auch von ihrer Enttäuschung, die sie gegenüber der Aufnahmegesellschaft empfunden haben. Viele hatten, wie sie erzählten, zu Beginn die Hoffnung gehabt, in Deutschland in einem sicheren und aufgeklärten Land anzukommen.

Neben den unmittelbaren körperlichen und psychischen Folgen der Tat lässt sich die Situation vieler Opfer mit Migrationshintergrund mit einer starken Einschränkung ihres „Systemvertrauens" (vgl. Kapitel 2.7) in die deutsche Aufnahmegesellschaft beschreiben. Die meisten Interviewpartner mussten dabei eine doppelte Entwurzelung hinnehmen, zum einen in ihrem Heimatland, das sie zumeist aufgrund von Unruhen, Kriegszuständen oder politischer Verfolgung verlassen mussten, und später dann in Deutschland, wo sie sich eigentlich Schutz und Aufnahme erhofft hatten.

Ob die rechtsextremistisch motivierten Übergriffe von den Interviewpartnern als „typisch deutsch" angesehen werden, lässt sich anhand des Interviewmaterials nicht sagen. Die meisten Betroffenen zeigten sich in diesem Punkt einer deutschen Interviewerin bzw. einem deutschen Interviewer gegenüber als sehr zurückhaltend. Die folgende Aussage zeigt allerdings, dass rechtsextremistisch bzw. fremdenfeindlich motivierte Gewalttäter gerade in der deutschen Gesellschaft als besonders gefährlich eingeschätzt werden:

B.: „Wenn ich zum Beispiel in (Staat in Nordafrika), in (anderer Staat in Nordafrika), es ist nicht – es ist so ähnlich, ich bin Ausländer da, obwohl es Afrika, aber ich bin Ausländer in diese Land. Und sie, sie machen genau wie hier zum Beispiel. Ja, zum Beispiel, sie diskriminieren mich ja wegen dort ist nicht meine Heimat. Das Diskriminieren ist da, aber hier ist ganz anders. Wenn hier – dort kann die Leute nicht schlagen bis tot, aber hier kann sein, ja." (Interview 17.2)

6.7 Deutschlandbilder

Die in der vorliegenden Studie befragten Opfer rechtsextremer Gewalt haben im Laufe ihres Lebens Bilder über das Zusammenleben der Menschen in Deutschland entwickelt, die für die Verarbeitung ihrer Erfahrungen von nicht geringer Bedeutung sind. Dabei fällt auf, dass bei keinem der befragten Interviewpartner durch die Viktimisierung eine komplette Veränderung des Deutschlandbildes zu verzeichnen ist. Komplementär gegenüber stehen sich jedoch zwei Positionen, die im Folgenden näher erläutert werden sollen. So gibt es neben denjenigen, die in dem Taterleben eher eine Verstärkung ihrer bereits vor der Tat vorhandenen Bilder über das deutsche Zusammenleben verfestigt hatten, solche, die doch eine Art von Vertrauensverlust in die bis dahin nahezu unberührte Unverletzlichkeit der Lebenswelt erfahren haben, wobei die dabei entstandenen Verletzungen nicht auf die Tat zu reduzieren sind, sondern in dem Konglomerat von Tat und anschließender institutioneller Behandlung zu sehen sind. Deswegen spielen hierbei sowohl Aspekte primärer als auch sekundärer Viktimisierung ineinander, was z.B. im folgenden Zitat deutlich wird:

> „B.: „Dann haben wir uns auf die Straße geschmissen, kam grad' zufälligerweise `n Großraumtaxi vorbei. Hätten wir uns nicht auf die Straße geschmissen, wär' der gnadenlos weitergefahren. Also der hätte nichts unternommen, aber da er uns ja überfahren hätte – dann rein. Dann hat er uns angesaut, weil wir sollten ihm seinen Wagen hier nicht verschandeln, weil Blut und so (lacht). Da hab' ich ihn dann irgendwie angeschrien, dass er das doch bitte – er sieht doch, dass das jetzt ein Notfall ist, und wir müssen jetzt ganz dringend ins Klinikum, Notaufnahme, und zwar sofort (lacht). Und dann hat er irgendwann auch gemerkt, dass jetzt wohl `n Notfall ist, und dann hab' ich noch das Bild im Kopf, dass das ein Täter – der hat sich in den Weg von dem Taxi gestellt, also der hat irgendwie gemerkt, ah, die fahren jetzt weg, irgendwie so. Hat sich in den Weg gestellt und wollte das Taxi aufhalten (lacht). Was dann passiert ist, na, weiß ich nicht, das hat dann aber auch der Taxifahrer gemerkt und ist dann gnadenlos auf's Gas gegangen. Also, der hätt' den überfahren, wenn der stehen geblieben wäre. Also, der hätt' den gnadenlos – das wär' – ja. Also der ist dann zur Seite gesprungen. Dann, wir sind dann ins Klinikum (Namen eines Krankenhauses und einer Stadt) gefahren. Und gut, da wurde dann (Name des Freundes) halt in der Nacht noch in der Gesichtschirurgie notoperiert. Zusammengeflickt irgendwie. Es sah halt – es sah echt übel aus." (Interview 6.1)

Die Angst des Taxifahrers um seine Sitze quittieren die stark verletzten Jugendlichen mit vollständigem Unverständnis, da es ihnen offensichtlich nicht gelingt, auch nur ein Mindestmaß an Empathie bei dem entsprechenden Fahrer hervorzurufen. Eine ebenfalls hinzugekommene Frau ruft die Polizei, kann jedoch, was sich im Nachhinein herausstellt, nicht als Zeugin in dem späteren Prozess aussagen, weil von Seiten der Polizei die Personalien nicht aufgenommen wurden. Im weiteren Verlauf des Abends erleben die drei Jugendlichen dann den routinisierten, nahezu teilnahmslosen Umgang mit dem Vorfall durch die Institution des Krankenhauses, in dem sie behandelt werden mussten:

„B.: Wo wir das dann das erste Mal gemerkt haben, dass es keinen interessiert, also es war sogar so, dass der Notarzt – irgendwie der Notarzt Gesichtschirurgie meinte: ‚Ach, schon wieder jemand.' Und dann haben wir uns gefragt: ‚Wie, schon wieder? Passiert das häufiger?' (lacht). ‚Ja, alle drei, vier Tage.' Kommt jetzt jemand, eingeliefert, nachts, tagsüber, egal, das ist wohl häufiger." (Interview 6.1)

Neben den Erfahrungen sekundärer Viktimisierung im Krankenhaus mussten die Betroffenen nachts den Weg zurück in die Stadt zurücklegen, was mit dem Einhergehen massiver Ängste beschrieben wird. Die bis zu diesem Zeitpunkt durchlebten Erfahrungen verstärken sich nach der despektierlichen Behandlung seitens der Polizei. Die Behandlung, die hierbei erfahren wurde, verändert das Bild über Deutschland zwar nicht komplett, kann aber als massiver Vertrauensverlust in die Institutionen des demokratischen Rechtsstaates beschrieben werden.

„B.: Also im Endeffekt wurde uns auch mehrfach gesagt bei der Polizei: ‚Na ja, sie waren halt zur falschen Zeit am falschen Ort. Hätte genauso gut jemand anders sein können.' Zwei Tage vorher ist 'n Rentnerehepaar – bei denen haben sie Ähnliches gemacht, also, und das mitten in der Innenstadt von (Name einer Stadt), auf'm (Platz in der Stadt). Das Ganze sogar nicht wirklich spät oder so, zehn oder so. Also das heißt völlige Willkürlichkeit, die keinen Grund hatte." (Interview 6.1)

Demgegenüber stellte der rechtsextreme Übergriff für die meisten Interviewpartner keinen Bruch in ihrem bis dato bereits entwickelten Bild über Deutschland und das zwischenmenschliche Zusammenleben in diesem Land dar. Die negative Haltung der deutschen Gesellschaft gegenüber kommt dabei in Begrifflichkeiten zum Ausdruck, die teilweise durch vergleichende Bilder aus der Tierwelt verstärkt werden. So wird beispielsweise für das Phänomen, in einer durch „Intoleranz, Spießbürgerlichkeit und Egoismus" geprägten Gesellschaft zu leben, das Bild der „verseuchten Gesellschaft" verwendet bzw. auf individueller Ebene die eigene Existenz einem „Rattendasein" gleichgesetzt. Diese Titulierungen beziehen sich nicht nur auf die Lebensverhältnisse von Flüchtlingen in deutschen Massenunterkünften, sondern ziehen sich ebenfalls durch die Begrifflichkeit „Andersdenkender" innerhalb der Beurteilung ihrer Herkunftskultur.

Die Menschen in Deutschland wurden von vielen Flüchtlingen innerhalb unserer Stichprobe als aggressiv wahrgenommen. Dies geht einher mit der Einschätzung eines desillusionierten Deutschen, der die Menschen seines Landes als egoistisch, spießbürgerlich und intolerant erlebt. Dies zeige sich vor allem in der Gleichgültigkeit den Mitmenschen gegenüber:

„B.: Also det, wat ick jetzt hier mitkriege, das ist ja von Stadt zu Stadt unterschiedlich, man kriegt ja auch ab und zu – weil ich auch ab und zu in Berlin bin, aber ich würde erst mal sagen, 'n ziemlich großes Spießertum gibt – die die Leute einfach so sind, und so vor sich hin leben wollen und nichts mit anderen zu tun haben wollen. ... Ja, und dann gibt's halt die Regierung, die allen Leuten vorschreibt, prinzipiell, wie sie möglichst zu leben haben, und ja, so'n bisschen vorgeschrieben das Leben, wenn man nicht irgendwie ausfallend sein möchte." (Interview 20.1)

Eine ähnliche Kritik am sozialen Umgang miteinander in Deutschland findet sich in der Aussage eines Flüchtlings wieder, der die Art und Weise der Interaktion als „polizeilich" bezeichnet. Dies kennzeichnet eine eher als ordnungspolitisch und überwachend wahrgenommene Form zwischenmenschlicher Kommunikation im Gegensatz zu einer solchen, die als humanistische Interaktionsform im Sinne von Empathie und Mitmenschlichkeit angesehen werden kann:

> „B.: Ja, genau, I don´t go out after seven o´clock, for example. … Because the Germans are normal – are not so open, west or east, all of them, sorry. I not – the people are not so open. You can not go 'hallo' to a group of people, 'hallo, it's me', hallo, hallo is not. There is no people, even it is in France or Italy, in Africa, a group of people, geschlossen. Are not people, who are – are open the German. Of course only the young. This way and the way so closed, who is too dangerous. You can harm you, you know." (Interview 16.1)

Weiterhin fand sich in unserem Datenmaterial die Aussage wieder, dass Rechtsextremismus nur „gedeihen" könne, wenn in der Gesellschaft etwas „im Argen" liege. Auch in solchen Beurteilungen spiegelt sich eine Form von Unzufriedenheit mit dem Staat wider, vor allem aber mit der zwischenmenschlichen Umgehensweise. Interessanterweise wird sowohl auf Seiten der Migranten als auch von den eher links orientierten Deutschen eine Oberflächlichkeit angemahnt, die sich in der Wahrnehmung der Befragten dadurch ausdrückt, dass eher marginale Alltagsfragen das Leben bestimmen. Insbesondere für viele Migranten erscheint dies als eine unverständliche Lebensauffassung, da diese in der Regel wirtschaftliche oder politische Verhältnisse hinter sich gelassen haben, die eine zum Teil massive Bedrohung für die eigene Existenz darstellten.

> „B.: Ich komme von meine sehr kleine Welt. Und mit diese Welt waren wir satt, weißt du? Und in unsere Land waren wir ein – waren wir satt, weil wir sehen unser Land als so große Welt. Aber die deutsche Leut' hier sind bloß – nicht meine Steuern bezahlt, meine Doktor ist nicht gut behandelt, die Schule, weil ich hab' in eine schlechte Schule geschickt, oder diese Sorgen, oder Miete, oder Auto, oder Leidenschaft, diese Sachen können vielleicht ein deutscher Mann – Mensch unten bringen. Mensch, was ist mit diese Welt? Immer schlechte Laune im Herz, und wenn bei Straße eine Ausländer oder eine schwarze Mann sieht, immer lächeln." (Interview 7.1)

Viele der politisch aktiven Betroffenen haben sich im Rahmen der Interviews als eine Art Märtyrer dargestellt und dieses teilweise auch in ihr Selbstkonzept übernommen. Das Zusammenleben in Deutschland wird als von gegenseitigem Desinteresse gekennzeichnet wahrgenommen. Ein desillusionierter Befragter aus Ostdeutschland zieht dabei eine Alltagstheorie der Sozialromantik heran, die er mit der Philosophie „Früher war alles besser" untermauert. Hierbei bezieht er sich vor allem auf eine von ihm zu DDR-Zeiten wahrgenommene Wärme im Zusammenleben der Menschen, welche er zu späterer Zeit vermisste.

Allerdings lässt sich bei kaum einem der Befragten eine grob vereinfachende Weltsicht identifizieren, die im Anschluss an die erfahrene Viktimisierung die Gewalttat als charakteristisch für das gesellschaftliche Zusammenleben beurteilen würde. So finden sich sehr reflektierte Einschätzungen bezüglich dieses Zusammenlebens, wenn auch gesagt werden muss, dass viele Befragte der Ansicht sind, dass Ihr Alltag von drohender Gewalt durchzogen ist.

Ein Betroffener verglich jugendliche rechtsextremistische Banden mit „Gaunern" in seiner afrikanischen Heimat, die Überfälle begehen, um zu stehlen. Mit dem Ausdruck völligen Unverständnisses berichtete er, dass er die Information erhalten habe, dass rechtsextremistische Jugendgruppen teilweise in Deutschland vom Staat „anerkannt und unterstützt" werden. Er erklärte sich diesen Umstand mit der Tatsache, dass Deutschland eine Demokratie sei, in welcher Meinungsfreiheit bestehe, die derartige Extrempositionen zulasse.

> „B.: Ich habe nie – nein wirklich, ich habe so etwas nie bei uns gesehen. Eine solche Gruppe von Banditen, Nazis, und von der Regierung anerkannt. Das ist schwierig, bei uns existiert so etwas nicht.
> *I.: Mhm. Wie ist – wenn Sie eine solche Gruppe sehen, was ist für Sie das Kennzeichen, dass es sich um eine Gruppe von Nazis handelt?*
> B.: Bei uns wäre es vielleicht eine Gruppe von Gaunern, die Menschen angreifen um zu stehlen. Nur das, aber eine Gruppe, anerkannt von der Regierung, eine anerkannte kongolesische Gruppe, hier, ist eine Gruppe im Kongo, und das ist eine Nazigruppe. Anerkannt, unterschrieben, Punkt. Nein, bei uns gibt es so etwas nicht. ... Wenn es Gauner sind, die sich schlagen, um die Leute zu bestehlen, ja, das existiert." (Interview 21.1)

Zwei der Befragten vertraten die Auffassung, dass die am eigenen Leib erfahrene Gewalttat überhaupt nicht in ihr Bild passe, dass sie sich von Deutschland gemacht haben. Allerdings, so muss eingeräumt werden, fußen diese Aussagen entweder auf einer relativ naiven Vorstellung bezüglich des gesellschaftlichen Zusammenlebens in Deutschland, oder ihre Darstellung ist der Tatsache geschuldet, dass die Betroffenen nur sehr begrenzte Möglichkeiten hatten, sich in deutscher Sprache auszudrücken.

> „B.: Ich habe eine andere Bild von Deutschland, das ist Deutschland Universität, viele Universität in Deutschland. Ja dieses – die Ökonomie ist gut, ja. Menschliche Recht, democracy, wenn ich sehe die Leute, die sitzen in Parlament und sage wie Schröder oder Helmut Kohl: ,Ja, da, da, da.' Die Leut' gehen nicht zu Haft, ja, okay (lacht). Das ist gut, ja. Aber wenn ich sehe dieses Leute marschieren, dieses Nazis marschieren in dies Straßen, und da sind Sachen – das ist ganz klar, ja." (Interview 10.1)

Insgesamt lässt sich festhalten, dass das Bild unserer Interviewpartner über Deutschland sehr ambivalent ausgefallen ist. Hierbei bildet auf der einen Seite die in Deutschland erfahrene Hilfsbereitschaft einen Pol, wohingegen die erlebte Aggressivität, nicht nur in Bezug auf die Tat, den anderen bildet. Der „Hilfepol" bezieht sich auf Unterstützungsleistungen, die sowohl im familiären und freundschaftlichen Umfeld als auch von institutioneller Seite erfahren wurden. Da es im Rahmen unseres Projekts eine sehr enge Zusammenarbeit mit den Anlaufstellen für Opfer rechtsextremer Gewalt gab, ist bei unseren Befragten der Aspekt der institutionellen Hilfen quantitativ etwas überrepräsentiert, was dem positiven Urteil der Betroffenen über die von den Opferhilfeinstitutionen erfahrene Unterstützung (vgl. Kapitel 6.4.3) jedoch nicht entgegensteht.

6.8 Zukunftsperspektiven der Betroffenen

Die Folgen rechtsextremistisch motivierter gewalttätiger Übergriffe für die Opfer bzw. die Erfolge anschließender Bewältigungsprozesse lassen sich nicht zuletzt an den individuellen und gesellschaftlichen Zukunftsperspektiven der Betroffenen erkennen. Zukunftsentwürfe sind bewusst ausgestaltete Handlungspläne im Sinne der subjektiven Einschätzung der Chancen und Grenzen individueller Handlungs- und Entwicklungsmöglichkeiten sowie der Teilhabe am gesellschaftlichen Leben (vgl. Böttger 1998: 341 ff.). Als solche sind sie ein zentraler Bestandteil des Selbstkonzepts und damit der Identität eines Menschen (vgl. Böttger/Köller/Solberg 2003). Durch Viktimisierungsprozesse erfolgte Beschädigungen der Identität schlagen sich somit zumeist unmittelbar auf die Zukunftsentwürfe der Betroffenen nieder, indem sie die Einschätzung zukünftiger Lebensmöglichkeiten unter Umständen massiv beeinflussen.

Wird etwa ein rechtsextremistisch motivierter Übergriff von betroffenen Migranten als Ausdruck von Fremdenfeindlichkeit der sozialen Umgebung erlebt, so kann die Folge ein Zukunftsentwurf sein, in dem diese Umgebung – die Stadt, das Bundesland oder die Gesellschaft – keine Rolle mehr spielt. In den vorangegangenen Kapiteln ist dies am Beispiel des Wohnortwechsels Betroffener in eine Gegend, in der sie keine weiteren rechtsextremistischen Übergriffe mehr befürchteten, bereits deutlich geworden.

Aber auch für Betroffene ohne Migrationshintergrund können die Folgen rechtsextremistisch motivierter Übergriffe einen starken Einfluss auf die subjektiven Zukunftsperspektiven haben. Ist durch die erfahrene Gewalt und in der Folge durch gesellschaftliche Bedingungen, die Bewältigungs- und Restabilisierungsprozesse erschweren oder verhindern, das „Systemvertrauen" (vgl. Kapitel 2.7) in die Gesellschaft und ihre Kontrollinstanzen beeinträchtigt, so kann die Folge z.B. ein Zukunftsentwurf sein, bei dem alternative Abwehr- und Bewältigungsmöglichkeiten stärker in Rechnung gestellt und unter Umständen bereits entsprechende Vorbereitungen getroffen werden – z.B. durch das Mitführen einer Waffe beim Aufenthalt in Gegenden, in denen rechtsextreme Übergriffe befürchtet werden, oder durch die Pflege des Kontaktes zu Opferhilfeeinrichtungen, die bei erneuten Angriffen Hilfe leisten können.

Sind bei einer stark beeinträchtigten Stabilität als Folge der Gewalttat Prozesse der Bewältigung und Restabilisierung der Betroffenen noch nicht abgeschlossen, können freilich auch Aktivitäten Bestandteil der Zukunftsentwürfe sein, die der (weiteren) Bewältigung bzw. Stabilisierung dienen.

Die Analyse des Interviewmaterials ergab, dass die Zukunftsentwürfe der befragten Opfer von rechtsextremer Gewalt, die keinen Migrationshintergrund aufweisen, nur unwesentlich oder gar nicht in erkennbarer Weise durch die Folgen des Übergriffs geprägt sind.[14]

---

[14] Hier ist freilich anzumerken, dass Einflüsse der Tat auf den Zukunftsentwurf vorstellbar sind, die sich als solche im Text des Interviews nicht identifizieren lassen. Bei der Analyse ist natürlich grundsätzlich nicht

Bei dem im Folgenden zitierten Beispiel wird zunächst deutlich, dass der Interviewpartner nach einer anfangs starken Beeinträchtigung des Sicherheits- und Selbstwertgefühls sich einige Zeit nach der Gewalttat im Sinne einer erfolgreichen Bewältigung wieder stabilisieren konnte:

„B.: Also direkt nach dem ganzen Vorfall hab' ich die Straße schon gemieden wie die Pest. Auf jeden Fall. Aber mittlerweile – mittlerweile ist das nicht mehr so. ... Mittlerweile ist schon wieder so viel Zeit vergangen, dass ich mir deswegen nicht mehr ganz so viel Sorgen mach'. Weil ich mir halt auch denk', dass durch diese Tat – dass ich mein Leben dadurch so beeinflussen lass', dass ich mich jetzt gar nicht mehr frei bewegen kann, also, das wär' schade, wenn's so wär'. Sicher kann man dann auch nichts dagegen machen. Aber glücklicherweise nicht." (Interview 9.1)

Entsprechend fällt der Zukunftsentwurf dieses Befragten, der ca. ein Jahr vor dem Interview sein Architekturstudium abgeschlossen hatte, in unserer zweiten Erhebungswelle im Sinne eines „Fünfjahresplanes" relativ strukturiert aus und enthält – auch nach seiner eigenen Einschätzung – keine Beeinträchtigung mehr durch die in diesem Fall ausgesprochen brutale Gewalterfahrung und ihre Folgen:

„B.: Also ich bin ja fertig mit dem Studium, seit einem Jahr. Seit 'nem guten Jahr jetzt. Hab' schon in zwei verschiedenen Büros gearbeitet. Allerdings ist der Markt so kaputt, dass es nur befristete Arbeitsplätze – Arbeitsverträge gibt im Moment. Und jetzt bewerb' ich mich gerade wieder. Hab' parallel mit zwei Studienkollegen hier das Büro aufgemacht. Und hab' auch jetzt auch seit – ich arbeite jetzt nicht mehr seit – also nicht mehr offiziell in 'nem Büro seit, ich glaub', Ende Februar. Und hab' aber seitdem mit dem Büro, was wir hier gegründet haben – haben wir ein Einfamilienhaus geplant mit An- und Umbau, und ich mach' jetzt persönlich 'nen Wettbewerb gerade für die Universitätsbibliothek in (Stadt 1). Und ja, ich bastel' so ein bisschen so Schritt für Schritt an der Selbständigkeit und bewerb' mich aber parallel dazu. ... Also ich weiß nicht, ob meine Zukunft in (Stadt 2) liegt. Aber das liegt wahrscheinlich nicht an dieser Tat, sondern weil es eventuell auch beruflich hier nicht funktioniert. Das kann durchaus möglich sein. Und dann wär' es natürlich schön, wenn ich mit meiner jetzigen Freundin zusammen bleiben könnte und eventuell – dann eventuell auch mal Kinder haben könnte. Aber das ist mehr so, na ja, so ein Fünfjahresplan vielleicht, oder irgendwie so was, wenn das alles ein bisschen fester ist, auch wenn ich jetzt mal geregelte Arbeit hab'." (Interview 9.2)

Auch der Befragte, der vor einer Gruppe rechtsextremistischer Skinheads ins Haus seiner Eltern flüchten musste, in dem es dann zu einem gewalttätigen Übergriff durch diese Gruppe kam, scheint nach einer nur kurzen, kaum identifizierbaren Phase der Bewältigung außer

---

bekannt, wie ein Zukunftsentwurf gestaltet worden wäre, wenn der Übergriff nicht stattgefunden hätte. Indessen lässt sich dieses Problem analytisch nicht lösen. Wenn also im vorliegenden Kapitel davon die Rede ist, dass die vom Opfer erfahrene Gewalt seinen Zukunftsentwurf nicht (oder nicht mehr) erkennbar beeinträchtigt, so bedeutet dies, dass kein Bezug der Inhalte dieses Entwurfes zur Tat oder ihren Folgen im Interviewmaterial zu identifizieren ist.

einem Gefühl der Wut, das Rachegedanken in ihm hervorruft, nicht mehr unter Folgen der Tat zu leiden. Dies schätzt er auch selbst so ein:

„B.: Also der Angriff – für mich Folgen – eigentlich keine, bis auf dass die Gesamtheit dieser Scheiße, die da passiert ist, die mich da wütend macht und mich sagen lässt, dass es so nicht weiter geht. Das nächste Mal hol' ich mir 'nen Knüppel und dann treff' ich dann einen von denen. Also eher so." (Interview 2.1)

Seine Zukunftspläne zeichnen das ungetrübte Bild eines Familienlebens in angenehmer Umgebung und der Ausübung des den eigenen Wünschen entsprechenden Berufs:

„B.: Ich will einfach – ich freu mich jetzt sehr auf das Kind, das bald kommt. Ich will später noch – also richtig schön Familie haben, drei Kinder ungefähr. Zwei, drei Kinder noch. Will auf jeden Fall einen Beruf finden, also nach dem Studium erst mal arbeiten in dem Beruf, weil ich's okay find' so. Aber ich denk' nicht so, dass das so meine Erfüllung ist, die ich bis – der ich bis zur Rente nachgehen werde. Ich will dann irgendwie noch den Beruf finden, der mir liegt und den ich dann auch für immer machen will. Und das ist so mein Wunsch. Schöne Familie, wegziehen vielleicht, wo's schön ist." (Interview 2.1)

Was in diesem Beispiel deutlich wird, gilt für die meisten Interviewpartner, die keinen Migrationshintergrund aufweisen und den Übergriff sowie gegebenenfalls seine Folgen bis zur (wiedererlangten) eigenen sozialen bzw. individuellen Stabilität verarbeitet haben: Die Zukunftsentwürfe sind auf ein mitunter bürgerlich anmutendes Familienleben mit Ehepartner und mehreren Kindern ausgerichtet.

Anders verhält sich dies allerdings bei den im Folgenden dargestellten Fällen: Die zunächst zitierte, politisch links eingestellte Interviewpartnerin ist aufgrund ihrer politischen Aktivitäten zur Zielscheibe einer Gewaltandrohung durch rechtsextremistische Jugendliche geworden. Glücklicherweise ist hier die Drohung, mit einer Flasche zuzuschlagen, nicht in die Tat umgesetzt worden. Dennoch hinterlässt dieser Vorfall bei der Betroffenen starke Gefühle der Wut, die sich mit der Überzeugung verbinden, die politische Arbeit gegen Rechtsextremismus noch zu intensivieren:

„B.: Na, ich muss mal sagen, im Gegensatz zu meiner Kollegin, die ja eigentlich – die geht auch nicht so weit, die kann's einfach auch nicht verkraften zu diesen Demonstrationen mit zu gehen, war das für mich, muss ich jetzt mal sagen – diese Situation war für mich jetzt nicht besonders schlimm. Also dass ich hätte deswegen jetzt nicht schlafen können – deswegen – es war halt einfach nur wieder so viel Wut da über – über diesen ganzen Tag, was da abgelaufen ist, und – und der Vorsatz, dass man halt da noch mehr tun muss. Und wieder – wieder diese – diese Ohnmacht, ne. Eigentlich dass man – es ist – es ist einfach – man kann nicht – man kann nicht – man hat manchmal das Gefühl, dass man nicht wirklich was tun kann. Aber man muss sich halt immer wieder motivieren und sagen, es müssen noch viel mehr Leute was tun. Und das ist eigentlich das, was mich an der Sache am meisten immer ärgert." (Interview 28.1)

Die kritische Haltung dieser Interviewpartnerin gegenüber bürgerlichen Normen und Werten, die zum Teil auch ihre politische Einstellung prägt, führt zu einer Zukunftsvorstellung, in der Passivität gegenüber aktuellen gesellschaftlichen Entwicklungen generell abgelehnt wird:

> „B.: Ich möchte nicht als Otto Normalverbraucher zu Hause sitzen und – und gucken, wie draußen Dinge passieren. Oder andersrum: Ich möchte nicht zu Hause sitzen und gelassen zusehen, wie um mich 'rum Dinge passieren, die ich gar nicht in der Lage bin zu beurteilen. Das wollt' ich nicht." (Interview 28.1)

Gewaltandrohungen der rechten Szene konnte diese Befragte nicht destabilisieren. Sie wollte auch in Zukunft politisch aktiv sein, worin sie durch Provokationen und Übergriffe seitens rechtsextremistischer Akteure eher noch bestärkt wurde. Die Zukunftsvision eines bürgerlichen Familienlebens indessen ist für sie kein Thema. Anders als der im Folgenden zitierte Interviewpartner, lehnt sie dies zwar nicht ausdrücklich ab, jedoch steht es auch nicht im Vordergrund ihrer Zukunftspläne.

Der Befragte, der im nächsten Zitat zu Wort kommt, zeichnet sich ebenfalls durch eine konsequente Ablehnung traditioneller bürgerlicher Werte und Normen aus. Im Unterschied zu der zuletzt zitierten Interviewpartnerin ist seine politische Einstellung jedoch nicht unbedingt als links zu bezeichnen, auch ist er nicht aufgrund seiner politischen Überzeugung von rechtsextremistischen Tätern angegriffen worden, sondern die Provokation erfolgte durch rechtsextremistische Fußballfans der gegnerischen Mannschaft nach einem Spiel, dem der Betroffene als Fan „seines Vereins" beiwohnte. Er wurde in diesem Fall zum Opfer, weil er Fan der „falschen" Mannschaft war – ein nicht seltenes Viktimisierungsmuster in der Szene gewalttätiger Fußballfans (vgl. Böttger 1998: 237 ff.). Obwohl der Übergriff sehr hart verlief – möglicherweise hat allein das Einschreiten seiner Freundin im letzten Moment verhindert, dass die Angreifer ihn in einem Fluss ertränkten – konnte im Interview keine nennenswerte individuelle und soziale Destabilisierung identifiziert werden. Im Kreise der Fangruppe wurde über den Vorfall diskutiert und man einigte sich darauf, gegen den Täter, der ihn unter Wasser gedrückt hatte, Anzeige zu erstatten. Über weitere Folgen der Tat, die ihn belastet hätten, berichtete dieser Interviewpartner nichts. Seine Zukunftsvorstellungen entsprechen seiner konsequenten Ablehnung einer bürgerlichen Lebensweise. Zur Zeit des Interviews war er als gelernter Elektriker arbeitslos, wobei es ihm aber weder finanziell noch sozial schlecht gegangen sei. Er habe annähernd soviel Arbeitslosengeld bezogen wie er vorher in seinem Beruf an Lohn erhalten habe.

> „B.: Warum soll ich da arbeiten gehen? Sag', des gibt vier Millionen Arbeitslose, dann sollen sie erst mal staffeln, was weiß ich, die Politik ist halt da ein bisschen – nicht flexibel genug, da sollen sie erst mal staffeln, wer arbeiten will und wer nicht arbeiten will." (Interview 18.1)

Er selbst jedenfalls will unter den gegebenen Umständen nicht arbeiten, so wie er auch generell einer Übernahme von sozialer Verantwortung sehr kritisch gegenüber steht. Sein Zukunftsentwurf ist geprägt von der Vorstellung, ein Leben ohne Zwänge und Verpflichtungen „am Rande dieses Staates" zu führen, wobei sich jedoch weder Folgen des rechtsextremistischen Übergriffs erkennen lassen noch Bezüge zur Problematik rechtsextremistischer Gewalt generell. Genannt werden hier eher politische Entwicklungen wie die Folge der politischen Wende durch den Beitritt der ostdeutschen Länder zur Bundesrepublik:

„B.: Ich will keen Stino („Stinknormaler", Anm. d. Verf.) sein, ich hasse dieses Leben. Wie gesagt, weil, ich bin so groß geworden. Mein Bruder ist schon so der Fall oder der (Name) hier, der hat Frau und Kind. Ich könnt' mir nicht vorstellen, Frau und Kind. ... Und dann jeden Tag auf Arbeit rennen und dann heem kommen und heimlich das Glück vorspielen, das geht nicht. Ich fahr' halt gerne zur Mucke, und dann will ich mich auch mal ausrasten, was weiß ich, hier 'n bisschen rumpocken und wie gesagt, es machen die meisten Frauen sowieso nicht mit, mit der Zeit. Die gucken sich des, was weiß ich, ein Jahr mal an oder ein halbes Jahr und dann sagen dir: ‚Nee, das pack' ich einfach nicht'. Sag', erstmal die tausend Leute, die jeden Tag zu Besuch kommen, oder du bist, was weiß ich, du bist unterwegs und sagst, kommst nach 'ner Stunde wieder, und dann kommste, was weiß ich, einen Tag später wieder oder auch später nachts. Und dann, wo wir uns getroffen hatten, ich will da keine Rücksprache führen müssen und so was. Ich will mein eigenes Leben haben und für keenen Rechenschaft ablegen müssen. Deswegen will ich auch keene Verantwortung für irgendwas übernehmen, wie zum Beispiel für'n Kind oder so was. Wär' mir einfach zu viel Verantwortung, weil ich nicht mal für mich Verantwortung nehme groß. Ich nehm' zwar für mich Verantwortung jetze ... oder ich zahl' alles ab, aber ansonsten will ich nur am Rande dieses Staates leben, will ich nicht direkt integriert sein. Das ist – dieser Staat ist mir einfach zu hässlich. Durch seine Scheißbürokratie, durch sein Rumgelüge von der Politik her und alles und dass sie uns damals so überrollt hatten." (Interview 18.1)

Ein vollkommen anderes Bild zeichnen die Zukunftsentwürfe der meisten Interviewpartner, die oder deren Eltern aus einer anderen Herkunftskultur nach Deutschland gekommen sind, deren Biographie also einen Migrationshintergrund aufweist. Bei diesen finden sich Träume von einem friedlichen, bürgerlichen Familienleben vergleichsweise selten. Eine Ausnahme bildet allerdings der im Folgenden zitierte junge Mann aus einem westafrikanischen Staat, der nach einer erfolgreichen individuellen Stabilisierung seine klar strukturierten Zukunftsvorstellungen kurz und knapp auf den Punkt bringt:

„B.: Oh, meine Zukunft: gute Job, tolle Frau, eine Familie.
I.: Kinder?
B.: Na klar. Mindestens zwei, maximal vier." (Interview 14.1)

Die meisten anderen der Befragten mit Migrationshintergrund entwickeln Zukunftsbilder, die von Verunsicherung, Angst und Wut geprägt sind und sich nicht nur als Auswirkung des rechtsextremistischen Übergriffs darstellen, sondern auch als Folge anderer Probleme, im unten zitierten Fall etwa eines über zehn Jahre andauernden Status' der „Duldung" in der Bundesrepublik Deutschland, der dem Betroffenen den Aufenthalt dort bis auf Widerruf gestattete, wobei dieser Widerruf sehr plötzlich erfolgen oder sehr lange ausbleiben kann, was die Zukunft für hiervon betroffene Migranten zu einem nahezu unplanbaren Schicksal werden lässt.

> „B.: Aber ich habe lange Zeit nicht gedacht über diese Sachen. Wissen Sie was, ich habe seit zwölf Jahre – ja, zwölf Jahre, ich habe diese – ich darf nicht diese Frage haben. In Deutschland, ich gucken, seit Juni bis heute ich hab' nicht das Asyl, das noch nicht fertig." (Interview 10.1)

Im Interview der zweiten Erhebungswelle wurde zudem deutlich, dass Versuche, in Deutschland zu studieren, daran scheiterten, dass das Abschlusszeugnis des Befragten aus seiner Herkunftskultur in Deutschland nicht als Hochschulzugangsberechtigung anerkannt wurde, was seine Verunsicherung zusätzlich steigerte. Sein Zukunftsentwurf reicht nur bis in die unmittelbar vor ihm liegenden Jahre, in denen er – sollte er in Europa bleiben können – einen Studienplatz erhalten wollte. Weitere Perspektiven entwickelte er aufgrund seiner unsicheren Situation im Stadium der „Duldung" seines Aufenthaltes nicht.

> „B.: Ja, ich hab' versucht, etwas in der Uni gehen, ja. Weil dort kann man besser lernen. Ich lerne da nur die Sprache, ja. Aber das klappt nicht, weil mein Zeugnis, mein Abiturzeugnis, mein Schulzeugnis und so weiter ist nicht dabei. ... Ich hab' versucht, hier auch die Abitur-Abendschule zu machen. ... Aber es ist kompliziert, ist Bürokratie. Ich versuche einmal, aber kein Platz oder so weiter, ja. Das eins, und deswegen ich möchte nach Norwegen fahren oder nach Finnland, weil ich hab' gehört, dass die Ausbildungssystem ist besser, ja. Und ich hab' gehört, dass vielleicht in Norwegen, in Oslo, ja, die Universität in Oslo kann mich akzeptieren, ja, mit meinem Abitur. Ich versuche das. ... Ich hab' keinen Beruf gelernt, und das ist ein großes Problem für mich, ja." (Interview 10.2)

Einige der Betroffenen mit Migrationshintergrund, die im Rahmen der Übergriffe sehr starke Angstzustände und zum Teil schwerste Verletzungen erlitten hatten, hielten dennoch an ihren Plänen fest, zunächst in der Bundesrepublik Deutschland zu bleiben. So ist der Interviewpartner, der im folgenden Zitat zu Wort kommt, von mehreren rechtsextremistischen Tätern brutal überfallen und dabei fast getötet worden. Die Folge dieser Tat waren anhaltende psychische Störungen wie spontan auftretende Angstzustände und massive Schlafstörungen, die er mit Medikamenten zu bekämpfen versuchte:

> „B.: Ich bin ganz negativ Mensch. Jetzt bin ich nicht – bin ich nicht mich. Ich bin aus. Früher kann ich sowieso wie ich jetzt sein, weil ich kann gar nicht mehr tun. ... Aber jetzt kann ich – meine Kopf ist ganz aus. Ich auch. ... Ich fühle ein halber Mensch, weil ich muss immer Tabletten nehmen. Immer Tabletten nehmen. ... Angststörungtabletten, Schlafstörungtabletten." (Interview 7.1)

In seinem Deutschlandbild differenziert er dennoch zwischen seinen auch insgesamt problematischen sozialen Erfahrungen einerseits und Bereichen wie dem Wirtschaftssystem oder der wissenschaftlichen Forschung andererseits, die er für gut hält und von denen er lernen möchte, um dieses Wissen nach seiner späteren Rückkehr in der Herkunftskultur einsetzen zu können:

> „B.: Deutschland ist ein gutes Land. Gibt's viele Dinge hier, Ökonomie – nicht nur Ökonomie, gibt's verschiedene Forschung hier, wir haben nicht in Afrika. Und es ist gut, man diese Dinge lernen könnte und zurück in die Heimat zu bauen. Weil gibt's keine Platz als – ja, wir sind in Deutschland vielleicht 20 Jahre oder 5 Jahre mehr, wir müssen zurück, gibt's keine Platz als unsere Land." (Interview 7.1)

Auch der im Folgenden zitierte Befragte erlitt massive Verletzungen durch einen Angriff von rechtsextremen Jugendlichen – wie z.B. einen doppelten Kieferbruch – und benötigte nach der Tat zur Bewältigung ständiger Angstzustände therapeutische Hilfe. Auch noch Jahre nach der Tat fühlte er sich angesichts seiner Situation als Angehöriger einer ethnischen Minderheit ohnmächtig und „sehr klein":

> „B.: Nach dem Überfall sind wir nach (Großstadt) gekommen, es war immer, wenn ich jemand sehe mit glatzte Haare, ich immer Angst – ich hab' Angst. Ich immer Angst, Angst. Und ich denke immer, wenn ich zum Beispiel habe meine Ausbildung zu Ende, oder wenn ich Abschluss habe, das kann gut sein für mich. Aber ich habe nicht fertig gemacht. Ich hab keine Abschluss.
> *I.: Aber du hast gearbeitet?*
> B.: Ja, was machen ich – was soll ich machen? So ich war wirklich traurig. Ich war zum – wie heißt ‚sociology'? Eine Frau Doktor. ... Sie hat mir geraten, was alles passiert zu mir. Wenn ich denken war, was passiert mit mir. Ja, ich fühl' mich sehr kleiner, ja, sehr klein, habe ich das Gefühl gehabt, ganze Zeit. Nur wenn ich mache was, wenn ich arbeite mit den Kinder zusammen, das ist anders, vergessen." (Interview 17.1)

Dennoch wollte auch dieser Interviewpartner nach der Tat noch einige Jahre in Deutschland bleiben, bevor er in seine westafrikanische Herkunftskultur zurückkehrt – und zwar nicht nur aufgrund der sozialen und politischen Situation in seiner Heimat, sondern auch, um in Deutschland noch einige Zeit Musikunterricht für Kinder zu geben, der ihm viel Freude bereitete, und die dabei erworbenen pädagogischen Kompetenzen dann in Afrika anwenden zu können.

> „B.: Ich hab' meine Ziele ja wirklich hier. Ich möchte gerne mit Kinder hier irgendwo in Deutschland was schön zu machen. Und auch, ich versuchen die Kinder in meine Heimat etwas auch gut Genuss haben.
> *I.: In (westafrikanischer Staat)?*
> B.: Ja. Geht nicht, was ich mit den Kindern, was ich wollte mit den Kindern hier machen, zum Beispiel diese Aktivitäten, diese – diese – want to go to the classes, they are not to use the drum, they are not use to play an instrument, they don't used to it.
> *I.: In Germany?*
> B.: In Germany. In these schools, they are not used to do, the children. So I bring all these things to get this idea. Very, very much happy. And sie hat immer gute Laune in

Klasse. Ja. So, I mean, ich machen immer die Kinder glücklich. Und ich möchte auch die Kinder in meine Heimat, in Afrika, diese Erlebnis haben." (Interview 17.2)

Ein aus einem nordostafrikanischen Staat stammender Interviewter sah in dem rechtsextremistischen Übergriff, durch den er einen Nasenbeinbruch erlitt, nun eine extreme Variante der alltäglich erfahrenen Fremdenfeindlichkeit in Deutschland, die von einer Verschlossenheit gegenüber Ausländern bis hin zu gefährlichen Angriffen reiche. Vor diesem Hintergrund verglich er sein Leben in Deutschland mit dem einer Ratte:

„B.: A thing like rat. Ja, genau." (Interview 16.1)

Er rechnete noch im selben Jahr mit einer Stabilisierung der politischen und sozialen Struktur in seiner Herkunftskultur, wollte diese aber auch in der nächsten Zukunft nur im Rahmen von Reisen mit seinen Freunden wieder aufsuchen – während er sich wünschte, in Deutschland wieder integriert zu sein und einen Beruf ausüben zu können, etwa als Journalist:

„B.: Mein Zukunft bis jetzt ist durcheinander. Ich kann – ich hab' keine bestimmten – keine bestimmten Vorstellungen, das ich in Zukunft machen möchte. Zuerst ich möchte mich dann wieder engagieren, integrieren. Ich möchte mich aber alleine, nicht mit der Hilfe einer Ehe oder mit der Hilfe jemand anders, sonst mit mich selbst, zu mir, und dann wieder gut zu sein. Und ja – und die Sachen gut verstehen. Und ja – und dann ich glaube, im Sinn, im Richtung, ja, Beruf, Job, überhaupt, das kann ich halten. Ich habe viel Talente, das kann ich in Zukunft richtig machen. Zum Beispiel ich kann Journalist, aber wenn ich richtig bin, wenn ich in der Lage bin, zum Beispiel sprachlich, dann ich kann auch meinen Job haben, weil diese Weise, diese Job als Journalist oder als – mit den Leuten zu tun, dann macht man sich selbst die Name oder so selbst. Ich glaube, das kann ich – kann ich machen, aber die Zeit, aber nicht gerade jetzt oder nächsten Monat oder in eine Stunde. Das glaube ich schon. Ich hab' dann ein bisschen Hoffnung. Manchmal fühl' ich, dass ich ein bisschen Hoffnung haben. Wenn ich außer hier, ich meine außer hier, ich meine außer (Stadt), dann fühle ich mich richtig wohl. ... Und dann ich will dann dieses Jahr auch nach (nordostafrikanischer Staat) fahren. Politisch ist dann verbessert – sich verbessert. Die Lage dann akzeptiert alle, die Opposition und die, die dagegen sind – waren – sind, und so weiter. Die Lage ist sich verbessert. Gibt's die Unterdrück' an diese Regime, an diese Regierung, dann unsere (nordostafrikanischer Staat) wird okay. Ich meine, in nächsten Zukunft es wird okay. Dann ich fahre frei. Ich bin dann in (nordostafrikanischer Staat), war ich frei, ich bin dann dort gefahren, um mit meinen Freunden, mit denen dann so." (Interview 16.1)

Auch der in den vorangegangenen Kapiteln bereits mehrfach zitierte Interviewpartner aus einem westafrikanischen Staat, der nach der Flucht aus seinem Herkunftsland mit Hilfe einer Fluchthilfeorganisation jeglichen Kontakt zu seiner Familie verloren hatte und dann zum Opfer des gewalttätigen Übergriffs einer Skinhead-Gruppe wurde, wartete zwar darauf, dass sich die politische Situation in seiner Heimat wieder beruhigte, damit er Kontakt zu seiner Familie aufnehmen konnte, von der er nicht einmal wusste, ob sie noch am Leben war. Eine vollständige Abkehr von Deutschland und eine endgültige Rückkehr in sein westafrikanisches Heimatland kennzeichneten seinen Zukunftsentwurf jedoch nicht. Obwohl er auch vor und nach der Viktimisierung problematischste soziale Erfahrungen in Deutschland machen musste, war es sein Traum, Diplomat zu werden, um zwischen den verschiedensten Kulturen vermitteln zu können, zu denen er auch Deutschland rechnete:

„B.: Ich will ein Großmensch werden ... , ein guter Mensch, nicht ein Politiker, aber so ein Diplomat zu sein, in Diplomatie. Und deswegen ich will noch mehr intensiver lernen meine Sprache, weil das sehr gut für mich. Englisch, Französisch, Deutsch, bisschen Russisch kann ich auch." (Interview 1.1)

Ebenso erlebte der im Folgenden zitierte Befragte aus einem Staat in Vorderasien die deutsche Gesellschaft als ausländerfeindlich und ungerecht gegenüber ethnischen Minoritäten, wobei auch die erfahrene Viktimisierung durch rechtsextremistische Täter beigetragen haben mag, jedoch ist diese hierfür nicht der einzige Grund. Neben dem Einklagen von Menschenrechten ganz generell bringt er Deutschland – wie auch verschiedene andere westeuropäische Nationen – in einen diffusen Zusammenhang mit einem Krieg in Vorderasien.

„B.: Ich will wie ein freier Mensch, wie die anderen leben. Und ich möchte meine Kinder wiedersehen und mit ihnen leben. Ich wünsche meine Mutter noch einmal zu sehen, bevor sie stirbt. So wie mein Vater gestorben ist, ohne ihn zu sehen. Wo bleibt das Gewissen von den Deutschen, wenn es unterdrückt wird? ... Ich möchte wie ein Mensch leben. Ich seh', dass die anderen Rechte haben und bekommen ihre Rechte. Aber ich bin ein Mensch, ich möchte nicht meine Rechte wie ein Hund zu bekommen. Ich möchte meine Rechte, aber meine Menschenrechte. Bin ich hässlich oder Verbrecher? ... Wir wurden unterdrückt. ... Aber trotzdem sage ich: ‚Wo ist das Recht in Deutschland?' Ich weiß nicht. ... Ich brauch' nur von Deutschland Hilfe zu leisten, wenn ihr diese Hilfe leisten könnt. Wenn der Richter in (Stadt) Unrecht, aber nicht alle Deutsche. Wo sind die Leute, die Frieden lieben? Ich möchte sehen die Leute, die Frieden lieben. Und ich weiß, dass sie in Deutschland sind. Ich weiß aber nicht wo. Ich möchte sie fragen: Lieben Sie ihre Kinder, ihre Frau, ihre Eltern, die Schwestern und Brüder?" (Interview 15.1)

Im Interview der zweiten Welle, in dem er neben Angst und Wut nun auch ein hohes Maß an Verzweiflung und Resignation zeigte, wurde jedoch deutlich, dass er auch in einer späteren Rückkehr in seine Herkunftsgesellschaft keine realistische Perspektive mehr sehen konnte.

„B.: Meine Zukunft ist zerstört. Und nicht nur meine Zukunft, sondern Zukunft der gesamten (Einwohner eines Staates in Vorderasien) und besonders der (Bewohner einer Region in Vorderasien). Ich überquere mehrere Staaten von (Staat in Vorderasien) bis zu Deutschland, nur weil ich ein (Bewohner einer Region in Vorderasien) bin, und deshalb hab' ich kein Recht hier in Deutschland. Was für eine Zukunft soll mich erwarten? ... Was für eine Zukunft zwischen Bomben, Panzern?" (Interview 15.2)

Auch ein Interviewpartner aus einem Staat in Zentralafrika berichtete, sich aufgrund verschiedener gegen ihn gerichteter rechtsextremistischer Angriffe, aber auch anderer fremdenfeindlicher Handlungen, die er und sein Sohn erlitten hatten, in Deutschland in permanenter Lebensgefahr zu befinden. Allerdings sah er auch keine Chance in einer Rückkehr in sein Herkunftsland, da die Situation dort aus anderen Gründen für ihn noch gefährlicher gewesen sei:

„B.: Am Anfang war es – äh – gut. Aber als ich angefangen habe, als – als man meinen Sohn am Bahnhof angegriffen hat, das hat mir wehgetan. Ich habe mich sogar gefragt: 'Wo kann ich noch hingehen? Wo werde ich hingehen?' Ich bleibe immer noch hier, aber es ist – wenn es ist um zu sterben, vielleicht hier. Nein, ich muss bleiben. Wenn es die Nazis sind, die mich töten (lacht), wir sind hier. Ja, denn bei uns ist – es gibt dort immer noch Probleme. Hier bleiben, zurück gehen, also es ist das Gleiche. Es ist das Gleiche. Es tut mir immer weh. Wo können wir noch hingehen? Wann können wir nach Hause zurückkehren? Es gibt dort immer noch Probleme. Hier bleiben, pff, es ist vielleicht besser noch etwas hier zu bleiben." (Interview 21.1)

Die Folgen sind auch in diesem Fall schlicht Verzweiflung, Hoffnungslosigkeit und Resignation, die jeglichen Blick in die Zukunft verstellen:

„B.: Meine Zukunft ist bereits verdorben, denn wer werde ich hier werden (klatscht in die Hände)? Wenn ich nicht arbeite, mache ich überhaupt nichts. Wer werde ich morgen werden (lacht)? Ich weiß es nicht. Ich weiß es nicht. ... Es ist wie bei allen: Der Mensch denkt immer daran, dass es ihm gut geht, glücklich. ... Aber ich sitze irgendwo fest. Was mache ich, um das Gleiche zu haben wie die anderen (lacht)?" (Interview 21.1)

Der Gruppe derjenigen Interviewpartner, die trotz zum Teil massivster gewalttätiger Übergriffe und trotz der verschiedensten anderen problematischen Erfahrungen in Deutschland für ihre Zukunft nicht das Ziel hatten, in ihre Herkunftskultur zurückzukehren, wenn dies die politische Situation dort zuließ, steht eine größere Gruppe von Betroffenen gegenüber, die dies anstrebten – was zum Teil als Auswirkung der rechtsextremistischen Angriffe gegen sie interpretiert werden kann, teils (zusätzlich) auf andere Erfahrungen in Deutschland zurückzuführen ist oder sich als Plan darstellt, den die Betroffenen bereits beim Verlassen ihrer Herkunftskultur gefasst hatten und an dem sie bis zur Zeit der Interviews festhielten.

Ein Beispiel ist die im Folgenden zitierte Interviewpartnerin aus einem südwestafrikanischen Staat, die mit Freundin und Kindern von Rechten angegriffen und verletzt wurde. Es kam zwar bei ihr zu einer relativen Stabilisierung in der Form, dass sie wieder in der Lage war, über die Tat zu sprechen und auch den Tatort aufzusuchen, was sie unmittelbar nach der Tat nicht konnte. Letztlich war es ihr jedoch nicht möglich, ohne Angst in Deutschland leben.

„B.: Ich habe vielleicht zwei oder drei Monate – konnte ich da heimlich immer so lang. Aber jetzt langsam zur Zeit geh' ich schon auch hier. ... Aber ich versuche auch so hier, ich ignorier'. Und sobald weg von den Leuten, Abstand, und ja. Und sag' ich auch meine Kinder: ‚Wenn jemand sagt ‚Neger' oder so was, schlechte Worte, deshalb kein

Antwort, weit weg. Wenn Möglichkeit hast, renne weg, ist besser.' Und kleine Jungs haben meine Tochter auch verfolgt." (Interview 24.1)

Ihr seit Beginn ihrer Übersiedlung bestehender Entschluss, nicht länger als notwendig in Deutschland zu bleiben, festigte sich durch die Viktimisierung und die dadurch hervorgerufene Angst um ihr Leben und das ihrer Kinder immer weiter. Sie möchte in ihr Herkunftsland zurückkehren, sobald die politischen Verhältnisse dort dies zulassen. Ihre Zukunftswünsche bestehen darin, dass auch ihre in Deutschland geborenen Kinder dort leben können und sie selbst eine berufliche Tätigkeit im Bereich der Informatik ausüben kann.

„B.: ... hatte nie in meine Gedanken, hier in Deutschland immer zu bleiben. Nie, nie, nie. Also irgendwann, vielleicht jetzt in drei oder vier oder fünf Jahren. Mal sehen, weil das Bürgerkrieg ist vorbei, ja, und da gibt's viel zu tun da. Ich würde noch ein bisschen studieren, richtig, was noch ist. Weil, seit – seit '95 bis jetzt nichts, ja. Hätte ich jetzt noch ein bisschen Informatik, also in diese Richtung mehr machen. ... Ich mag nicht Krankenpfleger zu sein. Aber ich möchte das, muss ich das machen, weil, das ist Pflicht von meine Vati. Weil er hat mich nicht geschickt nach Russland, er hat geschrieben: Medizin. ... Also gelernt mit meine Vati diese Dingsda, wenn jemand verletzt ist, ja. Also ja. Aber ich hab', wenn jemand blutet, ja, oh, das ist ganz schlimm für mich. Oh, ich weiß nicht, aber für meine Beruf müssen was zu tun mit Informatik oder so was Buchhalten oder ja, in diese Richtung. ... Und jetzt für die Kinder ist auch wichtig, kennen lernen, wo sie geboren sind. Ja weil, die beiden hier sind in (Großstadt in Deutschland) geboren, aber trotzdem sind auch (Staatsbürger der Herkunftsgesellschaft) und ist wichtig, unsere Mentalität, unsere Kultur. Hier zu Hause sowieso, ich koche was, auch was die Deutschen essen. Gibt auch lecker. Aber wir reden (Sprache der Herkunftsgesellschaft). Also paar Wörter, zur Schule, in den Kindergarten natürlich deutsch. Aber das ist ganz wenig. Wie man da miteinander umgeht – ich möchte, dass meine Kinder da richtig leben. Wie kann mit eine Freund leben? Nicht nur hier, ich bin – ich habe meine Wohnung. ... Ich bin nicht so erzogen. Wir sind – wir – du musst da sein für alle, ja. Also wir sind eine Familie. Und große Familie. Also meine Mutti hatte 32 Geschwister, also weil der Vati von meine Mutti hatte drei Frauen gehabt. Also überleg' mal, wenn jetzt eine Geburtstagsparty oder eine Hochzeit ...". (Interview 24.1)

Auch das zehnjährige Kind aus einem Staat in Vorderasien, das mit seiner Familie viele Jahre in einem benachbarten Land Vorderasiens lebte und dort auch seine Heimat sah, wurde durch den Angriff rechtsextremistischer Jugendlicher in seinem Wunsch, wieder in sein Heimatland zurückzukehren – den es seit Beginn seines Aufenthaltes in Deutschland mit den anderen Familienmitgliedern teilte – noch bestärkt. Hinzu kam in diesem Fall, dass der Junge seine langgewachsenen Haare, die er sehr mochte, abschneiden musste, um nicht weitere Hänseleien und Angriffe seitens rechtsextremistischer Jugendlicher auf sich zu ziehen.

„B.: Ich würde gerne wieder lieber nach (Land in Vorderasien), weil – weil – weil – Deutschland, das – freu' ich mich nicht so ganz. Ich musste hier wegen meine Haare abschneiden – da, deswegen ärgere ich mich jetzt. Ja, ich wollte die noch haben, die waren ungefähr so ein halber Meter lang." (Interview 3.1)

Seine Zukunftswünsche zielten bereits im Alter von zehn Jahren auf ein geregeltes Familienleben in einer Gesellschaft ohne Krieg:

„B.: Eine gute Hausfrau zu haben und gute Kinder, die nicht immer rumrennen. ... Aber ich will nicht – ich wünsche mir auch nicht, dass es soviel Krieg gibt. Das macht mich nicht glücklich. Aber bei uns gibt es – bei uns in (Land in Vorderasien) gibt es nicht soviel Krieg." (Interview 3.1)

Es wurde bereits darauf hingewiesen, dass es nicht allein die rechtsextremistischen Übergriffe waren, die die meisten Interviewpartner mit Migrationshintergrund dazu veranlasst hatten, die Rückkehr in ihre Herkunftskultur oder auch den Wechsel in eine dritte Kultur ins Auge zu fassen – wenngleich Viktimisierungserfahrungen in jedem Fall solche Pläne erhärteten. In vielen Biographien sind andere in der Herkunftskultur wie in der deutschen Gesellschaft durchlebte problematische Bedingungen genauso entscheidend für den Entschluss, erneut die Kultur zu wechseln. So verhält es sich auch bei dem folgenden Interviewpartner, der, obwohl er hier drei massive rechtsextreme Übergriffe erlitt, aus Angst vor den Bedingungen in seiner afrikanischen Herkunftskultur viele Jahre in Deutschland blieb und sich seiner Abschiebung massiv widersetzte – in einem Fall dadurch, dass er sich mit seinen eigenen Exkrementen eingerieben habe. Wenn es die Bedingungen in seinem Heimatland zuließen, wollte er spätestens seinen Lebensabend jedoch unbedingt dort verbringen:

„B.: Meine Zukunft? Meine Zukunft ist nicht in Deutschland. Bei mir, wenn ich krieg' nur ein Traktor ... , wenn ich krieg' das heute, nach zehn Jahre. (Name des Sohnes) gehen nicht in normal Schule. Ich bezahle Internat für (Name des Sohnes), muss richtig lernen. Mein Kind muss bezahlen. Ich gehe zu Hause, gehe nach Hause arbeiten. Ich bezahle Internat für mein Kind.
I.: In Deutschland?
B.: Ja, in Deutschland. Aber ich wohne in Afrika. Ja.
I.: Würde das wegen der Tat sein, dass du wieder in dein Land zurückkehren möchtest, oder im Allgemeinen?
B.: Sowieso. Bei mir sowieso, ich muss – mein Friedhof ist in mein Land. Meine Frau weiß das sowieso, mein Friedhof muss da sein. Hier ist zu kalt. In Winter in Friedhof ist so kalt (lacht)." (Interview 11.2)

Was in diesem Kapitel – wie schon an mehreren anderen Stellen des vorliegenden Bandes – besonders deutlich werden konnte, ist die Tatsache, dass Opfer von rechtsextremer Gewalt, die einen Migrationshintergrund haben, in ungleich stärkerer Weise unter den Gewalttaten und ihren Folgen zu leiden haben als Betroffene ohne Migrationshintergrund – wobei in den meisten Fällen noch andere problematische und zum Teil massiv destabilisierende Erfahrungen in der Herkunftskultur und der deutschen Gesellschaft hinzukommen, was in vielen Fällen zu einer Situation führt, die nur noch von Verzweiflung und Resignation geprägt ist, so dass realistische Zukunftsentwürfe nicht mehr viel Sinn zu ergeben scheinen.

Um dies noch einmal an einem weiteren biographischen Kontext zu verdeutlichen, sei abschließend das Interview einer Befragten ausführlicher zitiert, die als Tochter eines Mannes, der aus einem Staat in Nordostafrika in die DDR geflohen war, und einer ostdeutschen Mutter in der DDR geboren wurde. Da der Vater aus politischen Gründen auch die DDR verlassen musste und schließlich nach Afrika zurückkehrte, wurde sie von ihrer Mutter allein erzogen, die jedoch mit der Erziehung überfordert gewesen sei und insbesondere nicht gewusst habe, was es bedeute, ein dunkelhäutiges Kind zu erziehen:

„B.: Und was sie halt auch nicht reflektiert hat, außer dass sie halt alleinerziehend ist, war, dass sie ein schwarzes Kind zur Welt bekommt. Dass sie auch nicht reflektiert, und das kam mir immer sehr komisch vor. Sie hat mir schon als kleines Kind gesagt, dass sie immer gern ein kleines ‚Schoko-Baby' haben wollte. Das ist eine unglaubliche – eine unglaubliche Aussage einem Kind gegenüber. Verstehe ich so nicht, so eine Art Nahrungsmittel, Grundnahrungsmittel zu werten. Und was ich als kleines Kind – ich hatte das nicht so – also ich hätte das nicht so beschreiben können wie jetzt, aber ich hab' das immer nicht verstanden, was sie meint." (Interview 12.1)

Unter diesen problematischen Erziehungsbedingungen wuchs die Interviewpartnerin in einem gesellschaftlichen Umfeld auf, in dem sich nach der Wende in Deutschland fremdenfeindliche und rechtsextremistische Einstellungen und Übergriffe schnell verbreiteten – eine neue Lebenswelt, die sie als unberechenbar und „surreal" wahrnahm:

„B.: Und ich würde das heute so beschreiben, dass ich im Prinzip – dass es für mich gar keine Möglichkeit gab, mir – mir – ich hatte gar keine geschützten Räume mehr. Also die fielen in relativ kurzer Zeit weg. Überall war ich mit dem Problem Rassismus auf offener Straße konfrontiert. In gerade – Anfang der Neunziger – in sehr massiver Form (leise). ... Mir ging es – ich hatte – es war etwas ganz Furchtbares für mich. So was ganz Furchtbares (leise), was da passiert ... das hat mir so relativ die letzten Reste, die ich noch an – an die Berechenbarkeit von Menschen oder an die Vernunft oder was weiß ich nicht, an – das klingt jetzt alles so unglaublich – mir ist das gar nicht so – es war plötzlich alles so unberechenbar. ... Das war so – das war alles so surreal, es war alles so monströs." (Interview 12.1)

Diese Lebensbedingungen überforderten die junge Frau schließlich so stark, dass sie immer häufiger Suizidgedanken entwickelte. Nach einem missglückten Suizidversuch konnte sie sich dann aber allmählich von der Mutter abwenden und auf dem Gymnasium etwas stabilisieren. Sie erlebte sich in dieser Zeit als zum Teil renitente Jugendliche, die der bürgerlichen Welt innerhalb der Familie ihrer Mutter ihren eigenen Identitätsentwurf entgegenstellte, was ihr, so ihre Einschätzung, letztlich geholfen habe zu überleben.

„B.: Es war schon so ein kleiner Ablösungsprozess oder so'n – so 'ne Emanzipation von – nicht von ihr als Mutter, von jemandem, der sehr an mich gekettet ist im emotionalen

Sinne. So, das war ein Stück weit – ich hab' mich nicht endgültig entkettet, aber versucht eine größere Distanz reinzubekommen. Auch nicht bewusst, aber das war einfach die Konsequenz davon. Ich hab sie – sie einfach nicht mehr so oft gesehen. Ich war jetzt – viel mehr Stunden gehabt im Gymnasium, hab' zum ersten Mal in meinem Leben – bin ich nach der Schule auch mal weg gegangen, so irgendwohin. Weil auch die Möglichkeit bestand – nicht ständig das Gefühl hatte, ich werd' gleich von irgendeiner Seite angefallen, so. Ich habe viel weniger Zeit mit ihr verbracht, und insofern war's auch – ich war das erste Mal dann auch am Wochenende weg mal so. Und hab' zum ersten Mal sie auch massiv angefangen zu kritisieren. Also es fing langsam an, sie als Menschen zu kritisieren mit ihren Einstellungen, mit ihren – mit dem, was sie – ihr vorzuwerfen, was sie nicht reflektiert, ihr vorzuwerfen, wie sie mir gegenüber gehandelt hat, was sie versäumt hat. So das fing an – und auch langsam anzufangen, sehr sanft, inzwischen ist das auch härter geworden, ihren Egoismus vorzuwerfen, also ihren eigenen oder auch ihre Lethargie oder ihren Willen nicht wahrzunehmen, obwohl sie ein schwarzes Kind hat. Und das Gleiche setzt sich halt auch fort in meiner weißen deutschen Familie. Ich bin sehr viel – ich war vorher schon sehr renitent oder sehr unangenehm, also das steigerte sich auf dem Gymnasium immer weiter. ... Insofern fingen auch die ersten – ich wurde nicht gerne auf Familienveranstaltungen, weil ich dann auch oft die Sachen sprengte, so. Ich hab' das aber immer als 'ne Form – 'ne seltsame Art von Genugtuung also so, keine Ahnung, dass man mich nicht mag, dass man mich nicht dabei haben will oder dass man sich von mir gestört fühlt. ... Weil ich eigentlich – wollte ich auch daran teilhaben, aber es war immer – es war immer so: Aha, das ist gut, so soll es sein. Und vielleicht ist das auch so – vielleicht bin ich auch deshalb nicht wahnsinnig geworden (lacht)." (Interview 12.1)

Später besuchte sie mehrmals ihren Vater in seiner afrikanischen Heimat und fühlte sich in dessen dort gegründeter Familie sowie in der Kultur seines Landes wohler. Wenngleich sie sich nicht habe vorstellen können, dort für längere Zeit zu leben, habe sie aufgrund dieser Erlebnisse ihr „Hintertürchen Suizid" durch das neue „Hintertürchen (Staat in Nordostafrika)" ersetzt. Ihre Zukunftspläne schlossen jedoch alsbald sowohl Deutschland als auch den afrikanischen Staat als Kultur aus, in der sie langfristig hätte leben wollen, und sie informierte sich über die Möglichkeit eines Studiums in den USA:

„B.: So damals als Gedanke: ‚Jetzt wird's halt schon langsam'. Ich war halt jetzt schon mehrmals da und fühl' mich einfach sehr wohl bei meiner Familie und auch in (Staat in Nordostafrika) und mit meinen Geschwistern und überleg' – und bin jetzt erst langsam am Überlegen, wie und was, bin mir aber schon klar, dass ich nicht mein ganzes Leben lang oder ein Jahr dort sein kann, weil bestimmte – das Lebenskonzept, das ich habe, nicht – einfach nicht verwirklichen kann in (Staat in Nordostafrika). Meine Familie sind gläubige Muslime, ich bin nicht – das ist auch okay, aber ich könnte halt nicht ein halbes Jahr in (Staat in Nordostafrika) leben ohne – mit dreißig, ohne verheiratet zu sein, ohne Kinder zu haben, was ich alles nicht vorhabe. Also nicht möchte – also ist mir schon klar, dass ich nicht nur oder ausschließlich in (Staat in Nordostafrika) leben möchte. Aber ich möchte – ich möchte eigentlich – ab Anfang dreißig möchte ich nicht mehr in Deutschland leben. Also kann ich mir immer weniger vorstellen und orientier' mich halt immer mehr und mehr in den Staaten. War halt da auch schon wegen Möglichkeiten zu arbeiten. So ein Center in Alabama. ... Und da gäbe es so einige Möglichkeiten für mich zu studieren und auch Stipendien zu kriegen und da auch zu leben, weil ich da auch Verwandte von meiner (Staat in Nordostafrika) Familie. Insofern ist für mich schon klar, Deutschland – ich bin jetzt im Abnabelungsprozess sozusagen von Deutschland, was auch wieder so 'ne Form von Hintertürchen ist, zu wissen, irgendwann bin ich – das zu wissen, was hier passiert ist, auch die Erinnerung daran, dazu kann ich das auch." (Interview 12.1)

Allerdings wurden diese Pläne von einem brutalen Übergriff durch alkoholisierte rechtsextremistische Jugendliche in einer S-Bahn massiv durchkreuzt:

„B.: (Jahr) war der letzte, (Jahr) war der große Übergriff, wo es halt auch zur Verurteilung gekommen ist. Und (Jahr) gab's den zweiten großen, schwerwiegenden Übergriff in einer S-Bahn, nachts um halb zehn, im (Monat), der (Monat), wo ich in eine S-Bahn eingestiegen bin und nach (Stadtteil) fahren wollte zu einer Freundin, und zu der Zeit gab's immer wieder – habe ich mir damals nur nicht so vor Augen geführt – es gab in der Zeit ganz viele Gruppen von Nazi-Skins aus (Stadtteil). ... Die S-Bahn oder öffentliches Verkehrsmittel war schon immer sehr neuralgischer oder anfälliger Punkt für Übergriffe, so, auch wenn man sich so die Chroniken anschaut. Und da bin ich eingestiegen und es waren nur zwei Leute da in dem Waggon, und da plötzlich wurden alle vier Türen aufgerissen. Wir standen noch am Bahnhof, und an jeder Tür stiegen so drei bis fünf Nazi-Skins sturzbesoffen ein, also insgesamt so 12, 15 Mann, und dann, ich wollt' mich grad hinsetzen, ich stand noch, die sahen mich und kamen relativ zielstrebig auf mich zu. Mir war auch klar, dass es jetzt gleich Ärger gibt. Und dann fing einer – standen sie so um mich herum, so wie im Kreis, und ich kann mich nicht mehr an genaue – irgendwie hat's dann ausgeklinkt, wahrscheinlich auch irgendwie so'n Schutzmechanismus meines Gehirns. Auf jeden Fall, woran ich mich erinnern kann, dass irgendwie – kurz nachdem sie da so um mich rumstanden kam der erste Schlag von hinten, von jemandem, der, das weiß ich auch noch, als ich mich umschaute – der sah aus wie so'n – so'n – so'n häßlicher dicker Pitbull-Terrier – mit – der mir mit seiner Faust in – hier hinten, also kurz über den Beckenknochen, beim Steißbein so'n bißchen, mit der Faust reinschlug. Seitdem hab' ich immer noch ... ich hab halt seitdem Ischias immer wieder. Und dann fingen die anderen an und prügelten los. Ich glaube nicht, dass das alle waren, weil sonst hätte ich das nicht überlebt. ... Und ich weiß auch, dass ich ab einem bestimmten Punkt – ich hab' – ich kann mich auch nicht an Schmerzen erinnern, sondern so im Wesentlichen halt – so das Gefühl, ich bin ganz weit weg, wie so in Watte eingehüllt, und nehm' so deren Grölen und deren Gestank so von ganz weit weg wahr. ... Und dann weiß ich nicht, irgendwas brach dann, ich kann auch gar nicht sagen, an welchem Punkt, aber irgendwie, irgendwas zerbarste dann in mir und dann – Riesenkräfte muss ich da in mir gehabt – auf jeden Fall hab' ich die auf einmal alle weggeschleudert. Also nicht weggeschleudert, aber weggedrückt. Stand an der Tür, ich bin raus, hab den weggeschubst, hab' die Tür – hab' die Tür aufgestoßen oder aufgeschoben und bin losgerannt. Ich weiß noch, dass ich mich einmal umgeguckt hab', als ich auf dem Bahnhof noch lief, zurückgeschaut hab', und ein Teil von denen hinter mir herkamen, die aber relativ unkoordiniert laufen konnten, weil sie einfach sturzbesoffen waren, und ich dann gelaufen bin zu der – zu dem Hochhaus, das in der Nähe ist, in der Nähe des Bahnhofs. Wo eine – eine damalige gute Freundin von mir wohnte, und ich dann da eingelassen wurde. Und ich bin halt den ganzen Weg gerannt, also fast schon geflogen, und bin dann da angekommen, und die haben mir dann beschrieben, dass ich wohl, das weiß ich auch noch – ich hab' wohl gar nicht richtig sprechen können. Also ich hab' wohl – ich hab' wohl irgendwie nur so Laute rauskriegen können und hab' dann wohl 'ne halbe Stunde nur geschrieen. Also hab' nicht geweint, sondern hab' nur geschrieen. Und aber auch nicht wegen der Schmerzen, das weiß ich auch noch, sondern weil – ich hatte unglaubliche Angst im Nachhinein so. Ich hab' mich nicht anders artikulieren können. Ich hab' 'ne halbe Stunde nur geschrieen und die haben halt alle möglichen Sachen probiert, um mich zu beruhigen. Wussten dann irgendwann auch, was passiert war, oder konnten sich das vorstellen. Riefen dann meine Mutter und den Notarzt, der dann wohl auch meinte, dass ich ins Krankenhaus müsste." (Interview 12.1)

Insbesondere nach diesem letzten Übergriff – insgesamt jedoch als Folge zahlreicher problematischer Erfahrungen dieser Interviewpartnerin im Laufe ihrer Biographie – konnten Zukunftsvisionen eines gesellschaftlichen Zusammenlebens ohne Fremdenfeindlichkeit nicht mehr aufrecht erhalten werden. Wo diese Interviewpartnerin für ihr eigenes Leben noch die Zukunftchance einer „individuellen Befreiung" sah (etwa durch die Übersiedelung in eine andere Gesellschaft) sowie die Möglichkeit, durch ihre Tätigkeit anderen Betroffenen in ähnlichen Situationen zu helfen, setzte sich in Bezug auf die Perspektiven der gesellschaftlichen Entwicklung in Deutschland letztlich nur noch Resignation durch.

„B.: Nee, das ist gegessen. Ich glaube, das hab' ich mal als kleines Kind gehabt, so was – so was mir zu wünschen, und das bringt mir nichts. ... Wozu Energien in Visionen oder Utopien verschwenden, wenn ich nicht der Meinung bin, dass ich – ich – bestimmte Dinge kann ich nicht beeinflussen, wie Sozialisierung von Menschen. Und Menschen, wie ich auch, wachsen einfach in einem rassistischen Klima auf. Alles, was ich machen kann, und was ich auch ändern kann, ist so 'ne Form von individueller Befreiung für mich möglich zu machen und für andere 'ne Form von geschützten Räumen zu garantieren, An bestimmten Orten, zum Beispiel für schwarze Menschen oder für Menschen mit Migrationshintergrund, in Communities oder in, in – keine Ahnung, in irgendwelchen politischen Zusammenhängen. Aber wirklich was an dem Problem ändern, was ich mir früher mal so gewünscht hätte, ach, ist ja alles schön und gut werden, das ist ja alles nicht wahr." (Interview 12.1)

7. Resümee

Der vorliegende Band stellt die wichtigsten theoretischen Überlegungen und empirischen Ergebnisse des Forschungsprojekts „Opfer rechtsextremer Gewalt" zusammen, das im Rahmen des Bielefelder Forschungsverbundes „Desintegrationsprozesse" im arpos institut in Hannover durchgeführt wurde.

Unter Gewalt wurde in dieser Studie nach Böttger (1998) der intentionale Einsatz physischer oder mechanischer Kraft durch Menschen verstanden, der sich unmittelbar oder mittelbar gegen andere Personen richtet, sowie die ernsthafte Androhung eines solchen Krafteinsatzes, soweit sie im Rahmen einer sozialen Interaktion erfolgt (vgl. Kapitel 2.1).

Als eine rechtsextremistische Einstellung bzw. Orientierung wurde in Anlehnung Heitmeyer et al. (1992) die Ideologie der Ungleichwertigkeit im Sinne einer Abwertung anderer Menschen oder Menschengruppen verstanden, verbunden mit einer generellen Gewaltakzeptanz gegen diese als minderwertig erachteten Personen (vgl. Kapitel 2.2).

Ein Opfer schließlich wurde im Kontext der Studie definiert als Betroffener bzw. Betroffene einer Viktimisierung, unter der mit Pfeiffer und Strobl (1993) zunächst generell die Enttäuschung einer durch Konvention und Recht legitimierten Erwartung verstanden wurde, soweit das dieser Enttäuschung zugrunde liegende Ereignis auf die soziale Umwelt bezogen wird (vgl. Kapitel 2.3). Damit öffnen sich die Begriffe der Viktimisierung bzw. des Opfers zwar prinzipiell auch für strafrechtlich nicht relevante Enttäuschungen legitimierter Erwartungen der Betroffenen, da die Untersuchung jedoch eingegrenzt wurde auf Opfer von Gewalttaten, sind die in ihrem Rahmen untersuchten Fälle alle auch strafrechtlich von Bedeutung.

Ansetzend an diesen Begriffsdefinitionen und auf der Grundlage eines dialektischen Sozialisationsmodells (vgl. Kapitel 2.4) waren die Übergriffe gegen die von uns befragten Opfer rechtsextremer Gewalt als Ereignisse zu betrachten, durch die diesen in ihrem direkten gesellschaftlichen Umfeld einerseits körperliche und (zumeist auch) psychische Verletzungen zugefügt wurden und in deren Folge die Betroffenen andererseits bestrebt waren, in dieser gesellschaftlichen Umgebung durch eigene Aktivitäten und die Hilfe anderer Gesellschaftsmitglieder (erneut) individuelle und soziale Stabilisierung zu erlangen.

Vor dem Hintergrund dieses theoretischen Rahmens, der auch die speziellen Zugänge des Desintegrationsansatzes, des Anerkennungsansatzes, möglicher „Opfertypologien" und verschiedener Bewältigungstheorien in den Blick nimmt (vgl. Kapitel 2), und unter Rückgriff auf die einschlägigen bis zur Zeit der Untersuchung erschienenen Forschungsergebnisse zu den Bereichen der Viktimisierung und ihrer Folgen, geeigneter Bewältigungsstrategien für die Betroffenen sowie den Möglichkeiten und Grenzen ihrer gezielten sozialen Unterstützung nach den Viktimisierungserfahrungen (vgl. Kapitel 3) wurde die hier vorliegende Untersuchung als eine qualitative Studie geplant, in der Betroffene von rechtsextremistisch motivierten gewalttätigen Übergriffen vorrangig selbst zu Wort kommen sollten.

Auf der Basis des methodischen Ansatzes der „Grounded Theory" (vgl. Kapitel 4), der es grundsätzlich erlaubt, die Auswahl der Stichprobe sowie die einzelnen Auswertungs- und Interpretationsschritte den fortschreitenden Erkenntnissen der empirischen Untersuchung noch während ihres Verlaufs anzupassen, wurden 31 Betroffen zunächst mit Hilfe biographisch orientierter „rekonstruktiver Interviews" zu ihrem Lebensverlauf, ihren Opfererfahrungen sowie erfolgreichen und weniger fruchtbaren Versuchen einer individuellen und sozialen (Re)stabilisierung befragt. In einer zweiten Befragungswelle nach ca. einem Jahr konnten 19 dieser Befragten für ein weiteres Gespräch gewonnen werden, das als „problemzentriertes Interview" insbesondere die Zeit nach dem rechtsextremistischen Übergriff beleuchtete, der zumeist kurz vor der ersten Befragung stattgefunden hatte, und zudem die Gelegenheit bot, mit den Interviewpartnern die vorläufigen Ergebnisse einer Auswertung der ersten Befragungswelle zu thematisieren.

Im Rahmen der Auswertung des empirischen Materials zu den ersten Interaktionen zwischen Tätern und Opfern im Rahmen der gewalttätigen Übergriffe stellte sich zunächst heraus, dass die Betroffenen ihre Angreifer sehr schnell als rechtsextremistisch motiviert einschätzten (vgl. Kapitel 6.1). Dies erfolgte entweder aufgrund der Kleidung der Täter bzw. ihrer äußeren Erscheinung oder aufgrund ihrer verbalen Äußerungen vor oder während des Übergriffs. Rechtsextremistische Parolen sowie auf die Person des jeweiligen Opfers bezogene Beschimpfungen wurden oft gezielt eingesetzt, um die Betroffenen zu provozieren und zu demütigen.

Nur in wenigen Fällen waren die Angreifer den Opfern bereits vor der Zeit des Übergriffs als rechtsextreme Gewalttäter bekannt. Die Anlässe für die Gewalttaten waren oft banale und zum größten Teil von den Tätern selbst inszenierte Streitereien, die in ihrem weiteren Verlauf eskalierten und in gewalttätige Auseinandersetzungen mündeten. Viele unserer Interviewpartner vertraten die Meinung, dass sich die rechtsextremistischen Täter bereits mit dem Vorsatz sich zu prügeln bzw. andere zu schlagen auf die Suche nach „geeigneten" Opfern begeben hätten und dass bei der Auswahl dieser Opfer vorwiegend äußere Merkmale ausschlaggebend waren. Zu diesen Merkmalen gehört insbesondere die erkennbare Zugehörigkeit zu einer ethnischen Minderheit, in selteneren Fällen war auch die den Tätern bekannte oder von ihnen unterstellte politische Überzeugung der Betroffenen ausschlaggebend.

Die Einstellungen der befragten Opfer zu den rechtsextremen Tätern, die sie angegriffen und oft schwer verletzt hatten, erwiesen sich als sehr unterschiedlich. Die meisten der Betroffenen standen dem jeweiligen Täter unmittelbar nach dem Übergriff ablehnend oder feindselig gegenüber. Sie äußerten oft das Bedürfnis sich zu rächen, und in vielen Fällen wurde über den Wunsch berichtet, dass eine harte strafrechtliche Sanktion erfolgen sollte. In anderen Fällen jedoch versuchten die Opfer nach der Tat, Verständnis für die Täter zu entwickeln und ihnen den gewalttätigen Übergriff zu verzeihen. Einige der Migranten gingen sogar so weit, dass sie einen Teil der Schuld bei sich selbst sahen, selbst wenn sie den Täter nicht zur Tat provoziert und in manchen Fällen nicht einmal Gegenwehr geleistet hatten. Sie seien, so argumentierten einige (allerdings sehr wenige) der Betroffenen, schließlich Fremde in Deutschland und könnten verstehen, dass allein ihre Anwesenheit in diesem Land andere provoziere. Ob diese Argumentation ihrer wirklichen Überzeugung entsprach oder ob diese Betroffenen durch die Übernahme einer vermeintlichen Teilschuld weiteren Konflikten vorbeugen wollten, konnte anhand des Interviewmaterials nicht vollständig geklärt werden. Viele der Betroffenen lebten noch zur Zeit der Interviews in Angst vor weiteren Angriffen und auch vor Maßnahmen des Staates, der – etwa im Falle des Status einer „Duldung" in der deutschen Gesellschaft – die Abschiebung in ihr Herkunftsland erzwingen könnte. Weiteren Konflikten aus dem Weg zu gehen und sich keinen Konfrontationen zu stellen, war für sie oft das oberste Ziel, um ihren Aufenthalt in Deutschland nicht zu gefährden, da sie bei einer Übersiedlung in ihre Heimat unter Umständen noch bedrohlicheren Verhältnissen ausgesetzt wären. Auch eine spätere Entschuldigung des Täters beim Opfer (etwa im Rahmen einer anschließenden Gerichtsverhandlung) motivierte viele Betroffene zu dem Versuch, dem Täter zu verzeihen. In den meisten Fällen wurde eine solche Entschuldigung jedoch als Taktik eingeschätzt, das Strafmaß für die Täter zu reduzieren.

Eine Systematisierung der Reaktionen der in der vorliegenden Studie befragten Betroffenen im Rahmen der gegen sie gerichteten gewalttätigen Übergriffe auf der Basis der in der einschlägigen Literatur publizierten Erkenntnisse erbrachte ein relativ differenziertes Bild (vgl. Kapitel 6.2). Als erfolgreiche Reaktionen (womit solche bezeichnet werden, die die Situation des Opfers während der Gewalttat positiv beeinflusst haben) stellten sich reine Schutzreaktionen heraus, die zwar der Abwehr des körperlichen Angriffs dienten, aber nicht gegen den Täter gerichtet waren, sowie das Bemühen um Hilfe in der aktuellen Situation des Übergriffs und das Ergreifen der Flucht, um sich dem Angriff zu entziehen. Neben diesen dem Täter gegenüber eher passiven Reaktionen erwiesen sich in Fällen, in denen die Opfer den Tätern nicht körperlich unterlegen waren, auch die Androhung von Gegengewalt und sogar die Verfolgung der Täter nach erfolgter Abwehr des Angriffs als erfolgreich. Über solche Fälle wurde allerdings nur selten berichtet. Als nur teilweise erfolgreich stellten sich bei den von uns untersuchten Fällen die Reaktionen einer verbalen oder auch körperlichen Gegenwehr heraus, wobei der Erfolg auch hier nicht zuletzt auf die körperliche Konstitution des Opfers sowie auf die Sicherheit seiner Handlungen im Rahmen der Gegenwehr zurückgeführt werden kann. Sind diese beiden Voraussetzungen nicht erfüllt, so kann nach den Berichten unserer Interviewpartner der Versuch einer Gegenwehr den Verlauf der Viktimisierung in seiner Brutalität auch steigern. Als in keinem Fall erfolgreiche Reaktion der Opfer hat sich in der vorliegenden Studie das schlichte Ignorieren der Täter erwiesen (das ja in einem Stadium der Viktimisierung, das über verbale Provokationen hinausgeht und in dem bereits körperliche Gewalt angewendet wird, auch kaum mehr möglich ist) sowie Versuche, mit dem Täter zu sprechen, um ihn auf diese Weise von der Ausübung körperlicher Gewalt abzubringen.

Die Differenzierung der identifizierten Opferreaktionen nach Geschlecht erbrachte keine wesentlichen Unterschiede. Mit Ausnahme der reinen Schutzreaktionen, des Versuchs, mit dem Täter zu sprechen, und der Verfolgung des Angreifers, über die von den weiblichen Betroffenen in keinem Fall berichtet wurde, sind die verschiedenen Reaktionen sowohl bei Frauen als auch bei Männern als Opfern aufgetreten, wobei auch die Differenzierung in mehr oder weniger erfolgreiche Handlungen keine Unterschiede zwischen den Geschlechtern zeigt.

Als besonders problematisch stellte sich im Rahmen der Analyse das Verhalten unbeteiligter, am Tatort anwesender Dritter heraus (vgl. Kapitel 6.3), die auch dort, wo die Übergriffe in der Öffentlichkeit erfolgten, so gut wie keine Hilfe geleistet hatten. Während bei den Angreifern körperlich unterlegenen Zeugen noch nachvollziehbar ist, dass sie nicht direkt in die Viktimisierung eingegriffen haben, bleibt doch unverständlich, dass sie sich nicht um weitere Hilfe in ihrer direkten Umgebung bemüht haben. Die Reaktionen, über die am meisten berichtet wurde, waren teilnahmsloses Beobachten oder das schlichte Ignorieren der Tat.

Und auch von den Instanzen sozialer Kontrolle wurde den meisten der befragten Opfer – allerdings nicht allen – nur wenig Hilfe angeboten. Deutlich über die Hälfte der Betroffenen, die im Rahmen oder unmittelbar nach der Viktimisierung Kontakt mit der Polizei hatten, berichteten in diesem Zusammenhang über vorwiegend negative Erfahrungen, in weniger als einem Drittel wurden eher positive Erfahrungen geschildert. Hier erwies sich eine Differenzierung in Betroffene mit und ohne Migrationshintergrund als erkenntnisreich. Von den 11 deutschen Opfern, die Kontakt mit der Polizei hatten, gelangte lediglich eine Person zu einem positiven Urteil über das polizeiliche Handeln im Rahmen des rechtsextremistischen Übergriffs. In allen anderen Fällen wurden fehlende Hilfsbereitschaft, Distanz oder sogar Gleichgültigkeit der Polizisten gegenüber den Opfern beklagt. Im Gegensatz zu den in Deutschland geborenen Opfern hatten diejenigen, die wegen eines Bürgerkrieges oder politischer Verfolgung ihre Herkunftskultur verlassen hatten, zumeist bereits vor dem rechtsextremistisch motivierten Übergriff gegen sie Kontakte mit der Polizei, die, wie sie berichteten, sowohl in ihrem Heimatland als auch in Deutschland überwiegend negativ verlaufen waren. Das Handeln der Polizisten im Rahmen der in Deutschland erfahrenen Viktimisierung beurteilten diese Interviewpartner jedoch etwa zu gleichen Teilen positiv und negativ. In vielen positiven Urteilen wurde dabei die Freundlichkeit und Hilfsbereitschaft der Polizisten gelobt und gleichzeitig hervorgehoben, dass dies bei früheren Polizeikontakten anders gewesen sei, insbesondere in ihrer Herkunftskultur – ein Vergleich, der von in Deutschland geborenen Opfern in der Regel nicht herangezogen werden konnte.

Trotz dieser Differenzierungen muss sich mit den Ergebnissen zum Verhalten der Polizei im Rahmen der rechtsextremistischen Übergriffe Kritik verbinden. Auch wenn bei einer Gruppe von 31 Befragten keine generalisierbaren Aussagen getroffen werden können, bleibt zu bedauern, dass über die Hälfte dieser Interviewpartner über negative Erfahrungen mit der Polizei im Rahmen der aktuellen Viktimisierung berichteten. Wo sie als Opfer mit zum Teil schweren körperlichen und psychischen Verletzungen Hilfe erwarteten und ihnen Empathie hätte zuteil werden sollen, sind sie ganz offensichtlich viel zu oft auf Distanz und Gleichgültigkeit gestoßen.

Die Untersuchung der Bewältigung des rechtsextremistischen Übergriffs durch die geschädigten Opfer nach der Tat erfolgte auf der Grundlage verschiedener theoretischer Ansätze und empirischer Befunde aus der Zeit der vorliegenden Studie (vgl. Kapitel 6.4). Dabei wurde zunächst zwischen einer nach außen gerichteten „aktiven" Bewältigung und einer „innerpsychischen" Bewältigung unterschieden, die sich beide in unseren Interviews identifizieren ließen.

Zu den aktiven Bewältigungsstrategien gehörte dabei zunächst eine reine Spannungsreduktion, die von einigen der Betroffenen durch den Konsum von Alkohol, Medikamenten oder auch illegalen Betäubungsmitteln erreicht wurde, die diese in unterschiedlicher Menge und zeitlicher Dauer zu sich nahmen, um den belastenden Vorfall nach Möglichkeit zu „vergessen". Auch wenn mit dieser Methode sehr schnell als positiv erlebte Wirkungen erzielt werden können, so löst sie das Problem, das bei den Betroffenen oft den Grad einer Traumatisierung erreicht hatte, natürlich nicht grundsätzlich, da mit dem Nachlassen der Wirkung von Drogen oder Medikamenten die ursprünglichen Ängste, Unsicherheiten und Aggressionen wiederbelebt werden und ein langfristiger, konstanter Konsum die Gefahr einer Abhängigkeit mit sich bringt. In diesem Sinne ist die aktive Bewältigungsstrategie der „Vermeidung" effektiver, bei der die Betroffenen versuchen, Gegenden oder Situationen, in denen sie erneut zu Opfern rechtsextremer Gewalt werden könnten, zu umgehen, sofern sie die Möglichkeit dazu haben. Diese Form der Bewältigung wurde allerdings nur von wenigen unserer Interviewpartner praktiziert. Alle befragten Opfer dagegen wählten als aktive Bewältigungsform die „Inanspruchnahme von Hilfe", die als eine der effektivsten Strategien bei der Wahl der richtigen helfenden Personen oder Institutionen am ehesten zum Erfolg im Sinne einer dauerhaften individuellen und sozialen Restabilisierung führt. Neben Verwandten, Freunden und Bekannten wurde dabei vor allem Hilfe bei speziellen Opferberatungsstellen gesucht und gefunden. Im Gegensatz zu den Instanzen sozialer Kontrolle (insbesondere der Polizei), die in den meisten der uns berichteten Fälle Hilfe weder angeboten noch geleistet hatten, konnten die Opferberatungsstellen nach Auskunft unserer Interviewpartner durch Gespräche mit den Betroffenen, Hilfe bei Formalitäten und Behördengängen und die Vermittlung von Therapeuten oder Therapiegruppen den Betroffenen wirkungsvolle Unterstützung zuteil werden lassen. Alle Interviewpartner, die diese Hilfe in Anspruch genommen haben, berichteten ausgesprochen positiv über die Arbeit dieser Institutionen. Gleichzeitig oder in der Folge solcher Inanspruchnahme von Hilfe wurden von vielen Opfern auch Wege einer „assimilativen" Problemlösung" gegangen, die auf die aktive Veränderung der bedrohlichen Situation gerichtet sind. Der Erwerb von Waffen zur zukünftigen Selbstverteidigung wurde hier ebenso geschildert wie das politische Engagement gegen Rechtsextremismus in der Folge des gewalttätigen Übergriffs. „Akkommodative" Bewältigungsstrategien, die nicht auf die Lösung des aktuellen Problems der Bedrohung durch rechtsextreme Gewalttäter gerichtet waren, sondern dem Opfer im Sinne einer Ablenkung größere Distanz zu ihrem Problem verschafft haben, wurden dagegen seltener, in einigen Fällen aber aus Sicht der Betroffenen durchaus mit Erfolg eingesetzt.

Die Strategien einer „innerpsychischen" Bewältigung, die als rein psychische Prozesse nicht in der Form aktiver Handlungen auf die äußere, soziale Umwelt gerichtet sind, wurden von unseren Interviewpartnern dagegen vergleichsweise selten praktiziert.

So wurde über eine „Verdrängung" des gewalttätigen Übergriffs, eine „Verlagerung" ins Unterbewusstsein im klassischen psychoanalytischen Sinn, in keinem Fall berichtet – wobei dies freilich gerade die Folge eines solchen Verdrängungsprozesses hätte sein können. Auch die innerpsychische Bewältigungsstrategie der „Aufwertung" des aktuell erlebten Problems durch einen Vergleich mit noch problematischeren Ereignissen oder Situationen („downward comparison") ließ sich in keinem der Interviews identifizieren. Lediglich die innerpsychische Strategie einer „Verleugnung" bzw. „Neudefinition", die der nachträglichen Abschwächung des rechtsextremistischen Übergriffs und seiner Folgen im Bewusstsein der Betroffenen dient, ohne das Ereignis selbst zu verdrängen oder mit als noch problematischer erlebten zu vergleichen, ließ sich in einigen, wenigen Fällen feststellen, dies jedoch nur in Kombination mit aktiven Bewältigungsformen, die in ihrer Bedeutung für die Restabilisierung der Opfer bei weitem überwogen haben.

Auch im Falle der verschiedenen aktiven und innerpsychischen Bewältigungsstrategien der Betroffenen ließen sich kaum geschlechtstypische Besonderheiten feststellen. Zwar ist auffällig, dass sich die weiblichen Opfer prozentual häufiger als die männlichen nach dem gegen sie gerichteten gewalttätigen Übergriff im Sinne einer aktiven Bewältigungsstrategie politisch gegen Rechtsextremismus engagiert haben, während die akkommodative wie auch alle innerpsychischen Formen der Bewältigung bei ihnen unterrepräsentiert sind, jedoch sind diese geringen Unterschiede angesichts der bei einer qualitativen Studie naturgemäß kleinen Stichprobe nicht weiter interpretierbar.

Die Analysen zur Rolle der Religion bzw. des Glaubens im Leben der Befragten zeigten, dass das Erleben und die Verarbeitung des rechtsextremistischen Übergriffs gegen sie nur in geringem Maße von der Konfession abhängig ist, der sie angehören, und ebenso wenig von dem Grad, in dem sie ihre Religion aktiv ausüben (vgl. Kapitel 6.5). Der größte Teil unserer Interviewpartner gehörte der katholischen Konfession an, gefolgt von der moslemischen, der evangelischen und denjenigen, die sich keiner Konfession zurechneten.

Etwas über die Hälfte der Befragten gaben an, dass die Religion in ihrem Leben generell eine wichtige Rolle spiele. Im Rahmen ihrer Berichte über die Bewältigung und Aufarbeitung der gegen sie gerichteten Gewalttat wurden Glaube und Religion indessen nicht zum Thema, und auch auf gezielte Nachfragen im Interview wurden sie – wenn überhaupt – nur selten und zumeist am Rande erwähnt.

So berichteten nur zwei der Betroffenen explizit, dass ihr Glaube ihnen bei der Verarbeitung der Viktimisierung geholfen habe, im einen Fall durch Gebete zu Gott, im anderen durch das Festhalten am Prinzip der christlichen Nächstenliebe, die sich in letzter Konsequenz auch auf Mitmenschen richten müsse, die Gewalt gegen andere ausüben. Zwei weitere Interviewpartner suchten gezielt Hilfe bei ihrer Kirche als Institution – in einem Fall mit Erfolg –, jedoch bleibt unklar, inwiefern neben der Hoffnung auf finanzielle Unterstützung und Hilfe bei der Abwicklung von Formalitäten im Zusammenhang mit dem rechtsextremistischen Übergriff tatsächlich die religiöse Überzeugung ausschlaggebend war für ihr Handeln.

Der Aspekt des Migrationshintergrundes von Opfern rechtsextremer Gewalt, die nicht in Deutschland geboren wurden, entwickelte sich zu einer analytischen Kategorie, die in jedem Bereich der Untersuchung von zentraler Bedeutung war (vgl. z.B. Kapitel 6.6). Dies lag einerseits darin begründet, dass Angehörige ethnischer Minderheiten in Deutschland bevorzugtes Ziel der meisten rechtsextremistischen Gewalttäter waren, über die uns in den Interviews berichtet wurde, und andererseits darin, dass besonders diejenigen Migranten unter den Opfern, die als politische Flüchtlinge oder aus Angst vor einem in ihrem Land herrschenden Bürgerkrieg ihre Heimatkultur verlassen mussten, in ihrer Vergangenheit zum Teil mehrfach lebensbedrohliche Viktimisierungen erleiden mussten, so dass der aktuell gegen sie gerichtete rechtsextremistisch motivierte Angriff in Deutschland nur eines von mehreren kritischen Ereignissen im Verlauf ihrer Biographie war, die ihre individuelle und soziale Stabilität zum Teil massiv gefährdeten.

Neben den durch die Viktimisierung in Deutschland erfahrenen körperlichen und psychischen Verletzungen war jedoch insbesondere bei den Opfern, die aus anderen Gesellschaften nach Deutschland kamen, zu beobachten, dass der gegen sie gerichtete rechtsextremistische Übergriff sowie die in vielen Fällen distanzierten oder sogar gleichgültigen Reaktionen Unbeteiligter und sozialer Kontrollinstanzen auf diesen Übergriff zu einer starken Einschränkung ihres Systemvertrauens in die deutsche Gesellschaft geführt haben.

Diese in vielen Fällen beobachtete Einschränkung des Systemvertrauens war zudem ein zentraler Aspekt bei der Analyse des „Deutschlandbildes" der einzelnen Interviewpartner im Sinne gefestigter Überzeugungen und Vorstellungen über das soziale Zusammenleben der Menschen in Deutschland und insbesondere über ihren Umgang mit den verschiedenen Formen von Devianz und sozialer Kontrolle (vgl. Kapitel 6.7).

Dabei stellte sich heraus, dass bei keinem der Betroffenen durch die rechtsextremistische Gewalttat eine komplette Veränderung des Deutschlandbildes erfolgt war, sondern dass sich entweder ein hinsichtlich rechtsextremistischer Aktionen und Übergriffe bereits problematisches Deutschlandbild durch die Tat noch weiter gefestigt hatte, oder dass sich zwar mit der Viktimisierung neben ihren körperlichen und psychischen Folgen eine Verunsicherung hinsichtlich der Leistungen und der Schutzfunktion eines Rechtsstaates einstellte, die jedoch nicht zu einer pauschalen Ablehnung der deutschen Gesellschaft und ihrer Mitglieder führte. Die geschilderten Bilder über Deutschland gestalteten sich insgesamt ambivalent, einerseits geprägt durch Angst und Verunsicherung in Folge der rechtsextremistischen Gewalttat, andererseits aber auch durch Dankbarkeit für die in anderen Zusammenhängen in diesem Land erfahrene Hilfsbereitschaft und Unterstützung, die, besonders im Vergleich zu Staaten, die von vielen Betroffenen verlassen werden mussten, weil sie dort in noch größerer Angst um ihr Leben und das ihrer Familien hätten leben müssen, mehrheitlich geschätzt wurden.

Dies bedeutet jedoch nicht, dass die Betroffenen in jedem Fall zu der Überzeugung gelangt wären, sich auch in Zukunft mit einem Leben in Deutschland arrangieren zu können. Die Untersuchung der Zukunftsperspektiven der Betroffenen, wie sie sie aus ihrer subjektiven Sicht entwickelt hatten (vgl. Kapitel 6.8), zeigte zwar, dass die meisten konkrete Pläne für ein weiteres Leben in Deutschland entwickelt hatten. Bei vielen Migranten, die nicht gefahrlos in ihr Heimatland zurückkehren konnten, erfolgte dies jedoch aus der Not heraus, schlicht keine Alternative für ein gefahrloses Leben zu haben.

Und besonders bei der zuletzt zitierten Interviewpartnerin wird deutlich, dass in Fällen einer wiederholten und sehr brutalen Viktimisierung das Vertrauen in eine Gesellschaft so weit abnehmen kann, dass zwar ein individueller, auf das eigene Überleben und die Hilfe für konkrete andere Betroffene gerichteter Zukunftsentwurf unter Umständen noch möglich ist, die Entwicklung der Gesellschaft selbst jedoch im Hinblick auf ein Zusammenleben ohne rassistische bzw. rechtsextremistische Gewalt als chancenlos eingeschätzt wird.

Opfer rechtsextremer Gewalt zu werden, ist in den meisten Fällen eine erniedrigende, oft auch eine traumatische Erfahrung. Schwere körperliche und psychische Verletzungen, die eine individuelle Restabilisierung erheblich erschweren, manchmal sogar verhindern, sind häufig die Folge. Dass die von rechtsextremistischen Übergriffen betroffenen Opfer nach der Viktimisierung auf die Teilnahmslosigkeit Außenstehender stoßen, oft begleitet oder gefolgt von einem distanzierten, gleichgültigen Verhalten der Instanzen sozialer Kontrolle, die solchen Entwicklungen gerade entgegenwirken sollten, ist in einem demokratischen Rechtsstaat wie der Bundesrepublik Deutschland mehr als nur ein „schwacher Punkt"; es ist ein gravierender Mangel in der Struktur der Gesellschaft und des sozialen Zusammenlebens. Und besonders in Fällen, in denen Opfer rechtsextremer Gewalt als Folge der Situation in ihrer Herkunftskultur oder ihrer Flucht in eine Gesellschaft, von der sie sich Hilfe erhofft hatten, noch weiteren existenziellen Bedrohungen ausgesetzt waren oder sind, muss Hilfeleistung eine primäre gesellschaftliche Aufgabe werden. In der Gruppe der von uns interviewten Betroffenen wurde solche Hilfe nur selten bei staatlichen Institutionen gefunden, dafür jedoch umso mehr bei den Opferhilfeeinrichtungen, über die wir viele unserer Interviewpartner für die Studie gewinnen konnten und über deren Arbeit von den Betroffenen, die uns für die Interviews zur Verfügung standen, ausnahmslos positiv berichtet wurde. Die Arbeit dieser Institutionen gilt es zu stärken, jedenfalls solange staatliche Instanzen sozialer Kontrolle eine durch Empathie und Effektivität geprägte Opferhilfe nur unzureichend leisten.

Literatur

Aguilera, D.C. (2000): Krisenintervention: Grundlagen – Methoden – Anwendung. Bern/Göttingen/Seattle/Toronto.

Allport, G.W. (1949): Persönlichkeit. Struktur, Entwicklung und Erfassung der menschlichen Eigenart. Stuttgart.

Anhut, R. (2005): Die Konflikttheorie der Desintegrationstheorie. In: Th. Bonacker (Hrsg.): Sozialwissenschaftliche Konflikttheorien. Eine Einführung. 3. Auflage. Wiesbaden.

Arendt, H. (1991): Elemente und Ursprünge totaler Herrschaft. 2. Auflage. München.

Baacke, D. (1984): Zum Problem „Lebensweltverstehen". Zu Theorie und Praxis qualitativ-narrativer Interviews. In: Th. Heinze (Hrsg.): Hermeneutisch-lebensgeschichtliche Forschung. Band 1: Theoretische und methodologische Konzepte. Hagen.

Baacke, D. (1985): Biographie: Soziale Handlung, Textstruktur und Geschichten über Identität. In: D. Baacke/Th. Schulze (Hrsg.): Pädagogische Biographieforschung. Orientierungen, Probleme, Beispiele. Weinheim/Basel.

Baacke, D./Schulze, Th. (Hrsg.) (1985): Pädagogische Biographieforschung. Orientierungen, Probleme, Beispiele. Weinheim/Basel.

Bard, M./Sangrey, D. (1986): The Crime Victims' Book. 2. Auflage. New York.

Baurmann, M.C. (1983): Sexualität, Gewalt und psychische Folgen. Eine Längsschnittuntersuchung bei Opfern sexueller Gewalt und sexueller Normverletzungen anhand von angezeigten Sexualkontakten. Wiesbaden.

Baurmann, M.C. (1997): Ausländer bei Opferhilfestellen. In: W. Greive (Hrsg.): Ausländer und Ausländerinnen als Kriminalitätsopfer. Loccumer Protokolle, 12/96.

Baurmann M./Schädler W. (1991): Das Opfer nach der Straftat – seine Erwartungen und Perspektiven. BKA-Forschungsreihe, Band 22. Wiesbaden.

Bergmann, W. (2001): Angstzonen in den neuen Bundesländern. In: W. Heitmeyer (Hrsg.): Stärkung von Integrationspotentialen einer modernen Gesellschaft. Analysen zu zerstörerischen Folgen von Desintegrationsprozessen und Erfolgsfaktoren für Integration. Antrag zur Förderung des Forschungsverbundes durch das Bundesministerium für Bildung und Forschung. Bielefeld.

Billmann-Mahecha, E. (1996): Wie authentisch sind erzählte Lebensgeschichten? Ein Interpretationsproblem. In: R. Strobl/A. Böttger (Hrsg.): Wahre Geschichten? Zu Theorie und Praxis qualitativer Interviews. Baden-Baden.

Blumer, H. (1980): Der methodische Standort des symbolischen Interaktionismus. In: Arbeitsgruppe Bielefelder Soziologen: Alltagswissen, Interaktion und gesellschaftliche Wirklichkeit. Band I: Symbolischer Interaktionismus und Ethnomethodologie. Reinbek.

Böttger, A. (1992): Die Biographie des Beschuldigten im Schwurgerichtsverfahren. Eine empirische Untersuchung zur Rekonstruktion der Lebensgeschichte bei der Schuldfähigkeitsbeurteilung. Frankfurt am Main.

Böttger, A. (1996): „Hervorlocken" oder Aushandeln? Zu Methodologie und Methode des "rekonstruktiven Interviews" in der Sozialforschung. In: R. Strobl/A. Böttger (Hrsg.): Wahre Geschichten? Zu Theorie und Praxis qualitativer Interviews. Baden-Baden.

Böttger, A. (1998): Gewalt und Biographie. Eine qualitative Analyse rekonstruierter Lebensgeschichten von 100 Jugendlichen. Baden-Baden.

Böttger, A. (2001): Opfer rechtsextremer Gewalt. In: W. Heitmeyer (Hrsg.): Stärkung von Integrationspotentialen einer modernen Gesellschaft. Analysen zu zerstörerischen Folgen von Desintegrationsprozessen und Erfolgsfaktoren für Integration. Antrag zur Förderung des Forschungsverbundes durch das Bundesministerium für Bildung und Forschung. Bielefeld.

Böttger, A. (2001a): „Das ist schon viele Jahre her ...". Zur Analyse biographischer Rekonstruktionen bei der Integration qualitativer und quantitativer Methoden in Panel-Studien. In: S. Kluge/U. Kelle (Hrsg.): Methodeninnovation in der Lebenslaufforschung. Integration qualitativer und quantitativer Verfahren in der Lebenslauf- und Biographieforschung. Weinheim/München.

Böttger, A. (2009): Stellungnahme zur öffentlichen Anhörung von Sachverständigen zum Entwurf eines Gesetzes zur Ausweitung der Opferentschädigung bei Gewalttaten sowie zur Opferentschädigung bei Terrorakten im Ausland. Bundestags-Drucksache 16(11)1279. Berlin, Deutscher Bundestag.

Böttger, A./Köller, R./Solberg, A. (2003): Delinquente Episoden. Ausstiege aus kriminalisierbarem Handeln. In: K.F. Schumann (Hrsg.): Delinquenz im Lebensverlauf. Bremer Längsschnittstudie zum Übergang von der Schule in den Beruf bei ehemaligen Hauptschülern. Band 2. Weinheim/München.

Böttger, A./Kuznik, R. (1984): Perspektiven einer anthropologischen und lerntheoretischen Begründung des Alltagslernens. Diplomarbeit. Universität Hannover.

Böttger, A./Liang, J. (1996): Was ist Gewalt? Vorschlag zur Begriffsdefinition und Unterscheidung verschiedener Formen. In: C. Pfeiffer/W. Greve (Hrsg.): Forschungsthema „Kriminalität". Festschrift für Heinz Barth. Baden-Baden.

Böttger, A./Liang, J. (1998): Rekonstruktion im Dialog. Zur Durchführung „rekonstruktiver Interviews" mit gewalttätigen Jugendlichen in Deutschland und in China. In: J. Reichertz (Hrsg.): Die Wirklichkeit des Rechts. Rechts- und sozialwissenschaftliche Studien. Opladen/Wiesbaden.

Böttger, A./Lobermeier, O./Strobl, R. (2005): Interaktive Viktimisierung und rechtsextremistische Macht. In: W. Heitmeyer/P. Imbusch (Hrsg.): Integrationspotenziale einer modernen Gesellschaft. Wiesbaden.

Böttger, A./Lobermeier, O./Strobl, R. (2005a): Kinder und Jugendliche als Opfer rechtsextremer Gewalt. In: Zeitschrift für Jugendkriminalrecht und Jugendhilfe, Heft 1.

Böttger, A./Lobermeier, O./Strobl, R./Bartels, P./Kiepke, M./Lipinska, K./Rothmann, A. (2006): Opfer rechtsextremer Gewalt, In: W. Heitmeyer (Hrsg.): Forschungsverbund Desintegrationsprozesse. Stärkung von Integrationspotenzialen einer modernen Gesellschaft. Abschlussbericht für das Bundesministerium für Bildung und Forschung, Bielefeld.

Böttger, A./Plachta, K. (2007): Bewältigungsstrategien von Opfern rechtsextremer Gewalt. In: Aus Politik und Zeitgeschichte, Heft 37.

Böttger, A./Wolff, S. (1992): Text und Biographie. Zur textlichen Organisation von Lebensbeschreibungen in psychiatrischen Gerichtsgutachten. In: Bios – Zeitschrift für Biographieforschung und Oral History, Heft 1.

Bourdieu, P. (1986): L' illusion biographique. In: Actes de la recherche en sciences sociales, Heft 62/63.

Braun, K.-H. (1982): Genese der Subjektivität. Zur Bedeutung der Kritischen Psychologie für die materialistische Pädagogik. Köln.

Brüderl, L. (1988): Theorien und Methoden der Bewältigungsforschung. Weinheim/München.

Brüderl, L./Halsig, N./Schröder, A. (1988): Historischer Hintergrund, Theorien und Entwicklungstendenzen der Bewältigungsforschung. In: L. Brüderl (Hrsg.): Theorien und Methoden der Bewältigungsforschung. Weinheim/München.

Brunstein, J. (1988): Gelernte Hilflosigkeit: Ein Modell für die Bewältigungsforschung? In: L. Brüderl (Hrsg.): Theorien und Methoden der Bewältigungsforschung. Weinheim/München.

Buber, M. (1997): Das dialogische Prinzip. 8. Auflage. Gerlingen.

Bundeskriminalamt (Hrsg.) (1996): Das Opfer und die Kriminalitätsbekämpfung, Band 36. Wiesbaden.

Burgess, A.W./Holmstrom, L.L. (1974): Rape Trauma Syndrom. American Journal of Psychiatry, Heft 131.

Castel, R. (2005): Die Stärkung des Sozialen. Leben im neuen Wohlfahrtsstaat. Hamburg.

Civitas (2004): Statistik der Civitas-Opferberatungsstellen. Rechtsextreme Gewalt und Opferberatung in den neuen Bundesländern und Berlin im Jahr 2004. www.jugendstiftung-civitas.org/content/projekte_opferberatung.htm (Zugriff vom 01.05.2005).

Cobb, S. (1976): Social Support as a Moderator of Life Stress. Psychosomatic Medicine, Heft 5.

Coester, M. (2008): Hate Crime. Das Konzept der Hate Crime aus den USA unter besonderer Berücksichtigung des Rechtsextremismus in Deutschland. Frankfurt am Main.

Danner, H. (1979): Methoden geisteswissenschaftlicher Pädagogik. München.

Diewald, M. (1991): Soziale Beziehungen: Verlust oder Liberalisierung? Berlin.

Ennis, P. H. (1967): Criminal Victimization in the United States: A Report of a National Survey. Field Surveys II. Chicago.

Erhardt, M. (1997): Resümee zur Tagung. In: W. Greive (Hrsg.): Ausländer und Ausländerinnen als Kriminalitätsopfer. Loccumer Protokolle, 12/96.

Fattah, E. A. (1967): Vers une typologie criminologique des victimes. In : Revue internationale de police criminelle, S. 162-169.

Fattah, E. A. (1992): Victimisation as Antecedent to Offending: The Revolving and Interchangeable Roles of Victim and Victimizer. Unveröffentlichtes Manuskript. Halpern Centre.

Filipp, S.-H. (1990): Ein allgemeines Modell für die Analyse kritischer Lebensereignisse. In: S.-H. Fillip (Hrsg.): Kritische Lebensereignisse. 2. Auflage. München.

Fischer, G./Riedesser, P. (1998): Lehrbuch der Psychotraumatologie. München/Basel.

Fitzgerald, M./Ellis, T. (1989): Racial Harassment: The Evidence. Paper presented at the British Criminology Conference.

Freud, S. (1894): Die Abwehr-Neuropsychosen. Gesammelte Werke, Band 1. London.

Freud, S. (1928): Die Zukunft einer Illusion. 2. Auflage. Leipzig/Wien/Zürich.
Friedrichs, J. (1990): Methoden empirischer Sozialforschung. 14. Auflage. Opladen.
Fromm, E. (1977): Das Menschenbild bei Marx – mit den wichtigsten Teilen der Frühschriften von Karl Marx. 7. Auflage. Frankfurt am Main.
Fromm, E. (1991): Die Furcht vor der Freiheit. 2. Auflage. München.
Galperin, P.J. (1972): Die geistige Handlung als Grundlage für die Bildung von Gedanken und Vorstellungen. In: P.J. Galperin/A.N. Leontjew (Hrsg.): Probleme der Lerntheorie. Berlin.
Galperin, P.J. (1973): Die Psychologie des Denkens und die Lehre von der etappenweisen Ausbildung geistiger Handlungen. In: E.A. Budilowa (Hrsg.): Untersuchungen des Denkens in der sowjetischen Psychologie. Berlin.
Galperin, P.J. (1980): Zu Grundfragen der Psychologie. Köln.
Gehlen, A. (1971) [1940]: Der Mensch. Seine Natur und seine Stellung in der Welt. 9. Auflage. Frankfurt am Main.
Gerth, M. (1993): Der Skinheadkult. Einblicke in eine Jugendkultur. Diplomarbeit. Universität Leipzig.
Geulen, D. (1973): Thesen zur Metatheorie der Sozialisation. In: W. Heinz (Hrsg.): Sozialisationsforschung, Band 1: Erwartungen, Probleme, Theorieschwerpunkte. Stuttgart/Bad Cannstatt.
Geulen, D. (1989) [1977]: Das vergesellschaftete Subjekt. Zur Grundlegung der Sozialisationstheorie. Frankfurt am Main.
Geulen, D./Hurrelmann, K. (1980): Zur Programmatik einer umfassenden Sozialisationstheorie. In: K. Hurrelmann/D. Ulich (Hrsg.): Handbuch der Sozialisationsforschung. Weinheim/Basel.
Giddens, A. (1995): Konsequenzen der Moderne. Frankfurt am Main.
Glaser, B./Strauss, A. L. (1965): Awareness of Dying. Chicago.
Glaser, B./Strauss, A. L. (1967): The Discovery of Grounded Theory. Strategies for Qualitative Research. Chicago.
Greve, W. (1997): Sparsame Bewältigung – Perspektiven für eine ökonomische Taxonomie von Bewältigungsformen. In: C. Tesch-Römer/Ch. Salewski/G. Schwarz (Hrsg.): Psychologie der Bewältigung. Weinheim.
Greve, W./Strobl, R. (2004): Soziale und psychische Bewältigung von Krisen und Bedrohungen: Argumente für einen interdisziplinären Ansatz. Unveröffentlichtes Manuskript. Kriminologisches Forschungsinstitut Niedersachsen. Hannover.
Greve, W./Strobl, R. (2004a): Social and Individual Coping With Threats: Outlines of an Interdisciplinary Approach. In: Review of General Psychology, Heft 3.
Griese, H. (1979): Sozialisation im Erwachsenenalter. Weinheim/Basel.
Griese, H. (1979a): Erwachsenensozialisationsforschung. In: H. Siebert (Hrsg.): Taschenbuch der Weiterbildungsforschung. Baltmannsweiler.
Griese, H. (1981): Soziologische Anthropologie und Sozialisationstheorie. Duisburg.
Haan, N. (1977): Coping and defending. Process of self-environment organisation. New York.
Haas, U.I./Lobermeier, O. (2005): Bürgerschaftliches Engagement in der Opferhilfe. Baden-Baden.
Habermas, J. (1981): Theorie des kommunikativen Handelns. Band 1: Handlungsrationalität und gesellschaftliche Rationalisierung. Band 2: Zur Kritik der funktionalistischen Vernunft. Frankfurt am Main.
Hagemann, O. (1993): Wohnungseinbrüche und Gewalttaten: Wie bewältigen Opfer ihre Verletzungen? Eine kriminologische Untersuchung über die Auswirkungen von Straftaten. Pfaffenweiler.
Hahn, A. (1988): Biographie und Religion. In: H.-G. Soeffner (Hrsg.): Kultur und Alltag. Göttingen.
Haupt, H./Weber, U./Bürner, S./Frankfurth, M./Luxenburg, K./Marth, D. (2003): Handbuch Opferschutz und Opferhilfe: ein praxisorientierter Leitfaden für Straftatopfer und ihre Angehörigen, Mitarbeiter von Polizei und Justiz, Angehörige der Sozialberufe und ehrenamtliche Helfer. 2. Auflage. Baden-Baden.
Heim, E./Augustiny, K./Blaser, A./Schaffner, L. (1991): Berner Bewältigungsformen (BEFO). Handbuch. Bern/Stuttgart/Toronto.
Heinze, Th./Klusemann, H.W. (1980): Versuch einer sozialwissenschaftlichen Paraphrasierung am Beispiel des Ausschnittes einer Bildungsgeschichte. In: Th. Heinze/H.W. Klusemann/H.-G. Soeffner (Hrsg.): Interpretationen einer Bildungsgeschichte. Überlegungen zur sozialwissenschaftlichen Hermeneutik. Bensheim.
Heitmeyer, W./Buhse, H./Liebe-Freund, J./Möller, K./Müller, J./Ritz, H./Siller, G./Vossen, J. (1992): Die Bielefelder Rechtsextremismus-Studie. Erste Langzeituntersuchung zur politischen Sozialisation männlicher Jugendlicher. Weinheim/München.
Heitmeyer, W./Collmann, B./Conrads, J./Matuschek, I./Kraul, D./Kühnel, W./Möller, R./Ulbrich-Hermann, M. (1995): Gewalt. Schattenseiten der Individualisierung bei Jugendlichen aus unterschiedlichen sozialen Milieus. Weinheim/München.
Hestermann, Th. (1989): Gewalt bei Skinheads. Diplomarbeit. Universität Hannover.
Hiebsch, H. (1987): Theoretische und methodologische Beiträge zur Psychologie. Jena.

Hiebsch, H./Leisse, M. (1991): Kommunikation und soziale Interaktion. Berlin.
Holzkamp, K. (1978): Sinnliche Erkenntnis – Historischer Ursprung und gesellschaftliche Funktion der Wahrnehmung. Frankfurt am Main.
Holzkamp, K. (1985): Grundlegung der Psychologie. Frankfurt am Main/New York.
Holzkamp-Osterkamp, U. (1976): Grundlagen der psychologischen Motivationsforschung, Band 2. Frankfurt am Main.
Honneth, A. (1992): Kampf um Anerkennung. Zur moralischen Grammatik sozialer Konflikte. Frankfurt am Main.
Honneth, A. (2000): Die gespaltene Gesellschaft. In: A. Pongs (Hrsg.): In welcher Gesellschaft leben wir eigentlich?, Band 2. München.
Hopkins, M./Tilley, N. (2001): Once a Victim, Always a Victim? A Study of How Victimisation Patterns May Change over Time. International Review of Victimology, Heft 1.
Horkheimer, M./Adorno, Th.W. (2003): Dialektik der Aufklärung. Frankfurt am Main.
House, J.S. (1981): Work stress and social support. Reading.
Hurrelmann, K. (1976): Gesellschaft, Sozialisation und Lebenslauf. In: K. Hurrelmann (Hrsg.): Sozialisation und Lebenslauf. Empirie und Methodik sozialwissenschaftlicher Persönlichkeitsforschung. Reinbek.
Hurrelmann, K. (1983): Das Modell des produktiv realitätverarbeitenden Subjekts in der Sozialisationsforschung. In: Zeitschrift für Sozialisationsforschung und Erziehungssoziologie, Heft 1.
Hurrelmann, K. (1995): Einführung in die Sozialisationstheorie. Über den Zusammenhang von Sozialstruktur und Persönlichkeit. 5.Auflage. Weinheim/Basel.
Janoff-Bulman, R. (1979): Characterological versus Behavioral Self-Blame: Inquiries into Depression and Rape. In: Journal of Personality and Social Psychology, Heft 37.
Janoff-Bulman, R. (1985): The Aftermath of Victimization: Rebuilding Shattered Assumptions. In: Ch.R. Figley (Hrsg.): Trauma and its Wake: The Study and Treatment of Post-traumatic Stress Disorder. New York.
Jantzen, W. (1986): Abbild und Tätigkeit. Tätigkeitstheorie, Psychopathologie und Pädagogik, Band 1. Solms.
Jantzen, W. (1990): Erziehung, Humanismus, Hegemonie. Gesammelte Aufsätze und Vorträge. Fortschritte der Psychologie, Band 2. Münster/Hamburg.
Jaschke, H.-G. (2000): Rechtsstaat und Rechtsextremismus. In: W. Schubarth/R. Stöss (Hrsg.): Rechtsextremismus in der Bundesrepublik Deutschland. Eine Bilanz. Bonn.
Jörmann, N./Junker, C./Touma, C. (Hrsg.) (2004): Religion – wieso, weshalb, warum? Münster/Hamburg.
Kade, S. (1983): Methoden des Fremdverstehens. Bad Heilbrunn.
Kalpaka, A./Räthzel, N. (Hrsg.) (1990): Die Schwierigkeit, nicht rassistisch zu sein. 2. Auflage. Leer.
Kelle, U. (1994): Empirisch begründete Theoriebildung. Zur Logik und Methodologie interpretativer Sozialforschung. Weinheim.
Kelle, U. (1996): Die Bedeutung theoretischen Vorwissens in der Methodologie der Grounded Theory. In: R. Strobl/A. Böttger (Hrsg.): Wahre Geschichten? Zu Theorie und Praxis qualitativer Interviews. Baden-Baden.
Kiefl, W./Lamnek, S. (1986): Soziologie des Opfers: Theorie, Methoden und Empirie der Viktimologie. München.
Kirchhoff, G.F. (1991): Victimology – Developments and Basic Concepts. Paper presented to the VIIth International Symposium on Victimology in Rio de Janeiro, Brazil. Unveröffentlichtes Manuskript. Mönchengladbach.
Kirchhoff, G.K./Sessar, K. (1979): Einführung. In: G. K. Kirchhoff/K. Sessar (Hrsg.): Das Verbrechensopfer. Ein Reader zur Viktimologie. Bochum.
Kleinman, P.H./David, D.S. (1973): Victimization and Perception of Crime in a Ghetto Community. In: Criminology, Heft 11.
Kohli, M. (Hrsg.) (1978): Soziologie des Lebenslaufs. Darmstadt/Neuwied.
Kohli, M./Robert, G. (Hrsg.) (1984): Biographie und soziale Wirklichkeit. Neue Beiträge und Forschungsperspektiven. Stuttgart.
Kohlmann, C.-W. (1990): Streßbewältigung und Persönlichkeit. Flexibles versus rigides Copingverhalten und seine Auswirkungen auf Angsterleben und physiologische Belastungsreaktionen. Bern/Stuttgart/Toronto.
Kon, I.S. (1971) [1967]: Soziologie der Persönlichkeit. Köln.
Kon, I.S. (1983) [1978]: Die Entdeckung des Ichs. Köln.
Kossakowski, A. (1980): Zur Rolle der Orientierungstätigkeit für das selbständige Handeln der Persönlichkeit. In: A. Kossakowski (Hrsg.): Psychologie im Sozialismus. Theoretische Positionen, Ergebnisse und Probleme psychologischer Forschung. Berlin.
Kraemer, H. (2003): Das Trauma der Gewalt. München.
Krappmann, L. (1988) [1969]: Soziologische Dimensionen der Identität. Strukturelle Bedingungen für die Teilnahme an Interaktionsprozessen. Stuttgart.
Kröhn, W. (1985): Vergewaltigung. Unveröffentlichtes Manuskript. Kiel.
Kuhn, A./Killias, M./Berry, Ch. (1993): Les étrangers victims et auteurs d'infractions selon le sondage suisse de victimisation. Unveröffentlichtes Manuskript. Lausanne.

Kury, H./Dörmann, U./Richter, H./Würger, M. (1992): Opfererfahrungen und Meinungen zur Inneren Sicherheit in Deutschland. BKA-Forschungsreihe, Band 25. Wiesbaden.
Lamnek, S. (1986): Soziologie des Opfers. Theorie, Methoden und Empirie der Viktimologie. München.
Lamnek, S. (1993): Qualitative Sozialforschung. Band 1 und 2. Weinheim.
Landespräventionsrat Niedersachsen (2010): Studie zu Opferberatungsstellen. Unveröffentlichtes Manuskript. Hannover.
Lazarus, R.S. (1990): Stress und Stressbewältigung – ein Paradigma. In: S.-H. Filipp (Hrsg.): Kritische Lebensereignisse. 2. Auflage. München.
Lazarus, R.S./Folkmann, S. (1984): Stress, appraisal and coping. New York.
Lazarus, R.S./Launier, R. (1978): Stress-Related Transactions between Person and Environment. In: Perspectives in interactional psychology, S. 287-299.
Leontjew, A.N. (1980): Probleme der Entwicklung des Psychischen. Königstein.
Lobermeier, O. (2003): Lernen und Unterstützen. Eine qualitative Analyse zur Kooperation von Schule und Jugendhilfe am Beispiel von HauptschülerInnen einer Kleinstadt. Wolfenbüttel.
Luhmann, N. (1991): Soziologische Aufklärung 3. Soziales System, Gesellschaft, Organisation. 2. Auflage. Opladen.
Luhmann, N. (1994): Soziale Systeme. Grundriss einer allgemeinen Theorie. 2. Auflage. Frankfurt am Main.
Mead, G.H. (1995): Geist, Identität und Gesellschaft. Frankfurt am Main.
Miller, G.A./Galanter, E./ Pribram, K.H. (1973): Strategien des Handelns. Stuttgart.
Mendelsohn, B. (1956): Une nouvelle de la science bio-psychosociale-la victimologie. In: Revue internationale de criminologie et de police technique, S. 95-109.
Mittendorf, C. (1996): Professionelle Betreuung von traumatisierten Opfern. In: Bundeskriminalamt (Hrsg.): Das Opfer und die Kriminalitätsbekämpfung. Wiesbaden.
Montada, L. (1992): Attribution of Responsibility for Losses and Perceived Injustice. In: L. Montada/S.-H. Filipp/M.J. Lerner (Hrsg.): Life Crises and Experiences of Loss in Adulthood. Hillsdale.
Moos, R.H./Billings, A.G. (1982): Conceptualizing and measuring coping resources and processes. In: L. Goldberger/S. Breznitz (Hrsg.): Handbook of stress. Theoretical and clinical aspects. New York.
Negt, O. (2002): Arbeit und menschliche Würde. 2. Auflage. Göttingen.
Nießen, M. (1977): Gruppendiskussion. München.
Ohlemacher, Th. (1998): Verunsichertes Vertrauen? Gastronomen in Konfrontation mit Schutzgelderpressung und Kriminalität. Baden-Baden.
Orth, U. (2000): Strafgerechtigkeit und Bewältigung krimineller Viktimisierung. Eine Untersuchung zu den Folgen des Strafverfahrens bei Opfern von Gewalttaten. Dissertation. Universität Trier.
Parkes, C.M. (1975): What becomes of redundant world models? A contribution to the study of adaptation to change. British Journal of Medical Psychology, Heft 48.
Perloff, L.S. (1983): Perceptions of vulnerability to victimization. Journal of Social Issues, Heft 39.
Peterson, C./Seligman, M.E.P. (1983): Learned Helplessness and Victimization. Journal of Social Issues, Heft 39.
Pfeiffer, C./Strobl, R. (1993): Opfererfahrungen von Ausländern und ethnische Differenzierung moderner Gesellschaften. Antrag auf Sachbeihilfe bei der Volkswagenstiftung im Schwerpunkt „Recht und Verhalten". Kriminologisches Forschungsinstitut Niedersachsen. Hannover.
Pitsela, A. (1986): Straffälligkeit und Viktimisierung ausländischer Minderheiten in der Bundesrepublik Deutschland, dargestellt am Beispiel der griechischen Bevölkerungsgruppe. Max-Planck-Institut für ausländisches und internationales Strafrecht, Freiburg.
Pongs, A. (2000): In welcher Gesellschaft leben wir eigentlich? Gesellschaftskonzepte im Vergleich, Band 2. München.
Rammstedt, O. (1989): Wider ein individuum-orientiertes Gewaltverständnis. In: W. Heitmeyer/K. Möller/H. Sünker (Hrsg.): Jugend – Staat – Gewalt. Politische Sozialisation von Jugendlichen, Jugendpolitik und politische Bildung. Weinheim.
Richter, H. (1993): Verarbeitung krimineller Viktimisierung. In: G. Kaiser/H. Kury (Hrsg.): Kriminologische Forschung in den 90er Jahren: Beiträge aus dem Max-Planck-Institut für ausländisches und internationales Strafrecht. Freiburg.
Richter, H. (1997): Opfer krimineller Straftaten. Individuelle Folgen und ihre Verarbeitung. Mainzer Schriften zur Situation von Kriminalitätsopfern, Band 17. Mainz.
Sack, F. (1968): Neue Perspektiven in der Kriminologie. In: F. Sack/R. König (Hrsg.): Kriminalsoziologie. Frankfurt am Main.
Sack, F. (1972): Definition von Kriminalität als politisches Handeln. Kriminologisches Journal, Heft 4.
Scheibe, I.-P. (1989): Entwicklung kognitiver Lernmotive. In: J. Lompscher (Hrsg.): Psychologische Analysen der Lerntätigkeit. Berlin.

Scheppele, K.L./Bart, P.B. (1983): Through Woman's Eyes. Defining Anger in the Wake of Sexual Assault. Journal Issues, Heft 39.
Schmid, M./Storni, M. (2009): Jugendliche im Dunkelfeld rechtsextremer Gewalt. Viktimisierungsprozese und Bewältigungsstrategien. Zürich.
Schneider, H.J. (1979): Das Opfer und sein Täter – Partner im Verbrechen. München.
Schneider, H.J. (1994): Kriminologie der Gewalt. Stuttgart/Leipzig.
Schneider, H.J. (1998): Der gegenwärtige Stand der kriminologischen Opferforschung. Kongreß- und Literaturreferat über das letzte Jahrzehnt. In: Monatsschrift für Kriminologie und Strafrechtsreform, Heft 5.
Schröder, A./Schmitt, B. (1988): Soziale Unterstützung. In: L. Brüderl (Hrsg.): Theorien und Methoden der Bewältigungsforschung. Weinheim/München.
Schuchardt, E. (1987): Warum gerade ich...? Leben lernen in Krisen. Göttingen.
Schütz, A. (1971): Das Problem der Relevanz. Herausgegeben und erläutert von R. M. Zaner. Frankfurt am Main.
Schütz, A. (1974): Der sinnhafte Aufbau der sozialen Welt. Frankfurt am Main.
Schütz, A./Luckmann, Th. (1979): Strukturen der Lebenswelt. Frankfurt am Main.
Schütze, F. (1976): Zur Hervorlockung und Analyse von Erzählungen thematisch relevanter Geschichten im Rahmen soziologischer Feldforschung – dargestellt an einem Projekt zur Erforschung von kommunalen Machtstrukturen. In: Arbeitsgruppe Bielefelder Soziologen: Kommunikative Sozialforschung. Alltagswissen und Alltagshandeln – Gemeindeforschung – Polizei – Politische Erwachsenenbildung. München.
Schütze, F. (1983): Biographieforschung und narratives Interview. In: Neue Praxis, Heft 3.
Schumann, K.F. (1993): Schutz der Ausländer vor rechtsradikaler Gewalt durch Instrumente des Strafrechts? In: Strafverteidiger, Heft 6.
Schur, E.M. (1969): Reactions to Deviance. A Critical Assessment. American Journal of Sociology, Heft 75.
Schwarzer, R. (1981): Stress, Angst und Hilflosigkeit. Die Bedeutung von Kognitionen und Emotionen bei der Regulation von Belastungssituationen. Stuttgart.
Seligman, M.E.P. (1975): Helplessness: On depression, development and death. San Francisco.
Sellin, Th. (1938): Culture, Conflict and Crime. New York.
Sessar, K. (1993): Ausländer als Opfer. In: P.-A. Albrecht/A.P.F. Ehlers/F. Lamott/C. Pfeiffer/H.-D. Schwind/M. Walter (Hrsg.): Festschrift für Horst Schüler-Springorum zum 65. Geburtstag. Köln/Berlin/Bonn/München.
Seyle, H. (1981): Geschichte und Grundzüge des Stresskonzepts. In: J.R. Nitsch (Hrsg.): Stress. Theorien, Untersuchungen, Maßnahmen. Bern.
Shapland, J./Willmore, J./Duff, P. (1985): Victims in the Criminal Justice System. Aldershot.
Strauss, A.L. (1977): Mirrors and Masks. The Search for Identity. London.
Strauss, A.L. (1991): Grundlagen qualitativer Sozialforschung. Datenanalyse und Theoriebildung in der empirischen soziologischen Forschung. München.
Strauss, A.L./Corbin, J. (1990): Basics of Qualitative Research. Grounded Theory Procedures and Techniques. London.
Strauss, A.L./Corbin, J. (1996): Grounded Theory. Grundlagen qualitativer Sozialforschung. Weinheim.
Strobl, R. (1997): Opfererfahrungen ethnischer Minderheiten. In: W. Greive (Hrsg.): Ausländer und Ausländerinnen als Kriminalitätsopfer. Loccumer Protokolle, 12/96.
Strobl, R. (1998): Soziale Folgen der Opfererfahrungen ethnischer Minderheiten. Effekte von Interpretationsmustern, Bewertungen, Reaktionsformen und Erfahrungen mit Polizei und Justiz, dargestellt am Beispiel türkischer Männer und Frauen in Deutschland. Baden-Baden.
Strobl, R. (2000): Qualitative Sozialforschung nach der Grounded Theory. In: A. Böttger (Hrsg.): Lebenswelten verstehen. Eine Einführung in die qualitative Forschung. Unveröffentlichter Reader zu einem Seminar an der Universität Bern.
Strobl, R./Greve, W. (2001): Soziale und psychische Bewältigung von Krisen und Bedrohungen: Argumente für einen interdisziplinären Ansatz. Unveröffentlichtes Manuskript. Kriminologisches Forschungsinstitut Niedersachsen. Hannover.
Strobl, R./Lobermeier, O./Böttger, A. (2003): Verunsicherung und Vertrauensverlust bei Minderheiten durch stellvertretende und kollektive Viktimisierungen. In: Journal für Konflikt- und Gewaltforschung, Heft 1.
Strobl, R./ Kühnel, W. (2000): Dazugehörig und ausgegrenzt. Weinheim/München.
Tampe, E. (1992): Verbrechensopfer. Schutz – Beratung – Unterstützung. Stuttgart.
Thomae, H. (1968): Das Individuum und seine Welt. Eine Persönlichkeitstheorie. Göttingen.
Tov, E. (1993): Verbrechensverarbeitung bei Opfern schwerer Kriminalität. In: G. Kaiser/H. Kury: Kriminologische Forschung in den 90er Jahren: Beiträge aus dem Max-Planck-Institut für Ausländisches und Internationales Strafrecht. Freiburg.
Trautmann-Sponsel, R.D. (1988): Definition und Abgrenzung des Begriffs Bewältigung. In: L. Brüderl (Hrsg.): Theorien und Methoden der Bewältigungsforschung. Weinheim/München.

Ulich, D. (1976): Pädagogische Interaktion. Theorien erzieherischen Handelns und sozialen Lernens. Weinheim/Basel.
Volpert, W. (1974): Handlungsstrukturanalyse – als Beitrag zur Qualifikationsforschung. Köln.
Wagner, B. (1998): Rechtsextremismus und kulturelle Subversion in den neuen Bundesländern. Berlin.
Wallenberg, M. (1997): Schafft (national) befreite Zonen! In: Neues Deutschland vom 26. März.
Weber, M. (1976): Wirtschaft und Gesellschaft. 5. Auflage. Tübingen.
Weis, K. (1982): Die Vergewaltigung und ihre Opfer. Eine viktimologische Untersuchung zur gesellschaftlichen Bewertung und individuellen Betroffenheit. Stuttgart.
Wendt, A. (1995): Diagnostik von Bewältigungsverhalten. Landau.
Wetzels, P. (1995): Über die Nutzung von Opferhilfeeinrichtungen. Ergebnisse einer bundesweit repräsentativen Opferbefragung. KFN-Forschungsberichte, Heft 49. Kriminologisches Forschungsinstitut Niedersachsen. Hannover.
Wetzels, P. (1996): Opfererleben, psychische Folgen und Hilfeersuchen – Ergebnisse der KFN-Opferbefragung zur Nutzung von Opferhilfe. In: W. Greve/C. Pfeiffer (Hrsg.): Forschungsthema Kriminalität. Festschrift für Heinz Barth. Baden-Baden.
Wetzels, P. (1997): Gewalterfahrungen in der Kindheit. Sexueller Mißbrauch, körperliche Mißhandlung und deren langfristige Konsequenzen. Baden-Baden.
Wetzels, P./Greve, W./Mecklenburg, E./Bilsky, W./Pfeiffer, C. (1995): Kriminalität im Leben alter Menschen. Eine altersvergleichende Untersuchung von Opfererfahrungen, persönlichem Sicherheitsgefühl und Kriminalitätsfurcht. Stuttgart/Berlin/Köln.
Willems, H./Steigleder, S. (2003): Jugendkonflikte oder hate crime? Täter-Opfer-Konstellationen bei fremdenfeindlicher Gewalt. In: Journal für Konflikt- und Gewaltforschung, Heft 1.
Wilson, Th.P. (1980): Theorien der Interaktion und Modelle soziologischer Erklärung. In: Arbeitsgruppe Bielefelder Soziologen: Alltagswissen, Interaktion und gesellschaftliche Wirklichkeit. Band 1: Symbolischer Interaktionismus und Ethnomethodologie. Reinbek.
Witterbrood, K./Nieuwbeerta, P. (2000): Criminal Victimisation during One's Life Course. The Effects of Previous Victimisation and Patterns of Routine Activities. Journal of Research in Crime and Delinquency, Heft 1.
Witzel, A. (1982): Verfahren der qualitativen Sozialforschung. Frankfurt am Main/New York.
Witzel, A. (1996): Auswertung problemzentrierter Interviews. Grundlagen und Erfahrungen. In: R. Strobl/A. Böttger (Hrsg.): Wahre Geschichten? Zu Theorie und Praxis qualitativer Interviews. Baden-Baden.
Wolff, H.G. (1953): Stress and disease. Springfield.
Wygotski, L.S. (1960): Die Entwicklung der höheren psychischen Funktionen. Moskau.

Autorin und Autoren

Andreas W. Böttger, Prof. Dr., ist Geschäftsführer des arpos instituts in Hannover und lehrt an der Leibniz Universität Hannover im Institut für Soziologie.

Olaf Lobermeier, Dr., ist Gesellschafter des Instituts proVal in Hannover und lehrt an der Universität Hildesheim im Institut für Sozialwissenschaften.

Katarzyna Plachta, Dipl.-Päd., ist freie Mitarbeiterin des arpos instituts und des Landespräventionsrates Niedersachsen in Hannover.

If you have any concerns about our products,
you can contact us on
ProductSafety@springernature.com

In case Publisher is established outside the EU,
the EU authorized representative is:
**Springer Nature Customer Service Center GmbH
Europaplatz 3, 69115 Heidelberg, Germany**

Printed by Libri Plureos GmbH
in Hamburg, Germany